# 순환 장세의
## 주도주를
# 잡아라

STYLE INVESTING : Unique Insight Into Equity Management

# 순환 장세의 주도주를 잡아라

리처드 번스타인 지음  홍춘욱 옮김  신진오 감수

에프엔미디어

**순환 장세의 주도주를 잡아라**

초판 1쇄 | 2018년 5월 10일
3쇄　　 | 2022년 5월 10일

지은이　 | 리처드 번스타인
옮긴이　 | 홍춘욱
감　수　 | 신진오

펴낸이　 | 김기호
편　집　 | 양은희
디자인　 | 김보권

펴낸곳　 | 에프엔미디어
신　고　 | 2016년 1월 26일 제2018-000082호
주　소　 | 서울시 용산구 한강대로 109, 601호
전　화　 | 02-322-9792
팩　스　 | 0303-3445-3030
이메일　 | fnmedia@fnmedia.co.kr
홈페이지 | http://www.fnmedia.co.kr
ISBN 　 | 979-11-88754-03-8

이 도서의 국립중앙도서관 출판예정도서목록(CIP)은
서지정보유통지원시스템 홈페이지(http://seoji.nl.go.kr)와
국가자료공동목록시스템(http://www.nl.go.kr/kolisnet)에서 이용하실 수 있습니다.
(CIP제어번호: CIP2018013106)

연구를 하지 않고 투자하는 것은
포커를 하면서 카드를 전혀 보지 않는 것과 같다.

— 피터 린치 —

# 왜 스타일 투자인가?

매년 연초에 보도되는 '매매 주체별 투자 성과'는 주식 투자자들에게 매우 친숙한 뉴스다. 그러나 매번 외국인 투자자들이 매수한 종목이 큰 성취를 거둔 반면 개인 투자자들이 순매수한 종목은 부진했다는 내용이 반복되곤 한다.

실제로 2008년 이후 10년에 걸쳐 매매 주체별 순매수 상위 10개 종목의 수익률을 살펴본 결과 단 한 번의 예외도 없이 외국인 투자자가 압도적인 수익률의 우위를 차지한 것으로 나타났다. 주식시장이 호황을 누렸던 2017년조차 외국인 투자자들은 개인 투자자들에게 우위를 내주지 않았다.

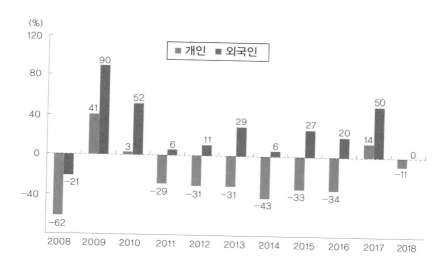

○ 지난 10년 동안 개인과 외국인 순매수 상위 종목 성과(YTD 기준)

• 자료 : 한국 거래소, Wisefn
• YTD : 'Year to Date'의 약자로, 연초에 매수해 연말까지 보유했을 때의 수익률을 의미한다.


## 왜 개인 투자자는 주식시장에서 부진한 성과를 거둘까?

여러 이유가 있겠지만, 가장 큰 문제가 바로 '정보 비대칭'이라 생각한다.
정보 비대칭은 어떤 대상에 대해 가지고 있는 정보가 서로 다른 상황을 의미한다. 물론 정보의 양에 대한 이야기가 아니다. 외국인 투자자들은 한국에 살지 않기 때문에 오히려 국내 개인 투자자들보다 정보의 '양' 면에서는 열위에 놓여 있을지도 모른다.

　여기서 이야기하는 정보 비대칭은 수많은 정보 속에서 어떤 것이 진정 귀한 정보인지 판단하는 능력의 차이를 뜻한다. 한양대학교의 곽노걸, 전상경 교수가 2013년 발표한 논문 〈외국인의 투자 성과와 주식시장 영향력 분석〉에 따르면 다음과 같은 세 가지 현상이 나타난다.

　첫째, 1998~2010년 외국인은 국내 투자자들보다 월등한 수익률을 기록했다. 둘째, 외국인의 탁월한 성과는 이들이 우월한 정보력을 가지고 있었기 때문이다. 셋째, 외국인 투자 비중이 높은 기업일수록 외국인이 내국인보다 탁월한 성과를 기록했다.

　두 교수의 발견은 많은 시사점을 제공한다. 외국인들은 한국 주식, 특히 그들이 집중적으로 투자하는 종목에 대해 많은 정보를 가지고 있는 반면, 한국의 개인 투자자들은 정보력의 격차 때문에 제대로 된 성과를 내지 못한다는 이야기이기 때문이다. 이 대목에서 한 가지 의문이 제기된다.

# 왜 외국인들은 바다 건너 한국 기업의 사정을 더 잘 알까?

사람들 사이에 존재하는 정보의 격차, 다시 말해 수많은 정보 중에서 어떤 것이 가장 핵심적인 정보인지를 걸러내는 능력의 차이를 잘 보여주는 사례가 중고차 시장이다. 미국의 경제학자 조지 애커로프는 1970년 발표한 논문 〈레몬시장의 불확실한 품질과 시장 작동 구조〉에서 정보의 비대칭성에 주목했다.

애커로프의 논문은 중고차 시장에서 자동차 공급자는 자신이 공급하는 중고차의 품질을 정확하게 아는 반면 구매자는 전문가가 아니라는 사실에서 시작한다. 시장에 있는 중고차 중 절반은 제대로 된 좋은 자동차이고, 나머지 절반은 겉보기에만 그럴듯할 뿐 실제로는 제시 가격에 훨씬 미치지 못하는 가치를 지니고 있다고 가정해보자.

구매자는 이런 비율을 알고 '두려움'에 떨면서 중고차를 사러 간다. 그들은 '레몬'을 잡을까 봐, 즉 잘못된 자동차를 사게 될까 봐 걱정하며 매우 조심스럽게 자동차를 고른다. 하지만 어쩌다가 레몬을 선택하는 것을 완전히 피할 수는 없다. 그렇기에 소비자들은 일단 가격을 깎고 본다. 좋은 자동차를 평균적인 시세보다 싸게 산다면 전에 사기당해서 본 손해를 어느 정도 상쇄할 수 있기 때문이다.

이런 상황에서 중고차 시장은 '역선택' 문제에 직면한다. 여기서 역선택이란 시장에 공급되는 상품의 품질에 대한 불신이 지배하면 좋은 상품 공급자들이 아예 중고차 시장에 물건을 내놓지 않는 현상을 의미한다. 결국 중고차 시장에는 레몬만 득실거리고, 적절한 가격을 지불하고 괜찮은 중고차를 사려는 사람들은 좌절하게 된다.

## • 정보 비대칭 문제는 주식시장에서 더 크게 나타난다

주식시장에서 정보력 격차 문제가 더 심각한 것은 중고차 시장에 비해 주식시장에 유통되는 정보가 압도적으로 많아, 어떤 것이 가치를 지닌 진정한 정보인지 구분하기가 어렵기 때문이다. 특히 인터넷 발달은 이 문제를 더욱 결정적으로 악화시킨 요인이라고 할 수 있다. 인터넷 포털 사이트에 어떤 종목을 검색하는 순간, 수천 아니 수만 가지 검색 결과가 뜬다. 이 중 어떤 것이 결정적으로 중요한지 파악할 수 있느냐가 투자의 성패를 가르게 될 것이다.

이런 상황에서 투자자들은 두 가지 대안에 직면한다. 하나는 전문가들에게 맡기는 것이다. 상장지수펀드나 과거 실적이 꾸준하게 좋은 펀드를 골라 돈을 맡기면 대박을 노릴 수 없을지 모르지만 적어도 종합주가지수만큼의 성과는 기대할 수 있다. 물론 수수료도 나가며, 더 나아가 운용을 맡겼던 펀드매니저가 다른 회사로 이직할 때에는 다른 펀드로 갈아타야 하는 등의 소소한 불편은 존재한다. 그렇지만 그렇게 나쁜 대안은 아니다. 1980년 이후 한국 주식시장은 무려 14%(배당 재투자 시)의 연 평균 성과를 기록한, 매우 수익성 높은 곳이기 때문이다. 연 14%의 투자수익이 지속된다고 가정하면 5년마다 투자 원금이 2배로 불어난다.

다른 대안은 《순환 장세의 주도주를 잡아라》 같은 좋은 가이드 북을 읽고 공부하는 것이다. 번스타인의 책은 주식시장이 어떻게 구성되어 있는지 상세하게 일러준다. 가치주와 성장주, 대형주와 소형주 등 여러 가지로 잘게 나뉘는 투자 스타일로 구성되며 어떨 때 어떤 투자 스타일들이 강세를 보이고 또 부진한지 데이터를 통해 보여준다.

여기서 투자 스타일이란 경기와 금리 등 다양한 경기 여건의 변화에 따라 다른 반응을 보이는 주식의 집합을 의미한다. 예를 들어 경기가 빠르게 회복되며 기업 이익이 개선되는 '확장 국면'에는 경기에 민감한 기업들(=경기민감주)과 주식시장에서 값싸게 거래되는 기업(=가치주)에 투자하는 게 유망하다(이 부분은 9장의 부록에 상세하게 실려 있으니 참고하길 바란다).

## : 물론 쉬운 길은 아니다

모든 주식 투자자들이 좋은 가이드 북을 읽고 공부하면 좋겠지만, 현실적으로는 대단히 어려운 일이다. 실제로 워런 버핏도 그의 책 《워런 버핏 바이블》에서, 하루 두 시간 이상 주식 공부에 시간을 낼 수 없는 사람은 인덱스 펀드에 투자하는 게 더 나은 선택이라고 지적하지 않았던가.

다만 《순환 장세의 주도주를 잡아라》는 공부 시간을 단축해주는 책이라 생각된다. 특히 2장과 3장은 감히 "내 인생을 좌우한 내용"을 담고 있다고 말할 수 있다. 주식시장에서 '거래'가 그렇게 빈번하게 이뤄지는 이유, 더 나아가 왜 주식시장의 각 스타일들이 시기에 따라 다른 성과를 내는지 이론적으로 설명한 부분은 진지한 투자자들에게 무엇과도 바꿀 수 없는 선물이 되리라 생각된다.

끝으로, 2009년 출간된 이후 꾸준히 관심을 보여준 독자 여러분, 그리고 어려운 출판시장 여건 속에서도 재출간 결정을 내려준 에프엔미디어에도 감사하다는 말씀을 전한다.

2018년 4월

홍춘욱

# 시장 세분화와 스타일 투자 전략

시장 세분화와 스타일 투자 전략은 지난 10여 년 사이에 자산관리의 한 부분이 되었다. 연금컨설턴트의 출현을 계기로 펀드매니저와 연기금운용관리자 모두 주식시장의 각 세그먼트와 투자 스타일에 더 많은 관심을 기울이게 되었다. 최근에는 뮤추얼 펀드(mutual fund) 업계 내의 경쟁이 격화되며 일정한 시장 세그먼트에만 투자하거나 특정 스타일을 추종하는 펀드가 점점 늘어나고 있다.

많은 투자 전문가들이 직면하고 있는 문제는 다양한 시장 세그먼트가 큰 수익률의 차이를 보이는 데서 비롯되었다. 확정기여형 연금(defined contribution plan)*과 401(k)**의 급속한 성장 속에서 연기금운용관리자와 개인 모두 연금 내에 주식이나 채권 등을 어떻게 배분할 것인지 고민해야 할 뿐만 아니라, 주식 내에서도 성장주·가치주·배당주·소형주·대형주 등을 어떻게 배분할 것인지도 결정해야 한다.

투자 전략가로서의 경험에 비춰 볼 때 시장 세그먼트를 넘나드는 적극적인 자산운용 전략은 큰 성과를 거두지 못했다. 지금까지 투자자와 연기금 운용관리자 상당수는 성공적인 세그먼트나 시장수익률을 웃도는 투자 성과를 내는 특정 스타일의 펀드매니저에게 자금을 더 많이 배분하려는 경향을 보였다. 특정 스타일의 성과가 계속 시장수익률을 웃돌면 자금이 더욱 많고 빠르게 몰려들어, 어떤 투자 스타일이 수익률의 정점에 도달했을 때 그곳에 가장 많은 자금이 배분되는 결과를 초래한 것이다. 또한 운용 업계에 첫발을 디딘 기업들은 최근 성과가 가장 좋았던 테마를 따라가려고 한다.

이 책에서는 여러 시장 세그먼트의 수익률에 영향을 줄 수 있는 거시·미시경제 요인 및 투자자들의 기대에 초점을 맞추려고 한다. 대부분의 시장 세그먼트는 어느 한 시점에서 안전하거나 혹은 위험한 것으로 간주되는 주식들의 집합으로, 일반적으로 투자자들은 위험해 보이는 주식에서 보다

---

* 확정기여형 연금이란 기업연금제도의 일종으로, 근로자가 자신의 계좌로 소득 중 일부를 갹출하고 기업이 나머지 절반을 갹출해 조성된 자금을 근로자 개개인이 자신의 책임하에 운용하는 제도다.(이하 옮긴이 주)

** 401(k)란 미국 정부가 기업연금의 활성화를 위해 도입한 세제 혜택 조항을 의미한다. 확정기여형 기업연금의 대표적 사례로, 이 제도 아래에서 일정 한도의 소득공제와 투자수익에 대한 비과세 혜택을 누리면서 연금을 개인 퇴직계좌에 적립하고, 은퇴 후에는 낮은 소득세율로 연금을 인출할 수 있다.

안전하게 느껴지는 주식으로 이동한다. 하지만 이익예상 및 투자심리에 대한 연구에 따르면 특정 스타일 또는 테마에 대한 무분별한 추종, 즉 어떤 스타일이 위험하지 않다고 느끼는 것은 투자 실패로 이어져 결국은 그 투자 스타일에 대한 혐오로 귀착된 경우가 많았다.

 이 책은 총 3부로 나뉜다. 먼저 1부는 1~3장으로 구성되어 있다. 1장에서는 시장 세그먼트가 무엇인지 설명하는 한편, 요즘 기관투자가들이 관심을 가지고 있는 중요 세그먼트를 점검할 것이다. 2장에서는 경제 여건과 주식시장의 관계를 설명하고, 간단한 수요·공급 관계 분석을 통해 다양한 스타일 투자 전략의 성과를 예상하고 분석하는 기초를 다질 것이다. 3장에서는 수요와 공급이라는 시장경제의 틀 안에서 투자자의 기대가 어떻게 가격(주가)에 영향을 미치는지를 설명할 것이다.
 4~8장으로 구성된 2부에서는 요즘 기관투자가들이 중요하게 생각하는 주요 시장 세그먼트와 스타일 투자 전략을 살펴볼 것이다. 2부의 5개 장에서는 다양한 세그먼트를 검토하며, 각 장에서는 1부에서 소개한 경제 여건 및 투자자들의 기대라는 맥락 안에서 각 스타일 투자 전략의 역사적 성과를 분석할 것이다.
 3부는 9~10장으로 이루어져 있는데, 1부와 2부를 접목해서 현재 주식시장 참여자들 사이에서 중요한 논쟁의 대상이 되는 이슈를 다룰 것이다. 특히 연기금운용관리자가 어떻게 자산을 관리하고 배분해야 하는지에 대해 조언할 것이다.

이 책이 만들어지기까지 많은 이들이 여러모로 도움을 주었다. 우선 오랫동안 함께 일한 메릴린치의 동료 사티야 프래드휴먼과 조안 크리스텐센에게 감사를 표한다. 이 책을 읽는 누구나 사티야의 이름이 책의 말미에 적혀 있는 참고문헌에 자주 올라와 있음을 알 수 있을 것이며, 조안의 협조가 월스트리트 어디에도 찾을 수 없는 탁월한 수준이었음을 믿어 의심치 않는다. 또한 주요 학술지에 공저자로 이름을 여러 번 올렸던 버니 튜와 그의 아내이자 조수인 앤드리 화이트에게도 감사한다. 우리는 늘 함께 자료를 작성했으며, 설사 그 일이 지저분한 데이터를 끝없이 정리하는 힘든 일이어도 그러했다. 메릴린치 정량분석팀의 신참자 마커스 바스와 웬디 미식에게도 역시 고맙다는 말을 전하고 싶다.

책을 쓰는 과정에서 끊임없이 조언하고 새로운 길을 열어준 메릴린치의 다른 동료들에게도 감사드린다. 또한 메릴린치의 법인영업 멤버들은 고객의 입장에서 조언을 아끼지 않았다. 정량분석팀 멤버들의 능력을 향상시키고 뛰어난 리서치 자료를 생산하는 데 끝없는 헌신을 보여준 잭 래버리와 제리 케니에게 특별한 고마움을 전한다. 역시 메릴린치 컴플라이언스팀의 조지 니첼름, 바바라 피젠바움, 진 코크로프트, 그리고 잭 카반노프는 여러 문제를 사전에 방지해줬다. 이 작업에 참여했으나 이제는 직장을 떠난 제프 애플게이트, 밥 바버라, 팀 사전트, 그리고 스탠 쉬플리에게도 큰 도움을 받았다.

뉴욕대 비즈니스 스쿨의 에드 알트먼(이 책을 집필하도록 설득했다) 교수와 컬럼비아대의 래리 해리스 교수, 그리고 산타클라라대의 마이어 스탯맨 교수 등 몇몇 학계의 전문가도 큰 도움을 주었다. 특히 이 자리를 빌려 해밀턴 칼리지 철학과의 릭 워너 교수에게 고마움을 전하고 싶다. 1979년 릭 교수의 상대성에 대한 단기 강좌는 지금까지 배워온 어떤 것보다 필자의 금융이론 연구에 큰 영향을 미쳤다.

그리고 헤아릴 수 없이 많은 고객들이 도움되는 조언을 해줬다. 때때로 이런 고객이 증권회사 등 '셀(sell)' 사이드에 있으면서도 기관투자가 등 '바이(buy)' 사이드의 투자 아이디어를 주는 사람인 것처럼 착각하곤 한다.

이런 모든 조언은 그 특유의 관대함으로 인해 '셀' 사이드와 '바이' 사이드 모두에 큰 도움을 줄 수 있을 것이다. 그렇지만 이 책의 모든 실수와 생략은 필자의 잘못임을 밝혀둔다.

리처드 번스타인

# C · O · N · T · E · N · T · S

**옮긴이의 말** 왜 스타일 투자인가? _ 6

**지은이의 말** 시장 세분화와 스타일 투자 전략 _ 13

## 1 주식시장의 주요 세그먼트

**CHAPTER 01**

## 시장 세분화의 정의와 이해

오리지널 시장 모델에 대한 비판 _ 31

스타일 투자 전략의 등장 _ 35

잘 알려진 시장 세그먼트 _ 37

덜 알려진 시장 세그먼트 _ 46

CHAPTER 01 핵심 내용 _ 50

홍춘욱의 SPECIAL TIP 한국에도 시장 세그먼트가 존재하는가? _ 51

## CHAPTER 02

# 명목이익 성장 및 투자자 위험 인식의 경제학

주가와 명목이익 성장 _ 58

명목이익 성장의 희소성 여부 _ 62

상각과 당기순이익 _ 65

위험에 대한 투자자들의 인식 _ 71

CHAPTER 02 핵심 내용 _ 74

홍춘욱의 SPECIAL TIP 주식시장에서 거래되는 상품은 '명목이익 성장'이다!

_ 75


## CHAPTER 03

# 예측의 중요성

어닝 서프라이즈의 예측 _ 83

이익예상 라이프사이클의 단계들 _ 85

성공하는 투자자 vs 실패하는 투자자 _ 88

스타일 투자의 핵심은 역발상 투자 _ 93

역발상 투자자가 그리 많지 않은 이유 _ 97

CHAPTER 03 핵심 내용 _ 99

홍춘욱의 SPECIAL TIP 중요한 것은 '이익예상'의 변화다! _ 100

# 2 주요 시장 세그먼트와 스타일 투자 전략

**CHAPTER 04**
## 성장주 vs 가치주

성장주 및 가치주 투자가 관심을 끈 배경 _ 111

가치주·성장주 선정 기준에 따른 투자 성과의 차이 _ 114

이익 모멘텀의 변화 방향과 투자 스타일 _ 131

인플레이션과 투자 스타일 _ 133

주식 듀레이션과 투자 스타일 _ 135

수익률 곡선 기울기에 따른 투자 스타일 _ 140

경기와 기업 경영 상태에 따른 투자 스타일 _ 144

CHAPTER 04 핵심 내용 _ 148

홍춘욱의 SPECIAL TIP 가치주-성장주 강세 현상, 한국에서도 반복되나? _ 149


**CHAPTER 05**
## 하이 퀄리티 vs 로우 퀄리티

퀄리티와 S&P의 보통주 등급 _ 157

기업의 퀄리티와 투자 성과의 관계 _ 162

퀄리티 효과와 경기의 관계 _ 167

투자자들이 '좋은 주식'보다 '좋은 기업'을 찾는 이유 _ 177

사죄하지 않으려고 '좋은' 기업에 투자 _ 179

CHAPTER 05 핵심 내용 _ 182

홍춘욱의 SPECIAL TIP 퀄리티 전략, 한국에서도 통하나? _ 183

**CHAPTER 06**

# 하이 베타 vs 로우 베타

베타의 효용성 _ 191

베타와 혼동되는 개념들 _ 193

베타에 영향을 미치는 요소들 _ 196

베타를 조정하는 이유와 방법 _ 211

증권시장선 기울기 변화의 원인 _ 213

CHAPTER 06 핵심 내용 _ 218

홍춘욱의 SPECIAL TIP 로우 베타 종목, 한국에서 어떤 성과 올렸나? _ 219


**CHAPTER 07**

# 배당수익률 vs 주식 듀레이션

듀레이션에 영향을 미치는 요인 _ 226

주식 듀레이션을 계산하는 3가지 방법 _ 230

거의 관계가 없는 배당수익률과 듀레이션 _ 242

인플레이션 전가도의 영향력 _ 243

가치주와 성장주의 듀레이션 _ 247

소형주 부진의 원인은 금리 _ 249

주식 수익률 곡선 _ 250

CHAPTER 07 핵심 내용 _ 252

홍춘욱의 SPECIAL TIP 배당? 배당!!! _ 253

## CHAPTER 08
# 대형주 vs 소형주

소형주 투자 성과의 사이클 _ 261
소형주의 정의와 소형주 투자의 성공 요인 _ 264
소형주 효과는 곧 소형가치주 효과 _ 270
명목경제성장률과 소형주 효과의 관계 _ 276
주식 수익률 곡선에 따른 소형주의 성과 _ 281
무시된 주식 효과와 소형주 _ 284
소형주 투자, 지역 경제의 영향을 많이 받는다 _ 286
CHAPTER 08 핵심 내용 _ 289
홍춘욱의 SPECIAL TIP 한국에서 소형주 효과는? _ 291

# 3 자산 관리와 배분의 원칙

## CHAPTER 09
# 연금운용관리자를 위한 중요 사항

피하기 힘든 스타일 로테이션의 덫 _ 300
스타일 과거 성과를 충분히 숙지하라 _ 303
비교 대상 집단 분석이 합리적 _ 306
경제 전망을 스타일 로테이션에 활용하라 _ 308
합리적인 가격에서의 성장 전략 _ 311
펀드의 위험이나 변동성도 관심 가져야 _ 315
분산 투자에 따른 이점 _ 321
주식과 채권 포트폴리오의 듀레이션 전략 _ 327
CHAPTER 09 핵심 내용 _ 329
홍춘욱의 SPECIAL TIP 어떤 스타일에 자산을 배분하는 게 효과적일까? _ 330

## CHAPTER 10
# 준비된 장기 투자자를 위한 중요 사항

시장 컨센서스의 변화 _ 338
다양한 포트폴리오의 상대 성과와 장기 추세 _ 340
다양한 투자 스타일의 장기 성과 그래프 _ 346

**감수 후기** 순환 장세의 주도주에 베팅하라_ 355

**참고문헌** _ 364
**찾아보기** _ 374

# 1

**순 환  장 세 의
주도주를 잡아라**

**01** 시장 세분화의 정의와 이해
**02** 명목이익 성장 및 투자자 위험 인식의 경제학
**03** 예측의 중요성

# 주식시장의
# 주요 세그먼트

# 시장 세분화의 정의와 이해

전체 시장에 관심을 가지는 투자자도 모든 주식이 똑같이 움직이지 않는다는 사실을 잘 알고 있다. 예를 들어 어떤 때에는 소형주가 대형주의 수익률을 웃돌며, 다른 때에는 가치주가 성장주의 수익률을 웃도는 기간이 역사적으로 뚜렷하게 관찰된다. 이와 비슷하게 소비재 기업의 수익률이 좋은 기간과 산업재 기업의 수익률이 좋은 기간이 역시 뚜렷하게 존재했었다.

　마코위츠(Markowitz, 1952 · 1959년)와 샤프(Sharpe, 1964 · 1970년)의 연구를 기초로 1950~1960년대에 발전한 효율적 시장 가설(efficient market theory)은 시장수익률을 초과하려고 개별 주식을 선택해도 실효가 없다고 주장한다. 모든 가용한 정보가 즉시 주가에 반영되기 때문이라는 것이다.

주식의 투자수익률은 결국 주식의 위험*에 좌우된다. 시장보다 위험한 주식을 매수하면 늘어난 위험에 대한 보상을 받는다는 것이다. 이 이론의 추론에 따르면, 특정 기간 동안 어떤 주식이나 펀드매니저가 시장수익률을 웃도는 성과를 내는 것은 순전히 운이 좋았기 때문이라는 결론에 도달하게 된다.

하지만 1970~1980년대에 접어들며 학계를 중심으로 주식시장의 현실이 효율적 시장 가설과 부합하는지, 아니면 기간별로 서로 다른 수익을 거둔 주식 집단이 시장에 존재했는지에 대한 본격적인 연구가 시작되었다. 특히 이들 연구 중에는 소형주와 같은 비슷한 특성을 공유하며 함께 움직이는 특정 주식 집단이 시장수익률을 웃도는 현상을 효율적 시장 가설로는 설명할 수 없다고 결론 내린 경우도 있었다. 특정 주식 집단의 위험에 따른 기대수익률을 측정한 결과, 위험만으로 설명할 수 없는 초과수익이 남아 있었던 것이다. 시장이 완전하게 효율적이라면 주식시장에서 초과수익을 내는 세그먼트는 없어야 한다.

다양한 시장 세그먼트가 '위험'만으로 설명할 수 없는 초과수익을 기록한 것으로 확인됨에 따라, 일부 연구자들 사이에 효율적 시장 가설을 도입해 수익을 예측하려고 하는 오리지널 모델이 잘못 설정되었거나 혹은 지나치게 단순하다는 의문이 제기되기에 이르렀다.

---

* 일반적으로 '위험(risk)'이란 수익률의 변동성 혹은 투자 손실 가능성 등으로 측정된다.

# 오리지널 시장 모델에 대한 비판

샤프가 제안한 오리지널 시장 모델에 따르면, 주식의 투자수익은 전체 시장의 변동성에 대한 해당 주식의 상대적인 변동성(베타)[*]과 선형 관계다. 잘 분산된 포토폴리오에 포함된 주식의 변동성이 주식시장 변동성의 2배라면(베타가 2라면), 그 주식의 수익은 시장 수익의 약 2배가 되어야 한다는 것이다. 예컨대 시장이 10% 올라가면, 포트폴리오에 포함된 그 주식도 20% 올라간다. 반대로 시장이 10% 내려가면, 해당 주식도 20% 내려간다. 샤프의 오리지널 모델에 대한 비판은 주가 수익에 결정적인 영향을 미치는 요인이 주식의 위험 하나밖에 없는지, 그리고 주식시장의 위험·수익 관계가 일직선의 형태를 띠는지에 집중되고 있다.

　샤프의 오리지널 시장 모델에 대한 비판 중에 아마 가장 잘 알려진 내용은 롤과 로스의 연구(Roll & Ross, 1980년)일 것이다. 롤과 로스가 제시한 재정가격 결정 이론(arbitrage pricing theory)은 시장이 대체로 효율적이지만, 시장이라는 유일한 요인 이외에도 주식의 위험을 더 잘 설명해줄 수 있는 일련의 요소가 있다고 주장한다. 재정가격 결정 이론은 주식의 투자 수익이 수익률 곡선의 기울기, 금리, 산업 생산, 유가 등 다양한 거시경제 요소의 영향을 받는다고 본다.

　물론 학계 일부에서는 주식시장의 세그먼트와 투자 스타일이 모형 식별

---

[*] 베타(beta)는 시장 전체의 위험과 비교한 개별 종목의 상대적 위험으로, 1장의 말미에 자세한 수식을 통해 측정 방법을 소개하며, 6장 전체를 할애해 구체적으로 논의할 것이다.

오류에서 비롯된 착각에 불과하다고 지적하지만, 이 책에서는 세그먼트와 스타일의 수익률을 더욱 잘 설명하고 이해하려는 데 초점을 맞출 것이다. 시장 참여자가 샤프의 오리지널 모델로 설명되지 않는 시장의 비정상적인 부분에 집중함으로써 일정 기간 동안 성공적으로 자산을 운용할 수 있다는 사실이 시장 참여자에게는 현실적으로 더 중요하기 때문이다. 효율적 시장 가설로 설명하기 어려운 비정상성이 존재한다는 사실을 학계에서 받아들이기 전부터, 투자 업계에서는 이러한 비정상성을 수익으로 연결하기 위해 시장을 세분화하고 또 투자 상품을 개발해왔다.

실제로 시장 참여자들 사이에는 분석 구조 및 심리의 차이 또는 정보의 비대칭성이 존재할 수 있기 때문에 모든 사람이 동시에 투자 정보를 수용하고 대응하는 것은 불가능하며, 비대칭성이 비정상적 현상의 존재 이유가 될 수 있다. 또한 시장이 미래에 일어날 일을 완벽하게 디스카운트(할인)* 할 수 없다는 것도 비정상성을 발생시키는 원인으로 볼 수 있다.

따라서 주식시장의 세그먼트는 여러 경제 및 시장의 사이클에 따라 비슷한 수익률을 내는 유사한 특성을 갖는 주식의 집단으로 간단히 정의할 수 있다. 비정상성은 전통적인 위험 모델로 설명할 수 없는 시장 세그먼트라 할 수 있다. 스타일 투자 전략은 시장의 비정상성을 이용해 수익을 추구하는 것이다. 모든 비정상성은 그 자체로 시장 세그먼트가 될 수 있지만, 모든 세그먼트가 반드시 비정상성을 반영한 것은 아니다.

---

* 디스카운트 혹은 할인이란 미래의 소득이나 배당 등을 현재 가치로 환산해 평가하는 과정이며, 이 부분은 7장에서 더 자세히 다룰 것이다.

# 수익률 곡선

수익률 곡선(yield curve)이란 정부가 발행한 채권의 금리를 만기별로 표시한 것이다. 예를 들어 1주일짜리 자금시장의 단기 금리가 1%이고, 2년 및 10년, 30년 만기 국고 금리가 각 2%와 3%, 4%라고 가정하면, 아래와 같이 우상향하는 수익률 곡선이 출현할 것이다. 다시 말해, 이 수익률 곡선의 기울기는 플러스(+)다.

○ 그림 1 우상향하는 수익률 곡선

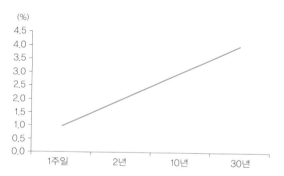

리처드 번스타인 등 수많은 전략가들이 수익률 곡선에 관심을 집중하는 것은 수익률 곡선의 기울기가 중요한 경기선행변수이기 때문이다. 즉, 수익률 곡선이 우상향하는 게 아니라 우하향하는 경우, 다시 말해 마이너스(−)의 기울기를 가질 때 경기침체가 발생하는 경우가 잦다.

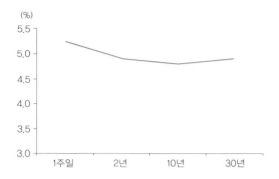

**● 그림 2 우하향하는 수익률 곡선**

참고로 그림 2는 금융위기가 출현하기 직전인 2007년 초의 미국 채권시장 상황을 나타낸다. 이처럼 시장 장기 금리(만기 10년 이상 채권)가 단기 금리(만기 2년 이하 채권)보다 낮은 상황, 즉 수익률 곡선의 역전 현상이 나타날 때 경기 불황이 출현하는 경우가 매우 잦다.

그림 3은 10년 만기 채권금리에서 2년 만기 채권금리를 뺀 것인데, 장단기 금리 차가 마이너스 영역에 진입할 때마다 불황(=음영으로 표시된 부분)이 출현하는 것을 발견할 수 있다.

이런 현상이 나타나는 것은 장기 채권과 단기 채권 투자자들의 기대가 다르기 때문이다. 만기가 10년 이상인 채권에 투자하는 보험이나 연기금 등 장기 투자자들은 지금 당장보다는 먼 미래의 경기 여건에 관심이 많다. 따라서 2007년처럼 정책금리가 지나치게 높아(5.25%), 먼 미래 경제성장률을 떨어뜨릴 것이라고 예상될 때에는 10년이나 30년 만기 채권금리가 정책금리를 밑도는 것이다.

물론 장단기 금리 차가 마이너스가 된다고 해서(=우하향하는 수익률 곡선) 항상 불황이 출현하는 것은 아니다. 가장 대표적인 경우가 1997년으

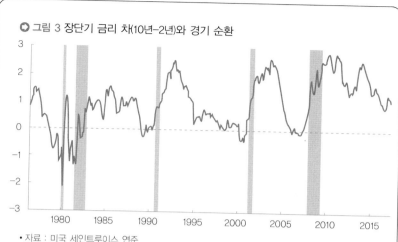

**그림 3 장단기 금리 차(10년-2년)와 경기 순환**

• 자료 : 미국 세인트루이스 연준

로, 당시 장단기 금리 차가 일시적으로 마이너스를 기록했지만 미국 경제
는 2000년까지 강력한 호황을 지속한 바 있다. 따라서 미국의 경제학자들
은 장단기 금리 차가 마이너스 구간에 상당 기간 머무르고 마이너스 폭이
확대될 때, 불황의 예측력이 급격히 높아진다고 지적한다(Frederic S.
Mishkin(1988), "What Does the Term Structure Tell Us About Future
Inflation?").

— 옮긴이

## 스타일 투자 전략의 등장

스타일 투자 전략은 1980년대 기관투자가들 사이에서 급속히 퍼지기 시작
했다. 스타일 투자 전략을 추종하는 펀드매니저가 늘어남에 따라, 고객에

게 적합한 스타일의 펀드를 고르고 시기별로 비중을 조절할 것을 조언해주는 연금컨설턴트에 대한 수요도 증가하게 되었다. 연금컨설턴트는 연기금운용관리자를 도와 그에게 알맞은 펀드매니저를 탐색하며, 펀드매니저의 수익률을 감시한다. 또한 수익률이 좋지 않거나 연금의 목표가 변경되는 경우 연기금운용관리자에게 펀드매니저의 교체도 제안한다.

연금컨설턴트는 시장의 비정상성과 투자 스타일에 따라 관리자를 따로 두며, 관리자들은 목표에 적합한 펀드매니저를 찾는다. 그렇기 때문에 컨설턴트는 펀드매니저가 우수한지 또는 특정 스타일에서 투자 성과를 냈는지를 확실하게 파악하고자 한다. 컨설턴트는 투자 스타일을 바꾼 펀드매니저에게 호의적이지 않은데, 투자 스타일을 자주 바꾼 펀드매니저의 성과를 평가하기 힘들기 때문이다. 그의 성과가 시장에 비해 뛰어나더라도 그것이 그의 운용 능력 때문인지, 아니면 그때 마침 강세를 보인 다른 투자 스타일로 갈아탄 데 따른 행운의 결과인지 판단하기 어려운 것이다.

또한 스타일이 확실한 펀드매니저와 함께 연금 플랜의 목표를 설정하는 게 더 용이하다. 만일 대부분의 펀드매니저들이 투자 스타일에 집중하고 또한 고객들(즉 연기금운용관리자)도 이를 활용하는 것이 유리하다고 판단한다면, 특정한 투자 스타일에 집중하지 않는 펀드매니저들은 불이익을 받을 수도 있다. 따라서 이런 여러 가지 이유로 인해 요즘 대부분의 펀드매니저들은 스타일 투자 전략에 집중하고 있다.

자신이 주력하는 주식 투자의 스타일이 무엇인지 이야기하지 않는 주식 펀드매니저는 거의 없다. 예를 들어 성장주와 가치주라는 용어는 40여 년 전에 처음으로 사용되었지만, 앞에서 설명한 이유로 1980년대를 전후해 기관투자가들 사이에서 더 널리 받아들여지게 되었다.

　스타일 투자 전략은 거시경제보다는 대부분 미시경제적인 기반을 갖고 있는데, 이는 주식 펀드매니저가 거시경제적 환경보다는 특정 종목 고유의 특징에 더 주의를 기울인다는 것을 의미한다. 하지만 이 책에서는 스타일 투자 전략과 거시경제 환경이 밀접한 연관을 맺고 있으며, 펀드매니저가 이 둘을 따로 놓을 때 실수를 저지를 가능성이 높아질 것임을 강조할 것이다.

## ·잘 알려진 시장 세그먼트

시장 세그먼트는 거시와 미시라는 2가지로 나눌 수 있지만, 시장 참여자들은 이 용어보다는 탑다운(top-down)과 바텀업(bottom-up)이라는 표현을 더 좋아한다. 탑다운 분석은 거시경제 여건(top)에서 출발해 개별 종목 선정(bottom)으로 내려오면서 분석하는 방법이다. 탑다운 분석은 A종목과 B종목 사이의 상대적인 가치평가보다는, 경제 전체의 산업 생산이 기계장비 업종 주식에 얼마나 영향을 주는지에 더 많은 관심을 기울인다. 반면에 바텀업 분석은 포트폴리오를 구성하는 작업을 개별 종목 데이터(bottom)에서 시작해 위로 올라가며 분석하는 방법이다.

　탑다운 세그먼트는 일반적으로 전체 거시경제 차원에서 정의되는 반면, 바텀업 세그먼트는 개별 종목의 특성에 따라 구분된다. 탑다운 세그먼트의 예로는 경기민감주(cyclical stock)가 있으며, 바텀업 세그먼트의 예로는 하이 레버리지 주식(highly leveraged stock)이 있다.

기자나 시장분석가 등의 시장 관찰자가 경제적인 섹터와 산업 그룹을 자주 언급하기 때문에 투자자들은 탑다운 세그먼트에 대해 잘 알고 있다. 시장 세그먼트에 대한 이 책의 설명을 이해한 독자라면, 금융주나 필수소비재 주식을 묘사할 때, 심지어 어떤 산업 그룹을 새롭게 정의해야 할 때조차도 자신만의 시장 세그먼트를 쉽게 설정할 수 있을 것이다.

스탠더드앤드푸어스(Standard & Poor's, 이하 S&P)*는 90개 이상의 산업 분야를 분류하고 있으며, 또한 여러 실용적인 목적에 따라 잠재적으로는 90개 이상의 각기 다른 시장 세그먼트로 분류될 수 있을 것이다(산업 분류에 대해 더 많은 것을 알고 싶다면 S&P가 매월 발행하는 〈Stocks in S&P500〉을 참조하라).

표 1-1에는 탑다운 세그먼트의 여러 가지 사례가 나와 있다. 이미 말했듯이, 언론을 통해 자주 들어왔기 때문에 이 용어들은 대부분 친숙하게 느껴질 것이다. 탑다운 시장의 세그먼트는 기업들을 전체 거시경제 환경의 변화에 따른 영향으로 구분한다. 예를 들어 산업재**나 자본재*** 같은 경기민감주는 경기 확장 국면일 때 시장수익률을 웃도는 경향이 있다. 이와는 반대로 소비재****처럼 더 안정적인 분야는 경기 수축 국면일 때 시장

---

* 스탠더드앤드푸어스는 세계 3대 신용평가 기관의 하나로, 특히 S&P500을 비롯한 다양한 주가지수를 개발해 시장에 유통시키는 것으로 유명하다.
** 철강, 비철금속, 고무 등 주요 산업의 중간재로 이용되는 제품을 생산하는 주식들이다.
*** 기계 장비 등 기업의 자본 투자와 연관을 맺고 있는 주식을 의미한다.
**** 소매, 제약, 식료품 등 소비 지출과 연관을 맺고 있는 주식을 의미한다.

**○ 표 1-1 탑다운 시장의 세그먼트**

| 세그먼트 | 포함되는 산업 |
|---|---|
| 신용 경기민감주 | 주택건설, 저축대부조합(S&Ls) |
| 소비재 성장주 | 제약, 청량음료 |
| 소비재 경기민감주 | 자동차, 가정용 전자제품 |
| 필수소비재 | 식품, 가정용품 |
| 자본재 | 기계류, 전기 장비 |
| 기술 | 컴퓨터 시스템, 통신* |
| 에너지 | 원유, 석탄 |
| 산업재 | 화학, 알루미늄 |
| 금융 | 은행, 보험 |
| 운송 | 항공, 철도 |
| 유틸리티 | 전기, 천연가스 |
| 복합 기업 | – |

*최근에는 시가총액 규모가 커짐에 따라 통신만 따로 대분류 섹터로 구분함

수익률을 웃도는 경우가 많다.

탑다운 세그먼트가 일정 기간 동안 실제로 아주 다른 수익을 내는지 확인하기 위해, **그림 1-1**에서 S&P 소비재지수(S&P consumer goods index)와 S&P 자본재지수(S&P capital goods index)의 투자 성과를 비교해봤다. 이 그림에서 선이 올라갈수록 자본재지수의 수익률이 더 좋은 것이고, 선이 내려갈수록 소비재지수가 더 나은 성과를 거둔 것으로 볼 수 있다. 1980년대에는 산업재 기업들이 시장수익률을 크게 하회한 반면, 산업재와 연관이 없는 기업이 시장수익률을 웃돌았다.

**표 1-2**는 1970~1980년대에 산업재와 소비재에 속한 기업의 성과를 나타낸 것이다. 비교를 위해 **표 1-3**에는 바텀업 방식으로 정의된 시장 세그

**○ 그림 1-1 자본재와 소비재 주식의 상대 수익률(S&P 자본재지수/S&P 소비재지수) 추이**

(상대 가격)

• ▓ 부분은 NBER(National Bureau of Economic Research, 전미경제조사국)에서 발표한 경기침체 기간을 나타냄
• 자료 : S&P

먼트가 정리되어 있다. 대부분의 투자자들에게 친숙한 바텀업 시장 세그먼트의 예는 소형주 효과(small stock effect)처럼 기업의 규모별로 주식을 나누는 것이다.

일반적으로 규모별 시장 세그먼트는 시가총액(현재 주가에 유통주식 수를 곱한 값)에 따라 분류되지만, 시가총액 대신 총자산이나 매출 규모 등을 기준으로 사용할 수도 있다. 하지만 소형주를 거래할 때 생기는 유동성 문제 때문에 대부분의 기관투자가들은 시가총액을 기준으로 세그먼트를 정의한다.

물론 어느 기업의 매출액이 절대적으로 크더라도, 지속적으로 매출액이 줄어드는 상황에 처해 있는 경우에는 시가총액이 작을 수 있다. 시가총액이 작은 주식은 기관투자가가 거래하기에 거래량이 충분하지 않으며, 혹은 어떤 기관투자가가 작은 기업에 포트폴리오의 아주 일부만 투자해도 상장

(단위 : %)

| 기간(년) | 구분 | 중앙값 | 평균 | 최고 | 최저 |
|---|---|---|---|---|---|
| 1971~1979 | 자본재 | 2.7 | 86.8 | 608.2 | -16.4 |
| | 소비재 | -8.8 | 18.1 | 277.5 | -57.8 |
| 1980~1992 | 자본재 | 92.5 | 228.8 | 1,117.3 | -18.2 |
| | 소비재 | 703.1 | 764.8 | 1,511.9 | 147.3 |

● 표 1-3 바텀업 세그먼트

| 항목 | 분류 기준 |
|---|---|
| 규모 | 시가총액, 매출액, 자산 |
| 위험 | 베타, 부채비율 |
| 가치평가 | 주가수익배수(PER), 주가순자산배수(PBR), 주가현금흐름배수(PCR) |
| 성장 특성 | 고성장, 안정 성장 |

주식의 상당 부분을 소유하는 주요 주주가 되어버린다. 그렇기 때문에 기관투자가들은 소형주에 대한 매수를 꺼리는 경향이 있다.

'소형주 효과'에 대해 가장 잘 알려진 연구는 이봇슨과 싱크필드(Ibbotson & Sinquefield, 1976년), 그리고 반즈(Banz, 1981년)의 연구일 것이다. 이들은 수십 년에 걸쳐 소형주가 대형주보다 상당히 높은 수익률을 달성했다는 사실을 처음으로 밝혀냈다. 고수익에 수반되는 추가적인 변동성(위험)을 고려해도 소형주 투자 성과의 우위는 바뀌지 않는다는 사실이 이들의 연구를 통해 밝혀졌다. 바꿔 말하면 효율적 시장 가설로는 소형주의 위험조정수익\*을 설명할 수 없다는 것이다.

그림 1-2에는 1926년 이후 소형주와 대형주(S&P500지수)의 상대 수익률(소형주지수/대형주지수)이 표시되어 있다. 그래프가 올라갈 때는 소형주가

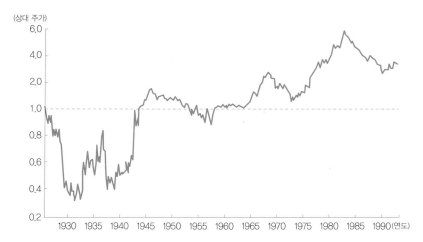

○ 그림 1-2 소형주의 상대 수익률(소형주지수/대형주지수) 추이

• 자료 : 이봇슨 어소시에이트

대형주 수익률을 웃도는 것으로, 반대로 그래프가 내려갈 때는 대형주가 소형주 수익률을 웃도는 것으로 볼 수 있다. 어떤 시기에는 소형주가 대형주 수익률을 웃돌거나 밑돌지만 그래프의 전체 기울기를 보면 전 기간에 걸쳐 소형주가 대형주 수익률을 훨씬 웃돈다는 사실을 알 수 있다.

표 1-4는 소형주가 심지어 위험을 감안하더라도 압도적인 투자 성과를 기록했음을 보여주고 있다. 두 번째 줄에는 1926년부터 1992년까지 소형주와 S&P500에 포함된 주식의 연평균수익률이 나와 있다. 세 번째 줄에는

---

* 위험조정수익이란 각 자산(주식)의 수익을 표준편차 등 변동성 지표로 나눈 것이다. 예를 들어 어떤 자산이 아무리 높은 수익을 기록했더라도, 그에 동반되는 변동성이 너무 크다면 그 자산의 위험조정수익은 떨어질 수밖에 없다. 따라서 어떤 펀드의 성과를 살펴볼 때, 절대 수익률뿐만 아니라 위험조정수익까지 살펴보는 게 바람직하다.

## ○ 표 1-4 소형주의 초과수익률

|  | 연평균수익률 | 베타 | 기대수익률 | 초과수익률 |
|---|---|---|---|---|
| S&P500 | 12.4% | 1.00 | 12.4% | 0.0% |
| 소형주 | 17.8% | 1.38 | 17.1% | 0.7% |

그림 1-2에서 사용된 이봇슨* 소형주지수(Ibbotson small stock index)의 수익률 베타(S&P500에 대한 개별 포트폴리오의 상대적인 변동성)값이 나와 있다. 네 번째 줄에는 샤프의 단순 시장 모형에 의한 기대수익률이 나와 있다. 시장 모형의 산출식은 아래와 같다.

**주식 수익 = $\alpha + \beta$(시장 수익) + e**

- $\alpha$ = '알파' 또는 위험으로 설명되지 않은 부분
- $\beta$ = '베타' 또는 잘 분산된 포트폴리오 환경에서의 위험
- e = 오차항

단순 시장 모형에는 알파와 오차 항도 있지만, **표 1-4**에는 베타값만 나와 있다. 효율적 시장 가설은 알파값이 전체 주식 포트폴리오 속에서 결국 '0'이 되어야 한다고 주장하므로 따로 표시하지 않아도 큰 문제는 없을 것이다. 다섯 번째 줄에는 샤프의 단순 시장 모형으로 예측한 수익률을 상회하는 초과수익률**이 나와 있다.

---

\* 이봇슨은 자산배분에 대한 권위 있는 자문기관으로, 1977년 시카고에서 설립되었고 2006년 3월 모닝스타 사에 인수되었다.

소형주의 베타는 대형주보다 상당히 높으며(정의에 따라 S&P500의 베타는 1이 된다), 효율적 시장 가설은 투자수익률이 순전히 베타에 의해 결정된다고 주장하기에 소형주는 대형주보다 높은 수익을 올리는 것이 당연하다. 하지만 소형주의 투자수익률이 소형주 베타에 시장수익률을 곱한 값(기대수익률)보다 크기 때문에, 베타로 설명할 수 없는 초과수익률이 남게 된다. 즉, 소형주는 0.7%라는 연간 초과수익률을 기록한 것이다(8장에서 소형주와 대형주의 상대적인 투자 성과에 영향을 미치는 몇 가지 요인을 분석할 것이며, 왜 장기 투자 성과에서 소형주와 대형주의 주기적인 사이클이 나타나는지 검토할 것이다).

연금운용관리자에 대해 이야기할 때 언급했던 것처럼, 뮤추얼 펀드를 성장주 펀드나 가치주 펀드로 구분하려는 경향이 최근에 점점 늘어나고 있다. 스타일에 대한 정확한 이해가 동반되지 않고 있음에도 불구하고 스타일이란 용어의 사용이 빈번해진 것은 기업의 미시적 요인과 주식 투자의 투자 성과가 연관을 맺고 있다는 사실이 널리 받아들여지고 있음을 보여준다.

성장주와 가치주를 정의하는 일은 상당히 어렵다. 아주 간단하게 정의하면(다음 장들에서 더 복잡한 정의가 나온다) 성장주는 전체 시장에 비해 이익 성장이 높은 기업인 반면, 가치주는 상대적으로 이익 성장의 변동성이 크고 혹은 열등해 투자자들이 일반적으로 매력을 그다지 느끼지 않는 주식을 말한다.

---

** 초과수익률이란 기준이 되는 수익률 대비 얼마나 더 수익을 올렸는지 측정하는 것으로, **표 1-4**에서는 두 번째 줄의 값에서 네 번째 줄의 값을 뺀 것이다.

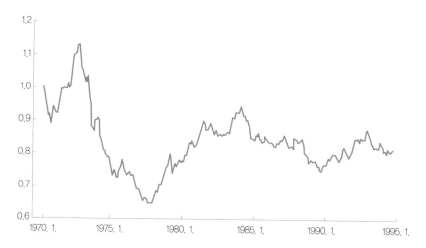

• 총투자수익률을 기준으로 함
• 자료 : 메릴린치 정량분석팀

　나중에 다시 보게 되겠지만, 이들 2가지 핵심 투자 스타일의 역사적인 수익률은 기업의 명목이익 성장 수준에 크게 의존한다. **그림 1-3**은 가치주 스타일 뮤추얼 펀드 9개와 성장주 스타일 뮤추얼 펀드 9개로 만든 지수의 상대 수익률(성장주 뮤추얼 펀드지수/가치주 뮤추얼 펀드지수)이다. 그래프가 올라가면 성장주 펀드의 수익률이 가치주 펀드의 수익률을 상회하게 되고, 그래프가 내려가면 그 반대가 된다. 이 상대 성과 그래프에는 장기 추세뿐만 아니라 단기 사이클도 함께 표시되어 있음을 미리 일러둔다.

## ᛫덜 알려진 시장 세그먼트

앞에서 다룬 주식 투자 스타일들과 달리, 바텀업 방식으로 정의된 세그먼트는 이해하기 어려운 측면이 있어 기관투자가나 대중매체에서 자주 다뤄지지 않는다. 실업률이 올라갈수록 승용차가 덜 팔릴 것이라는 사실은 일반적으로 이해가 되는 반면, 인플레이션 기간 중에 하이 레버리지 기업이 시장수익률을 웃도는 경향이 있음을 이해하기는 쉽지 않기 때문이다.

투자자들은 '좋은' 기업이 '좋은' 주식이 될 것이라고 기대하면서 좋은 기업을 찾는다. 하지만 과거 경험으로 보면 이것이 항상 옳은 것은 아니었다. 솔트와 스탯먼(Salt and Statman, 1989년)은 '좋은' 기업이 결국은 '나쁜' 주식으로 끝난 경우가 자주 있었음을 밝혔다. 좀더 최근의 연구는(번스타인과 프래드휴먼, 1993년) 기업의 퀄리티와 연관을 맺는 세그먼트의 존재를 보여줬다. 그들의 연구에 따르면, '좋은' 기업이 '좋은' 주식을 만드는 기간이 있는 반면 '나쁜' 기업이 '좋은' 주식을 만드는 경우도 있다.

그림 1-4에서는 S&P가 C·D등급*을 매긴 주식으로 구성된 지수와 A+등급을 매긴 주식으로 구성된 지수를 비교해 '좋은' 기업과 '나쁜' 기업 간의 상대 성과를 보여주고 있다. 그래프가 올라갈수록 C·D등급 주식이 A+등급 주식보다 나은 수익률을 기록한 것으로 볼 수 있다. 그림 1-4에 잘 나타난 것처럼 어떤 때에는 퀄리티가 높은 기업이 선호되며, 어떤 때에는 퀄

---

*S&P의 등급은 우리가 잘 아는 신용 등급과 보통주 등급으로 나뉘는데, 여기에서는 배당과 이익 안정성 등으로 측정된 S&P 보통주 등급을 의미한다.

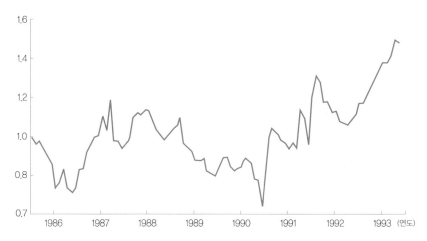

○ 그림 1-4 A+등급 주식 vs C·D등급 주식

- 상대 수익률과 동일비중* 포트폴리오를 기준으로 함
* 동일비중이란 S&P500지수처럼 시가총액 등을 통해 가중평균하지 않고 다우존스산업지수처럼 개별 종목
  의 주가를 같은 비중으로 단순평균해 작성하는 것을 의미함
- 자료 : 메릴린치 정량분석팀

리티가 낮은 기업에 대한 투자가 인기를 끄는 시기가 뚜렷이 존재한다.

5장에서는 어떻게 로우 퀄리티 기업이 시장수익률을 웃돌게 되며, 또 언제 하이 퀄리티 기업이 뛰어난 성과를 거두는지 자세히 설명할 것이다. 일반적인 생각과 다르게 '좋은' 기업이 오히려 오랫동안 자주 '나쁜' 주식이었다.

투자자들이 기업의 파산이나 실적의 급격한 악화 같은 것을 걱정하므로 주식시장에는 개별 주식의 위험 특성에 따른 세그먼트(고위험과 저위험 등)가 형성된다. 위험을 어떻게 측정하고 정의할 것인지는 나중에 자세히 살펴보겠지만, 앞에서 살펴본 베타값은 잘 분산된 포트폴리오에 속한 주식의 위험을 측정하는 데 이용할 수 있을 것이다.

효율적 시장 가설의 신봉자들은 잘 분산된 포트폴리오에 주식이 포함되어 있는 경우, CEO의 사망처럼 특정 주식에만 관련된 위험은 상쇄될 수 있다고 믿는다. 따라서 투자자들이 고려해야 하는 위험은 시장 전체의 위험처럼 분산시킬 수 없는 위험이다. 이미 언급한 대로 효율적 시장 가설은 베타계수가 크고 위험한 주식은 베타계수가 작고 안전한 주식에 비해 오랜 시간에 걸쳐 높은 수익률을 기록한다고 주장한다.

베타계수가 큰 주식과 작은 주식은 역사적으로 매우 다른 성과를 기록한 바 있다. 어떤 요인이 베타계수를 기준으로 나누어진 세그먼트의 수익에 영향을 미치며, 지난 수년간 많은 연구에서 주장된 바와 같이 베타계수가 정말 그 설명력을 잃어버렸는지는 6장에서 상세하게 검토할 것이다.

사실 퀄리티라는 개념은 기업의 이익 안정성과 재무 건전성뿐만 아니라 기업의 위험을 비교하는 것일 수 있는데, 좋은 기업은 위험이 낮은 반면에 나쁜 기업은 위험이 많다고 투자자들이 인식하기 때문이다.

금리 변화에 따른 주식의 위험을 측정하는 새롭고 흥미로운 방법 중 하나가 듀레이션 분석이다. 듀레이션이란 채권 가격의 금리민감도를 측정한 것으로, 채권시장의 필수 분석 도구라 할 수 있다. 금리민감도가 클수록 채권 가격의 변동성이 커지고, 채권 보유자의 위험도 커진다. 보다 최근에는 듀레이션 개념이 주식에도 적용되기 시작했다. 금리민감도에 따라 주식을 세분화하기 시작했으며, 8장에서 채권시장에서 논쟁의 대상이 되는 수익률 곡선이 주식시장에도 존재한다는 사실을 살펴볼 것이다.

이 책은 주식시장의 중요 시장 세그먼트 및 스타일에 대해 집중적으로 논의할 것이다. 물론 이 책에서 다루는 세그먼트 외에도 다양한 세그먼트가 있으며, 또 우리가 살펴볼 세그먼트가 변화하지 않고 그대로 유지된다고 생각하지 않는다. 시장은 진화의 과정을 통해 나아가며, 오늘 발견된 시장 세그먼트는 놀랍도록 짧은 시간에 지금까지 알려지지 않았던 다른 시장 세그먼트에 의해 대체되거나 혹은 결합될 수 있기 때문이다.

# CHAPTER 01 핵심 내용

- 전체 시장에 관심을 가지는 투자자도 모든 주식이 똑같이 움직이지 않는다는 사실을 잘 알고 있다.
- 효율적 시장 가설을 신봉하는 사람들은 시장이 가용한 모든 정보를 순식간에 주가에 반영하기 때문에 수익과 위험은 균일하게 선형 관계를 형성한다고 믿는다.
- 하지만 일부 학자들은 주식의 위험으로 수익을 예측하려고 하는 이 모델이 특정 주식 집단이 시장수익률을 상회하는 현상을 설명할 수 없음을 발견했다. 효율적 시장 가설이 밝혀내지 못한 시장의 비정상성은 주식시장이 단일한 하나의 시장이 아니라 보다 세분화되어 있음을 보여주고 있다.
- 시장 세그먼트는 비슷한 수익률을 내는 유사한 특성을 가진 주식의 집단이다. 모든 시장 비정상성은 세그먼트지만, 모든 세그먼트가 반드시 시장의 비정상성을 의미하는 것은 아니다.
- 시장 세그먼트는 탑다운과 바텀업 방식으로 분류할 수 있다.
- 시장 세그먼트가 어떻게 나뉘더라도, 거시경제 환경과 기업의 미시적 특성은 연관을 맺고 있다.
- 이 책은 시장 세그먼트와 투자 스타일의 성과를 이해하는 데 필요한 여러 요인과 그들의 상호 관계에 초점을 맞출 것이다.

## ⦙한국에도 시장 세그먼트가 존재하는가?

1장에서 리처드 번스타인은 주식시장이 '단일한 덩어리'가 아니라 아주 작은 부분들로 쪼개져 있음을 보여주었다. 이 같은 미국 사례가 한국 시장에도 적용될까? 매일경제신문과 FnGuide가 제공하는 MKF500지수를 이용해 살펴본 결과, 한국에도 다양한 투자 스타일이 존재하며 또 시장 상황에 따라 매우 다른 방향으로 움직인 것을 발견할 수 있다.

예를 들어 한국의 가치주는 성장주에 비해 짧은 시기를 제외하고는 지속적으로 초과 성과(out-perform)를 낸 것을 발견할 수 있다. 2001년부터 2018년 3월까지 MKF 가치주지수는 18배 이상 상승한 반면, MKF 성장주지수는 1.5배 남짓 상승하는 데 그쳤다.

이런 현상은 가치주와 성장주에만 국한되지 않는다. 소형주도 마찬가지다. 2001년 이후 중소형주지수는 3배 남짓 올랐지만 대형주지수는 4.2배 이상 상승해, 소형주에 대한 투자를 늘렸던 사람들은 상대적인 박탈감에 시달렸을 것으로 보인다.

## ⊙ 한국 MKF500지수와 가치주/성장주 상대 강도

## ⊙ 한국 MKF500지수와 중소형주/대형주 상대 강도

이상과 같은 한국 주식 투자 스타일의 성과 '괴리'는 투자자들에게 오히려 투자의 기회를 제공할 수 있을 것으로 판단된다. 투자 스타일의 정의 그대로 경제 여건의 변화에 따라 함께 움직이는 주식의 집단이 있다는 것을 파악하고 또 이에 대비하면 투자의 위험을 줄이면서 성과를 극대화할 가능성이 높아지기 때문이다.

# 02

# 명목이익 성장 및
# 투자자 위험 인식의 경제학

이코노미스트는 월가의 리서치 분야에서 중요한 역할을 담당한다. 애널리스트들은 기업의 매출과 이익을 추정하기 위해 인플레이션, 산업 생산, 소비자 지출 및 건설 활동 등에 대한 이코노미스트의 경제 전망을 활용한다. 펀드매니저는 자산 배분, 투자 스타일, 섹터 및 세그먼트 로테이션에 대한 의사 결정을 하기 위해 경제 전망을 이용한다. 또한 애널리스트와 펀드매니저 모두 기업의 상대적 가치평가 및 이익 성장을 비교하기 위해 이코노미스트의 기업 이익 전망을 이용한다.

　스타일 투자자에게 가장 귀중한 경제 전망은 기업의 수익성이 개선될지 아니면 악화될지 여부일 것이다. 왜냐하면 이익 성장의 가능성이 시장 세그먼트의 투자 성과에 중요한 영향을 미치는 변수로 부각되고 있기 때문이다(번스타인, 1990년).

하지만 때로는 스타일 투자자들이 너무 다양한 경제 정보로 인해 부담을 느끼는 일도 벌어진다. 현재 월가 경제 전망에는 산업 생산, 수익성, 수입, 투자, 소비, 수출 등 중요 경제지표가 상세하게 포함된다. 이런 정보들은 향후 경제 성장의 윤곽을 잡는 데 모두 중요한 요소이긴 하지만, 스타일 투자자는 무엇보다 전체 기업의 수익성 수준과 수익성의 개선 혹은 악화 여부에 관심을 가져야 한다.

## 주가와 명목이익 성장

다른 시장과 마찬가지로, 주식시장의 거래 가격(주가)에는 주식 매도자에 비해 상대적으로 매입할 만한 가치가 있다고 믿는 주식 매수자의 견해가 반영된다. 판매될 특정 제품의 공급이 부족하거나 제조하는 데 상당한 기술이 요구되는 경우, 범용 제품과 비교해 매수자는 기꺼이 더 많은 돈을 지불하려고 한다. 하지만 특정 제품의 공급이 충분하거나 생산하기 쉬운 경우, 매수자는 그 제품을 살 때 많은 돈을 지불하려고 하지 않을 것이다. 예를 들어 우리는 사과보다 다이아몬드를 살 때 더 많은 돈을 지불하는데, 이는 다이아몬드가 사과보다 더 희소하기 때문이다. 다이아몬드가 나무에서 열리고 그 나무를 모두가 심어서 키울 수 있다면, 다이아몬드의 가격은 지금보다 훨씬 저렴해질 게 틀림없다.

주식시장에서 거래되는 상품은 기업의 이익 성장이다. 주식은 기업에 대한 부분적 소유권이고, 주주는 자신이 소유하고 있는 주식만큼 기업의 수익과 자산에 대한 권리를 지닌다. 주식 투자자들은 기업의 수익이 늘어나며, 기업의 자산가치 또는 기업 소유권 가치가 증대되어 주가가 올라갈 것이라고 판단되는 기업의 주식을 매입한다. 투자자는 특정 기업의 주식을 소유함으로써 다른 곳에 투자하는 것보다 더 높은 수익을 올리길 바란다. 따라서 주식 투자의 성과는 기업의 이익 성장 능력에 따라 결정된다. 빠른 속도로 이익을 성장시킬 수 있는 기업의 주가는 전체 주식시장보다 수익률이 높을 것이지만, 그렇지 못한 기업의 주식은 부진한 성과를 기록하게 된다.

빠른 속도로 이익을 성장시키는 기업이 드물다면, 진정 빠른 속도로 이익이 성장할 수 있는 기업의 소유권을 얻기 위해 투자자는 더 많은 돈을 지불하려 들 것이다. 반대로 많은 기업의 이익이 성장하고 있다면, 투자자는 풍부한 자원에 많은 돈을 지불하려고 하지 않을 것이다. 바꿔 말하면 이익 성장이 아주 드물어서 투자자가 이익 성장을 마치 다이아몬드처럼 생각하는 기간이 있는 반면, 이익 성장이 너무나 흔해서 이를 사과처럼 여기는 때도 있다.

주식시장에서는 명목 기준의 데이터를 사용하지만, 일반적으로 이코노미스트는 실질 기준으로 경제 전망을 발표한다. 실질 기준으로 수치를 산출할 때는 인플레이션을 포함하지 않기 때문에, 생산된 제품의 물량 변화를 더욱 잘 반영한다. 실질 경제성장률은 경제의 실질적인 산출의 증가량을 재는 매우 중요한 척도라고 할 수 있다. 실질 경제성장률이 높아지면 지속적으로 일자리가 창출되어 국가 전체의 삶의 질도 향상된다.

단위 생산량의 증가는 기업에 매우 중요하지만 '실질' 기준의 분석은 기

**◯ 그림 2-1 S&P 제약주지수 상승률 vs 처방약 소비자물가지수 상승률**

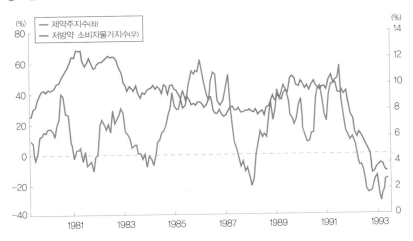

• 자료 : S&P, 미국 노동통계국

업 가격 결정의 유연성을 무시하게 된다. 어떤 기업의 생산량이 늘어나는 경우 그 기업이 생산량 증가를 계기로 가격 인상을 시도할 가능성이 높기 때문이다. 주식시장은 명목 단위로 거래되는 시장이므로, 실질이익이 아닌 명목이익 성장이 주가에 영향을 미친다. 다시 말해 인플레이션은 제품 가격이 상승하는 기업들에 도움이 된다.

그림 2-1은 S&P 제약주지수(S&P drug index)와 처방약 소비자물가지수(Consumer Price Index ; CPI)●의 전년 동기 대비 상승률을 나타낸 것이다. 그림 2-2는 S&P 철강업종지수(S&P steel index)와 철강 생산자물가지수

---

● 소비자물가지수는 부동산 가격과 식비, 교통비, 전기세, 서비스 가격 등을 포괄하는 가장 중요한 물가지수로, 연금이나 임금 등이 인플레이션으로 인해 얼마나 감소하는지를 고려하기 위해 작성한다.

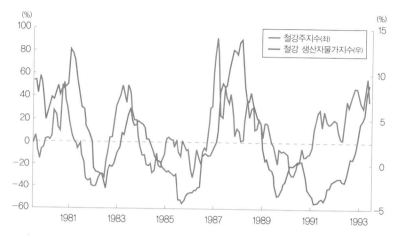

• 자료 : S&P, 미국 노동통계국

(Producer Price Index ; PPI)◉의 전년 동기 대비 상승률을 나타낸 것이다.

　그림 2-1과 그림 2-2는 특정 상품 가격이 상승할 때 그 상품을 만드는 기업의 주가도 일반적으로 오른다는 사실을 보여주는 좋은 예라 할 수 있다. 이와 반대로 가격이 덜 오르거나 떨어지면 주가의 탄력도 떨어지게 된다. 때로는 독점이 강화되거나 특정 제품에 대한 수요가 급증하며 가격이 오르기도 하지만, 특별했던 제품이 공급 과잉으로 범용 제품처럼 흔해져 가격이 내려가기도 한다. 신제품을 생산하는 신생 기업이 전자에 해당하고, 성숙 국면에 있는 기업이 후자에 속한다.

　상품 가격 결정의 유연성과 주가상승률의 관계로 인해 투자자와 기업 경

---

◉ 공정이 끝난 완제품의 물가로, 도매물가의 변화를 측정해 인플레이션 정도를 나타내는 지수다.

영인 들이 인플레이션의 수혜주를 성장주로 착각하는 경우도 생긴다. **그림 2-2**에서 나타난 것처럼 철강과 제약 기업도 인플레 수혜주임에도 불구하고 성장주처럼 인식된 기간이 있었음을 알 수 있다. 1980년대의 처방약 가격 상승 기간에는 투자자들이 제약주를 성장주로 분류한 반면, 철강주는 대표적인 성숙 산업으로 분류했다.

　명목이익의 성장은 인플레이션과 생산량 증가 외에 다른 요인에도 영향을 받는다. 예를 들어 생산성 향상(노동시간 혹은 장비당 생산 증가)은 기업의 수익성을 크게 개선한다. 기업은 같은 시간에 2배 많은 제품을 생산하도록 공장 현대화를 추진할 수도 있고, 혹은 더 많은 제품을 생산하는 대신 생산 시간을 이전보다 절반으로 줄일 수도 있다. 이렇게 기업의 생산성이 개선 되면 생산량이 늘어나므로 가격을 인상하지 않아도 명목이익 성장을 더욱 강화할 수 있을 것이다. 생산성 향상은 인플레이션 없이도 명목수익을 개선하고 또 지속시키기 때문에 이코노미스트들은 경쟁이 심한 글로벌 경제에서 생산성이 더욱 중요해지고 있다고 강조한다.


## ⦙명목이익 성장의 희소성 여부

그렇다면 명목이익 성장은 시장 세그먼트와 투자 스타일의 투자 성과에 어떤 영향을 미칠까? 성장이 희소해질 때 이익 성장률을 유지하거나 증가시킬 수 있는 기업의 주가는 크게 오른다. 하지만 지금까지와 달리 이익 성장이 풍부해지고 더 많은 기업이 성장할 때 주식시장 참여자들은 성장주를 가게에서 쇼핑하듯 고를 수 있을 것이다. 또한 성장주가 아닌 세그먼트와 투자 스타일도 성장이 희소했을 때 더 나은 성과를 기록하게 될 것이다. 시장 세그먼트와 스타일의 투자 성과는 주식시장의 상품, 즉 명목이익 성장의 희소성 유무에 다양하게 의존한다.

명목이익 성장의 희소성 여부를 측정하는 간단한 방법은 S&P500지수의 이익 모멘텀을 보는 것이다. 모멘텀은 직전 4분기의 이익을 전년 동기 이익으로 나눈 값이다. **그림 2-3**은 S&P500 기업의 주당순이익(Earning Per Share ; EPS) 모멘텀을 1940년대 후반부터 표시한 것이다. 그 수치가 0보다 크면 이익 모멘텀이 양수이며, 상당수 기업의 이익이 성장한 것을 의미한다. 반면에 0보다 작으면 이익 모멘텀이 음수로, 이익 성장이 상대적으로 드물다는 것을 의미한다. 1980년대 후반부터 1990년대 초반까지 지속된, 제2차 세계대전 이후 가장 긴 이익 불황●은 이익 성장의 희소성에 기초한 스타일 투자 전략이 왜 그토록 인기를 끌었는지 설명하는 데 도움을 준다.

앞에서 정의했던 것처럼 이익 모멘텀은 명목이익 성장률로 측정하는 것이 편리하지만, 시장 참여자들은 이익 성장의 희소성 여부를 **그림 2-3**에 나오는 막대 높이의 변화로 정의되는 한계 명목이익 성장률로 측정하는 경향이 있다. 따라서 **그림 2-3**의 막대가 바닥에서 정점으로 가는 경우(-10%에서 +10%로 갈 때) 투자자들은 이익 성장이 풍부해지는 것을 느끼게 된다. 반대로 막대가 고점에서 저점으로 내려가면(+10%에서 -10%로 갈 때) 성장

---

● 불황(recession)이란 실질 경제성장률이 2분기 연속 마이너스를 기록한 시기를 의미한다. 특히 전미 경제조사국(NBER)은 언제 불황이 시작되었는지를 공식적으로 발표한다.

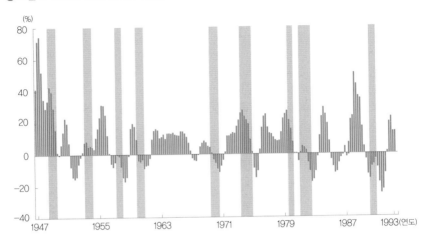

**○ 그림 2-3 S&P500 EPS 모멘텀**

- 1945년 이후 전년 동기 대비 상승률이며, 직전 4분기 동안의 주당순이익 기준임. ▨ 부분은 NBER에서 발표한 경기침체 기간을 나타냄
- 자료 : S&P, 메릴린치 정량분석팀

이 드물어진다고 느낄 것이다.

수학적인 개념을 잠시 차용하면, 이익 모멘텀의 1차 도함수●(또는 이익의 2차 도함수)는 스타일의 상대 성과에 큰 영향을 미친다. 이익 모멘텀의 1차 도함수가 양수이면(막대가 점점 커지거나 플러스 영역으로 감) 주식시장은 명목이익 성장을 주도하는 기업에 보상하는 반면, 이익 성장이 약한 기업에 불이익을 주는 경향이 있다. 반대로 1차 도함수가 음수이면(막대가 점점 짧아지거나 마이너스 영역으로 감) 시장은 이익을 유지하는 기업에는 보상을, 반대로 이익

———

● 이익 성장률의 기울기를 말한다.

64

성장이 하락하는 기업에는 불이익을 준다.

## ∶상각과 당기순이익

이익 성장률은 경제 여건 외에도 다른 많은 요인에 의해 영향을 받을 수 있다. 기업의 수익성 수준을 결정하는 데 전반적인 경제 여건과 인플레이션, 생산성이 가장 큰 역할을 하는 것은 분명하다. 또한 회계 규정이 기업이익에 영향을 미칠 수도 있다. 미국 증시에 상장하려는 미국 기업과 외국 기업은 일반적으로 인정된 회계 원칙(Generally Accepted Accounting Principles ; GAAP)을 따라야 한다. 또한 미국 재무회계기준위원회(Financial Accounting Standards Board ; FASB)는 어떤 재무 정보를 투자자에게 보고해야 하는지, 또 어떻게 정보를 준비해야 하는지를 결정한다. FASB의 기준이 바뀌면 긍정적이든지 부정적이든지 순이익에 일시적인 영향을 미친다. 회계 기준 변경으로 인한 일시적인 이익 변화가 주가에 큰 영향을 미치는지는 아직 확실하지 않다. 하지만 이 책에서는 회계 기준 변경이 주가에 중대한 영향을 미치지 않는다고 가정한다.

이미 몇 번 당기순이익을 언급했지만, 월가에서는 영업이익(operating earnings)이라는 용어를 자주 사용한다. 영업이익은 손익계산서에서 순이익의 상단에 위치한 값으로, 일반적으로 기업이 부담하는 일회성 손익을 반영하지 않은 이익이라 할 수 있다. 경영자들은 매우 다양한 동기로 상각(write-off)을 고려한다. 예를 들어 경기 악화, 각 사업 부문의 부진, 기업 구조 재편 비용, 그리고 미래에 축소하려는 기업의 자산으로 얻을 수익이 희박할 것이라고 판단되는 경우에는 상각할 수 있다(번스타인과 프래드휴먼, 1992년).

상각은 기업이 소유하고 있는 특정 자산의 가치가 대차대조표에 기록된 자산의 역사적 가치 아래로 내려갔을 때, 그리고 경영진이 기업의 전체 자산 중에서 해당 자산이 더 이상 생산적이지 않다고 판단할 때 이루어진다. 일반적으로 자산의 역사적 가치를 장부가격이라 부른다. 항상 보수적인 관점을 유지하는 GAAP 회계에서는 공장이나 장치 같은 자산은 구매가격에서 감가상각비를 차감한 값으로 대차대조표에 기록해야 한다고 되어 있다.

또한 기업은 자산가치가 장부가격보다 못하다고 인식할 때 상각을 한다. 이 경우 기업들은 비생산적인 자산을 천천히 상각하고, 쓸모없는 자산을 운영하며 손실을 보는 대신 대차대조표에서 그 자산을 상각하는 방향으로 움직일 것이다.

분개장*에 기입할 때는 반드시 대차가 맞아야 한다. 즉, 모든 차변에는 대응되는 동일한 대변이 있어야 하고, 모든 자산에는 동일한 부채가 있어야 한다. 따라서 회사의 전체 자산은 부채와 자본의 합과 같다. 부채를 늘리거나 자본을 증가시키지 않고 자산을 만들 수는 없다. 역으로 회사의 자산이 축소되면 부채나 자본을 줄여야 한다. 대부분의 경우 부채는 고정되어 있기 때문에(장기 부채 등으로 인해) 자산을 상각해도 부채가 줄어들지는 않는다. 따라서 상각을 하면 자본이 감소한다.

---

* 분개장(accounting journal)이란 대변과 차변으로 나누어 상세히 기입하는 회계장부를 의미한다.

기업이 자산을 상각하면 일시적인 손실이 나타날 수 있다. 기업의 상각은 이익과 직접적인 관계가 없지만, 기업이 순이익을 유보이익에 그냥 더할 경우 자산과 부채가 서로 맞지 않게 된다. 따라서 상각한 만큼 유보이익에서 차감하기 위해 기업들은 자본에 추가될 순이익에서 상각분만큼을 빼야 한다.

만약 회사가 자산을 상각하는 대신 매각한다면, 일회성의 비경상 비용(nonrecurring charge)이나 일회성 매각 차익이 발생할 수 있다(회사가 매각에서 이익을 낸 경우). 상각의 반대 개념인 매각 차익은 실제로 순이익에 포함된다. 따라서 상각은 이익 성장의 가능성을 낮추는 반면, 일회성 자산매각 차익은 자본을 증가시킨다.

1980년대 말 경제 성장 둔화와 물가 안정의 영향으로 자산가치가 하락하기 시작하자 기업들은 역사상 최고 수준의 상각을 단행했다. 즉, 경제의 명목 성장이 강화될 때(종종 인플레이션 기간 중에 이런 일이 나타난다) 물가 상승에 힘입어 낡은 설비로 인한 생산 부진이 만회되며 기업의 수익성이 개선된다. 하지만 디스인플레이션이나 디플레이션 기간 동안에 이런 낡고 비효율적인 자산은 급속히 쓸모없게 된다. 경쟁자보다 상대적으로 생산이 줄어든 상태에서 가격마저 올릴 수 없으면 그 기업은 결국 파산에 이른다. 따라서 물가가 안정되고 실질 성장이 정체되었던 1980년대 후반기에 상각이 급증했고, 이에 따라 당기순이익이 급감했다. **그림 2-3**은 전체 전후 기간 중 1980년대에 가장 긴 이익 감소 국면이 있었음을 보여주는데, 상각이 이익 감소의 주요 원인으로 작용했다.

우리는 이 책의 거의 전 부분에 걸쳐 스타일 투자 사이클의 촉매로 영업

이익보다는 순이익에 초점을 맞출 것이다. 다시 말하지만 영업이익은 회사의 지속적인 영업활동에서 나오는 것이다. 일반적으로 상각은 지속적인 영업활동의 결과가 아니기 때문에 영업이익에서 상각의 영향은 제외된다. 투자자에게 문제는 영업이익과 순이익이 거의 비슷한 회사가 있는 반면에 차이가 많이 나는 회사도 있다는 점이다.

합리적인 투자자라면 다른 조건이 동일한 경우 상각을 하지 않는 회사 주식을 매수해야 한다. 예를 들어 기업 가치평가와 역사적 이익 성장이 동일하고, 미래 성장 전망이 비슷한 두 회사가 있다고 가정해보자. 이때 A회사의 이익 지표가 당기순이익 기준인 반면, B회사는 상각 전의 영업이익 기준이라는 차이가 있다고 하자.

이런 경우 A회사는 이익 성장률이 떨어지는 시기에 발표된 순이익 수준에서 더 악화될 여지가 없는 반면, B회사는 추가 상각의 위험이 있다. 따라서 A회사에 투자해야 더 뛰어난 성과를 거둘 수 있다. 이익 전망이 악화될 때 주식시장은 A회사에 더 많은 프리미엄을 부여하는데, 순자산의 축소 과정이 계속될 수 있는 B회사에 비해 A회사가 상대적으로 실질적인 이익을 창출하고 순자산을 증가시키고 있기 때문이다.

**그림 2-4**에는 S&P500 기업의 주당 상각 수준이 표시되어 있는데, 상각이 순이익에 얼마나 많은 영향을 미치는지 쉽게 알 수 있다. 예를 들어 0.50달러는 한 분기 동안 발생한 일회성 수익이기 때문에 S&P500의 EPS가 0.50달러만큼 늘었다는 것을 의미한다. 반대로 −0.50달러는 S&P500 기업의 EPS가 상각으로 0.50달러만큼 줄었다는 것을 의미한다. **그림 2-4**를 보면 1980년대 말과 1990년대 초에 상각 규모가 상당히 컸음을 쉽게 알

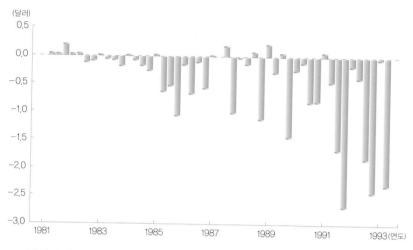

**○ 그림 2-4 S&P500 기업의 주당 상각 추이**

(달러)

- 1981년 1분기부터 1993년 2분기까지의 수치이며 주당 비경상 항목 – S&P500 기업 기준임
- 자료 : 메릴린치 정량분석팀

수 있다.

표 2-1은 IBES[•]데이터베이스 기준으로 1990년의 PER과 향후 5년에 대한 추정 이익 성장률, PBR, 그리고 1989년 말 시가총액 사이의 관계를 추정한 회귀방정식의 결과다. 또한 회사가 1990년 중에 상각을 했는지 여부를 나타내기 위해 가변수[••]를 추가했다.

회사가 1990년에 상각을 했는지에 따라 가변수는 0이나 1의 값을 갖는

---

[•] IBES(Institutional Brokers' Estimate System)는 애널리스트의 이익 전망을 가공·집계해 데이터를 제공하는 회사이며, 한국에는 FnGuide 등이 비슷한 사업을 벌이고 있다.

[••] 가변수(dummy variable)는 남녀 성별 구분에 따른 차이, 학력에 대한 차이, 파업 발생 여부, 중소기업과 대기업의 차이, 계절성, 어떤 시점을 전후한 구조의 변화 등 정성적(qualitative)인 변화를 모형에 반영하기 위해 사용한다.

**○ 표 2-1 상각이 1990년 수익률에 미친 영향**

| 변수 | 계수값 | t-통계량* | 통계적 유의성 |
|---|---|---|---|
| 절편 | 13.56 | – | |
| 시가총액 | 0.00 | 1.78 | 유의하지 않음 |
| 추정 성장 | 0.96 | 4.35 | 유의함 |
| PBR | -0.02 | -0.23 | 유의하지 않음 |
| 상각 | -15.36 | -4.51 | 유의함 |

*t-통계량은 관찰치가 충분히 크지 않은 경우 이용되는 통계량으로, 절대값이 클수록 추정치가 통계적으로 의미 있는 것으로 해석할 수 있다. 표 2-1에서는 추정 성장과 상각이 5% 유의 수준에서 통계적으로 의미 있는 설명변수임

• 총 관찰치는 482개이며 결정계수($R^{2**}$)는 0.08임

**$R^2$은 '설명이 된 분산/전체 분산 = (전체 분산 − 설명이 안 된 분산)/전체 분산'으로 산출하며, 결정계수 $R^2$이 커질수록 독립변수 X가 종속변수 Y의 변화 상태를 확실하게 설명해준다고 할 수 있음

다. 회사가 상각했으면 가변수는 1이고, 하지 않았으면 0이다. 1990년에 상각했는지 여부로 가변수를 굳이 설정한 것은 1990년이 상각으로 인해 순이익의 차감이 나타난 기업에 주식시장이 어떤 벌금을 부과했는지 살펴보는 데 좋은 시기였기 때문이다.

표 2-1의 두 번째 줄은 각 변수의 변화가 수익률에 미치는 영향을, 세 번째 줄은 변수의 t-통계량을 보여준다. t-통계량은 변수의 영향이 통계적으로 중요한지, 아니면 관계가 단지 우연에 기인하는 것인지를 나타낸다. 일반적으로 t-통계량이 1.96보다 크거나 -1.96보다 작으면 통계적으로 유의한 것으로 볼 수 있다.

모든 변수가 통계적으로 유의한 것은 아니지만(예를 들어 PBR의 t-통계량은 -0.23임) 회사가 1990년에 상각했는지를 나타내는 가변수는 아주 유의했고 계수도 상당히 큰 값이다. 두 번째 줄 마지막에 있는 -15.36%는

상각했다는 이유만으로 PER이 15% 이상 하락했다는 것을 의미한다.

가변수를 이용하면 회사들 사이에 잠재된 유사성을 잡아낼 수 있고 전체를 단순화할 수 있다. 여기에서 상각 유무에 대한 가변수의 크기와 중요성을 보면 주식시장 참여자가 1990년에 상각을 한 기업을 최소한 호의적으로 보지 않았다는 것을 알 수 있다.

주식시장이 상각에 대해 어떻게 반응하는지 알아보는 데 1990년 한 해만 보는 것은 대표성을 갖기 어려울 수 있다. 따라서 다음에 이어지는 장들에서 스타일 투자의 사이클이 순이익 모멘텀(감가상각을 감안)에 반응하는지를 살펴볼 것이다.

## 위험에 대한 투자자들의 인식

순이익 성장의 희소성 여부는 위험에 대한 투자자의 인식을 바꿀 수 있다. 투자자들은 대개 명목이익 성장이 풍부해지면 위험을 감수하려고 하고, 이익 성장이 드물어지면 보수적으로 변한다. 다이아몬드와 사과의 예로 돌아가보자. 다이아몬드가 희소해지면 다이아몬드를 사려는 사람은 이전보다 더 보수적인 태도를 보일 것이다. 고가의 다이아몬드를 구매하기 전에 판매자가 말한 대로 고품질의 다이아몬드가 맞는지 확인하기 위해 감정할 것이다. 하지만 사과를 감정했다는 말은 들은 적이 없을 것이다. 즉, 성장이 드물어지면 투자자들은 보수적으로 변해 '알려진' 성장 기업을 구매하려고 한다. 반대로 성장이 풍부해지면 '잠재적인' 성장 기업에 도박적으로 투자하려는 경향이 높아진다.

하지만 '알려진' 성장에 대한 시장의 가치 판단을 의문 없이 수용한다는 것은 이상한 일이다(3장에서 성장에 대한 두려움과 미래 성장에 대한 시장 평가의 수용이 종종 투자 성과 부진의 원인으로 작용하는 것을 확인할 수 있을 것이다). '알려진' 성장(또는 다우의 개●처럼 잘 알려진 배당주)을 단순하게 수용하는 것은 쉴러(Shiller, 1990년)가 투자의 일시적 유행과 버블에 대해 언급했던 점과 아주 유사하다. 쉴러는 인간 행위와 관련된 사회적·심리적 현상이 시장의 효율적인 가격 메커니즘을 파괴한다고 주장했다. 투자자들이 일부 주식에 대해 과민하게 반응해 주가가 내재가치를 넘는 경우가 있는 반면, 거의 무시당해 대단히 저평가되는 주식도 나타난다.

주식시장은 앞에서 비유했던 다이아몬드시장과는 한 가지 면에서 분명히 다르다. 다이아몬드의 공급량도 변하기는 하지만 명목이익 성장만큼 급격하게 변하지는 않는다. 드비어스 사 등의 다이아몬드 카르텔이 고품질의 다이아몬드 공급을 조절하지만, 기업의 명목이익은 연 20% 성장할 수도 있고 20% 줄어들 수도 있다. 이런 차이는 투자자들이 명목이익 성장률을 항상 인지해야 하며, 성장에 대한 예상과 그 예상의 변화를 주시해야 한다는 것을 의미한다.

2장에서는 대부분의 투자자들이 이익 성장을 비관하고 보수적인 입장을 취할 때가 명목이익 성장이 회복될 것으로 기대하며 투자를 시작할 시

---

● 다우의 개(dow's dogs)는 다우지수에 속한 30개 종목 중 직전 사업연도에 지급한 배당금 기준으로 배당수익률이 가장 높았던 10개 종목을 의미한다. 고배당주에 집중 투자하는 가치 성향 투자자들의 매집 대상으로 볼 수 있다.

점이라는 점을 살펴볼 것이다. 다음 장에서 수익률 곡선의 형태, 회사채의 가산금리, 그리고 배당 성향 같은 지표들을 이용해 언제 주식 투자자들이 조심스러워지거나 공격적으로 변화하는지를 측정하는 한편, 투자 스타일을 어떤 방향으로 전환해야 하는지를 살펴볼 것이다.

- 주식시장에서 거래되는 상품은 명목이익 성장이다.
- 거시경제 여건이 명목이익 성장의 공급에 영향을 미치지만, 회계 규칙 변경과 일회성 비용도 영향을 준다.
- 명목이익 성장의 희소성 여부가 시장 세그먼트와 스타일의 수익률에 영향을 미친다.
- 이익 성장의 희소성 여부를 측정하는 간단한 방법은 S&P500 종목의 당기순이익 모멘텀을 보는 것이다.
- 순이익이 월가 애널리스트 사이에서 많이 사용되는 영업이익보다 더 중요하다.
- 명목이익 성장의 희소성 여부가 투자자들의 위험에 대한 인식을 바꾼다. 이익 성장이 드물 때 투자자들은 보수적이 되고, 성장이 풍부할 때 위험을 감수하려 든다.

# ·주식시장에서 거래되는 상품은 '명목이익 성장'이다!

2장에는 이후 내용을 이해하는 데 필요한 핵심 정보가 담겨 있다. '모멘텀'을 중시하는 투자자들의 입장에서 주가의 과거 행적이 제일 중요할지 모르나, 기업의 내재 가치를 중시하는 투자자들이 매수 혹은 매도를 결정하는 가장 중요한 요인은 바로 '명목이익 성장'에 대한 기대의 차이에서 비롯될 것이기 때문이다.

예를 들어 어떤 연기금 투자자가 미래의 명목이익 성장이 아주 강할 것이라고 예상한다면 적극적으로 매수에 나설 것이다. 반대로 뮤추얼 펀드의 매니저가 이익 성장에 대해 비관한다면 반대로 이 '매수세'에 대응해 적극적인 '팔자'로 맞설 수 있다.

물론 미래의 이익 성장을 낙관하는 투자자들이 늘어나고 또 이 투자자들이 다수를 차지하게 되면 이 주식 가격은 상승하게 된다. 더 나아가 이렇게 이익 성장을 낙관하는 투자자들이 시장 전반에 넘쳐나면 당연히 전체 시장이 상승하게 될 것이다. 따라서 항상 투자자들은 '미래 이익 성장'의 변화에 주목할 필요가 있다.

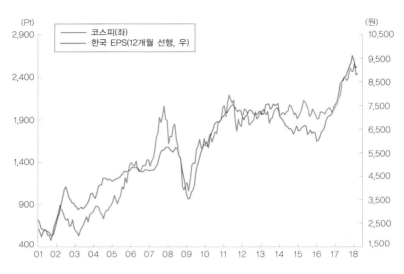

**○ 코스피 vs 기업 실적**

(Pt) 
코스피(좌) 
한국 EPS(12개월 선행, 우) 
(원)

2,900 / 10,500
2,400 / 9,500 / 8,500
1,900 / 7,500 / 6,500
1,400 / 5,500 / 4,500
900 / 3,500 / 2,500
400 / 1,500

01 02 03 04 05 06 07 08 09 10 11 12 13 14 15 16 17 18

• 자료 : Wisefn, 한국은행

　그렇다면 한국의 미래 이익 성장 전망은 어떤 변수에 의해 좌우될까? 여러 변수가 있겠지만, 한국은 수출이 모든 지표에 우선한다. 수출이 증가세를 지속할 때는 애널리스트들의 이익 전망치가 상향 조정되는 경우가 대부분이며, 반대로 수출이 감소할 때는 이익 전망, 다시 말해 미래 명목이익 성장에 대한 기대가 낮아지는 것이다.

　이런 현상이 나타나는 것은 미국 등 선진국과 달리 한국 소비시장이 상대적으로 협소하기 때문이다. GDP 대비 저축률은 2017년 무려 36.3%에 이르며, GDP 대비 경상수지 흑자가 7%에 이르는 상황에서 내수 경기가 기업 이익 전망에 미치는 영향은 제약될 수밖에 없다. 따라서 앞으로 기업

## ◯ 한국 기업 이익 vs 수출 증가율

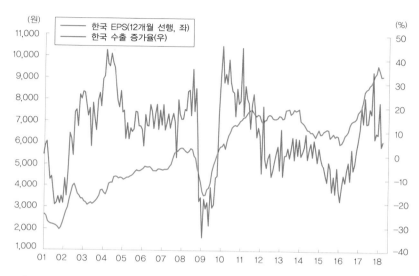

• 자료 : Wisefn, 관세청

의 명목이익을 예상할 때는 한국 수출 동향을 제일 먼저 살펴보는 게 바람
직할 것이다.

# 예측의 중요성

'좋은' 기업이 항상 '좋은' 주식일 수 없다면, 사람들은 왜 '좋은' 기업에 투자하려는 것일까? 이익 성장이 높을 것으로 기대되는 기업들이 부진한 투자 성과를 기록했는데, 투자자들은 왜 평균 이상의 이익 성장이 예상되는 종목을 찾는 것일까? PER이 낮은 종목들이 지속적으로 시장 성과를 웃돌아도 투자자들은 왜 이런 주식을 외면하는 것일까?

  이러한 의문에 대한 답은 투자자들이 현실보다는 기존의 인식을 바탕으로 투자하는 데 있다. 미래에 일어날 사건을 주식시장이 미리 '할인'한다는 말을 자주 사용한다. 이런 의견을 지지하는 투자자들은 주식시장의 경우 미래의 사건이 현실화될 확률을 측정하고, 사건이 현실화되기 이전에 투자에 세밀하게 반영될 것이라고 믿는다. 다시 말해 누군가가 예측해 투자하지 않고 미래에 벌어질 사건을 기다려 투자한다면, 이미 그 사건이 가격에 반영되므로 최적 투자 타이밍을 놓치게 된다는 것이다.

미래의 사건이 주식시장에 할인되어 반영된다는 개념은 필연적으로 주식시장의 가격은 투자자들의 인식에 기초해 결정된다는 결론으로 우리를 이끈다. 이미 할인되어 주가에 반영된 미래의 사건은 아직 일어나지 않은 일이다. 따라서 확실하게 일어날 일이 아니라 앞으로 발생할 일에 대해 투자자가 어떻게 인식하는지의 변화에 따라 주가가 움직인다. 시장이 완전한 확신을 갖고 미래의 결과를 할인할 수 있다면, 아마 시간이나 비용을 반영하는 것 말고 다른 가격 변동은 없을 것이다.

예를 들어 어떤 사건이 실제로 발생하기 6개월 전에 가격에 정확하게 할인되어 반영된다면, 투자자들은 그 사건을 기다리는 동안 6개월간의 금리만큼 보상받기를 기대할 것이다. 따라서 시장이 완벽하게 사건을 예상할 수 있다면, 가격 변동성은 시간 경과에 따른 금리의 인하 폭(즉, 6개월 금리에서 5개월 금리로 변하는 것)만큼 나타나야 할 것이다.

이런 주장은 효율적 시장 가설에 내재해 있는 결점을 잘 보여준다. 실제로 시장이 투자자의 예상을 아주 효율적으로 가격에 반영할지라도, 시장 참여자들이 완전한 확신을 갖고 행동할 수는 없는 일이기 때문이다. 투자자들은 최종적이면서 확실한 투자 성과를 내려고 하기 때문에 미래에 벌어질 사건에 대한 가치평가와 그 결과물도 끊임없이 변하기 마련이다. 따라서 주식시장은 미래에 벌어질 사건을 현재의 관점에서 효율적으로 할인해 반영하지만, 미래의 사건들을 정확하게 예측할 수 없기에 완벽하게 효율적인 시장에 대한 이상은 실제로는 실현 불가능한 것이다.

# ·어닝 서프라이즈의 예측

만일 시장이 미래의 사건에 대한 현재 시장 참여자들의 인식을 잘 할인해 가격에 반영한다면, 경제 혹은 개별 기업과 연관된 사건의 영향력을 측정하려는 리서치 자료의 가치는 의심받을 것이다. 시장 컨센서스[*]를 기반으로 하는 정보는 제한적인 투자가치를 갖는다. 만일 데이터에 시장 컨센서스가 반영되어 있고 또 그 데이터가 투자자들에게 제공된다면, 그 정보는 이미 주가에 반영되었을 가능성이 높기 때문이다.

투자 리서치의 진정한 가치는 시장 컨센서스와 투자 전망 사이에 어떻게 차이가 나는지, 혹은 시장 컨센서스가 어떤 미래의 사건을 어떤 투자 전망이 예상했던 방향으로 움직일 것인지, 그리고 컨센서스의 변화를 가져올 사건이 주가에 어떤 영향을 미칠지 밝혀내는 데 있다. 경제성장률이 3%인지 혹은 어떤 기업이 분기에 주당 1달러의 이익을 냈는지는 중요하지 않다.

중요한 정보는 이런 예상이 시장 컨센서스에 이미 반영되었는지, 시장 컨센서스가 잘못될 확률이 얼마인지, 그리고 시장 컨센서스와의 오차가 얼마나 컸는지에 있다. 아무도 미래를 확실하게 알 수 없기 때문에 완벽한 예측에 애쓰기보다 투자자들의 인식이 어느 방향으로 변할지를 미리 아는 것이 더 중요하다.

---

[*] 시장 컨센서스는 기업의 실적 혹은 경제지표에 대한 증권사 혹은 투자은행 애널리스트의 전망치 평균(혹은 중간값)을 말한다. 시장 컨센서스는 블룸버그나 로이터 같은 주요 통신사의 설문조사, 혹은 IBES나 FnGuide 같은 실적 전망 조사기관의 집계를 통해 파악할 수 있다.

미래의 사건을 확실하게 예측하기 어렵기 때문에 어닝 서프라이즈\*의 예측은 기본적 분석\*\*의 가장 가치 있는 요소라 할 수 있다. 주당이익의 시장 컨센서스가 1달러였지만 실제치가 2달러인 경우, 또는 반대로 시장 컨센서스가 2달러지만 1달러의 이익만 낸 경우가 어닝 서프라이즈의 사례가 될 것이다. 통찰력 있는 애널리스트는 어닝 서프라이즈를 예측하기 위해 종종 그의 이익예상과 경쟁자의 이익예상 간의 차이에 집중하곤 한다.

엘튼 · 그루버 · 걸테킨(Elton & Gruber & Gultekin, 1991년)은 투자자들이 특정 기업에 대한 인식을 어떻게 바꿔가는지 알 수 있으면 베타로 추정된 기대수익 이상의 초과수익을 올릴 수 있다는 사실을 밝혀냈다. 즉, 대중과 함께 가는 대신 어닝 서프라이즈를 예상할 수 있으면 전체 시장 투자 성과보다 높은 수익을 올릴 수 있는 기회가 크게 증가한다는 것이다. 이들의 연구는 실제 수익을 알거나 예측하는 능력보다 투자자의 예상이 어떻게 변하는지를 간파하는 것이 훨씬 더 중요하다는 것을 시사한다.

긍정적 혹은 부정적인 어닝 서프라이즈가 언제 발생할 것인지 확률을 예측할 수 있다면 그 투자자는 추가 수익을 올릴 수 있을 것이다. 주식 투자의 투자 성과에 대한 의견 불일치가 가장 줄어드는 시점이 바로(그 결과가 긍정적이든 부정적이든 간에) 어닝 서프라이즈가 발생할 가능성이 높아질 때다.

---

\* 어닝 서프라이즈란 기업의 실적이 시장 컨센서스를 크게 상회하거나 혹은 크게 하회하며 주가에 충격을 주는 현상을 지칭한다.
\*\* 기본적 분석은 기술적 분석에 대치되는 개념으로, 주가가 결국은 기업의 내재가치에 수렴할 것이라는 판단 아래 기업의 내재가치를 찾는 작업이다.

## • 이익예상 라이프사이클의 단계들

필자가 이익예상 라이프사이클(earnings expectations life cycle[*], 번스타인, 1993년)로 지칭한 다이어그램이 **그림 3-1**에 표시되어 있다. 이 그림은 투자자의 예상이 변하는 여러 단계를 정의하고 있다. 일부 개별 주식은 사이클 주기상 모든 지점을 통과하지 않을 수 있고 그 지점을 다른 속도로 통과할 수 있지만, 주식시장 전체의 예상은 모든 지점을 거치게 된다. 또한 개별 주식은 다음 단계로 넘어가기 전에 전체 사이클의 일부를 반복하는 작은 사이클을 거칠 수 있다.

이익예상 라이프사이클의 단계들은 이익예상의 다양한 측면을 연구한 많은 연구 자료에 따라 정의된 것이다. 이익예상 라이프사이클은 이익예상에 대한 분산된 연구 작업을 결합한 첫 번째 이론이라 할 수 있다. 이익예상 사이클의 각 단계는 다음과 같이 정의할 수 있으며, 더 자세한 내용은 이 책의 마지막에 적혀 있는 참고문헌을 참고하라.

- 역발상 투자 : 역발상 투자자들은 이익 전망이 좋지 않은 주식에 투자한다. 대부분의 투자자들은 이런 주식에서 매력을 못 느끼거나 혹은 대단히 위험하다고 평가한다.
- 긍정적인 어닝 서프라이즈 : 이익 전망이 좋지 않았던 기업들이 갑자

---

[*] 라이프사이클이라는 용어는 1986년 노벨상 수상자 프랑코 모딜리아니(Franco Modingliani)가 '소비자들은 자산의 현재 가치를 극대화하는 방향으로 일생 동안 소비한다'는 논문(1954년)을 발표해 일반화되었다. 이 책에서는 일생처럼 주식도 기대 변화에 따라 라이프사이클을 가진다는 의미로 사용되었다.

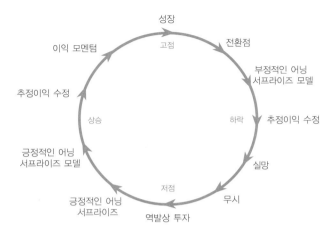

● 그림 3-1 이익예상 라이프사이클

자료 : 메릴린치 정량분석팀

기 더 낙관적인 정보를 제공하기 시작하며 주식 투자자들도 관심을 다시 갖게 된다. 이런 기업에 대한 증권사 애널리스트의 분석보고서도 늘어나기 시작한다.

• 긍정적인 어닝 서프라이즈 모델 : 애널리스트의 이익 전망과 실제 이익과의 차이가 큰 주식을 찾는 주식 선택 모형(stock picking models)은 긍정적인 이익 발표 가능성이 높은 주식을 주목한다. 전통적인 어닝 서프라이즈 모델은 실제 기업 이익이 발표될 때까지 기다리므로 어닝 서프라이즈가 발생한 2단계가 아닌 3단계(긍정적 어닝 서프라이즈 모델)에 속하게 된다. 어닝 서프라이즈와 주식 성과에 대한 참고문헌은 대단히 많다.

- 추정이익 수정 : 어닝 서프라이즈에 이어 애널리스트들의 추정이익이 증가함에 따라 시장 컨센서스도 상향 조정되기 시작한다. 어떤 애널리스트들은 추정이익의 수정을 늦추는데, 어닝 서프라이즈가 펀더멘털 개선의 신호라는 것을 잘 믿지 못하기 때문이다.
- 이익 모멘텀 : 기업 예상 및 발표이익이 개선되며, 이익 개선의 모멘텀이 있는 기업을 선호하는 투자자들이 전년과 같은 기간을 비교해 이익이 상승하기 시작하는 기업을 매수하기 시작한다.
- 성장 : 강력한 이익 모멘텀이 장기간 지속될 때 이런 주식을 시장에서 성장주라고 부른다. 안타깝게도 이런 성장주는 4단계와 5단계(추정이익 수정과 이익 모멘텀 단계) 동안 탁월한 성장주 투자자가 발견하지 못했던 새로운 성장주가 아니며, 경영 여건이 획기적으로 개선된 진정한 성장주로 보기도 어렵다. 하지만 이 주식이 우량하다는 데 대부분의 투자자들은 반론의 여지 없이 동의한다. 이익 전망이 아주 높기 때문에 라이프사이클 중에서 실망할 위험이 최대가 되는 지점이다. 역발상 투자자들은 이때 전체 사이클에서 가장 적극적으로 주식을 매도할 것이다.
- 전환점 : 실적에 실망한다. 주식도 전환점을 경과하며, 이익 전망과 주가도 내려앉는다.
- 부정적인 어닝 서프라이즈 모델 : 3단계에 나왔던 모델로, 실제 이익이 기대보다 부진할 것으로 예상되는 기업들을 잠재적인 매도 후보로 놓고 관찰한다.
- 추정이익 수정 : 이익 발표에 대한 실망 속에서 시장 컨센서스가 점차

하락하기 시작한다. 이때 일부 애널리스트는 발표 이익의 부진이 종목의 펀더멘털적인 문제를 나타내는 것이라고 믿지 않기 때문에 대응을 늦추는 경향이 있다.

- 실망 : 오랜 기간 동안 실망을 거듭한 뒤에 투자자들은 이 기업을 기피하게 된다. M&A와 구조조정 또는 파산과 관련한 소문이 주가에 일시적으로 영향을 미칠 수 있지만, 이 단계에 이르면 투자자들은 이 기업을 피하게 된다.

- 무시 : 주식에 대한 투자자들의 관심이 거의 없어졌기 때문에 종목에 대한 연구보고서 작업을 수행하는 것이 타산에 맞지 않아 증권회사 리서치의 투자 유니버스*에서 제외된다. 투자자들이 이용할 수 있는 분석보고서의 부족은 새로운 이익예상 라이프사이클의 시작을 의미하는 경우도 있다.

## ⊙ 성공하는 투자자 vs 실패하는 투자자

앞서 2장에서 성장이 드물 때 투자자들은 주식시장에서 다이아몬드를 찾는 경향이 있고, 성장이 풍부하면 사과를 찾으려고 한다는 말을 했다. 주식시장에서 다이아몬드는 성장주로, 사과는 가치주로 종종 받아들여진다. 성

---

* 투자 유니버스는 증권사의 애널리스트가 실적 분석 대상으로 삼는 기업 풀(pool)을 의미하며, 한국 증권회사는 대부분 100~200개 정도의 기업을 투자 유니버스로 관리한다.

장주는 눈에 띄게 이익이 성장하는 기업인 반면, 가치주는 앞으로 성장하지 못할 것이라는 지나친 두려움을 투자자들이 갖고 있기 때문에 다른 주식에 비해 상대적으로 싸게 거래되는 주식을 말한다(성장주 및 가치주 투자에 대해 4장에서 자세하게 논의할 것이다).

투자자들이 성장주를 매수할 때 그들은 지금 자신이 다이아몬드를 구입했기를 기대한다. 바꿔 말하면 사람들이 많은 기대를 갖고 다이아몬드를 사는 것처럼 성장주 투자자는 매수한 주식에 대해 높은 기대 수준을 가지고 있다. 따라서 성장주 투자자는 이익예상 라이프사이클의 위쪽에 위치한다(**그림 3-2**에서 음영으로 표시된 윗부분).

다른 한편으로 가치주 투자자들은 주식을 매수할 때 큰 기대를 갖지 않는 사람들이다. 가치주 투자자들이 사과를 구입할 때 약간의 기대를 가지기는 하지만, 벌레가 있더라도 다소간의 충격은 있을지 몰라도 비극으로 받아들이지는 않는다. 즉, 가치주 투자자는 매입한 주식에 대해 큰 기대를 갖지 않는다. 따라서 가치주 투자자는 일반적으로 이익예상 라이프사이클의 아래쪽에 위치한다(**그림 3-3**에서 음영으로 표시된 아랫부분).

하지만 성공하는 투자자는 시장의 주식에 대한 기대 수준이 높든지 낮든지 상관없이 이익 전망이 개선되는 주식을 언제나 찾을 것이다. 따라서 '좋은' 펀드매니저는 이익 전망이 개선되는 기업, 다시 말해 기업의 이익예상 라이프사이클의 왼쪽 부분에 위치한 주식을 매수할 것이다(**그림 3-4**에서 음영으로 표시된 왼쪽 부분).

실패하는 투자자는 투자 격언을 반대로 받아들여 '고점에 사서 저점에 파는' 사람이다. 이익예상 라이프사이클로 말하면 이들 투자자는 원의 오른쪽

**그림 3-2 이익예상 라이프사이클에서의 투자자 위치 – 성장주의 경우**

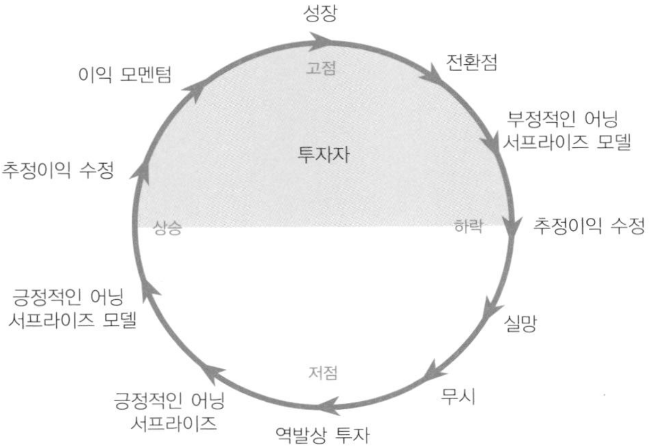


• 자료 : 메릴린치 정량분석팀

**그림 3-3 이익예상 라이프사이클에서의 투자자 위치 – 가치주의 경우**

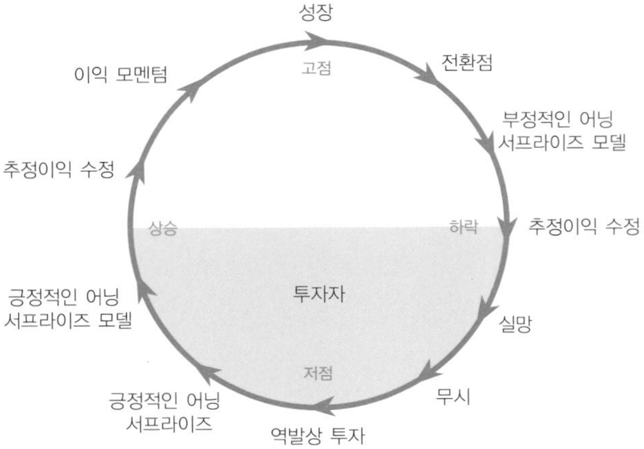


• 자료 : 메릴린치 정량분석팀

## ● 그림 3-4 '좋은' 펀드매니저(이익예상 라이프사이클)

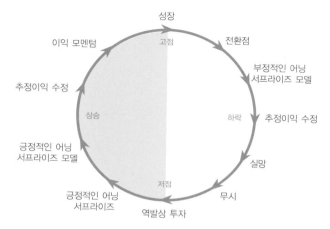

• 자료 : 메릴린치 정량분석팀

## ● 그림 3-5 '나쁜' 펀드매니저(이익예상 라이프사이클)

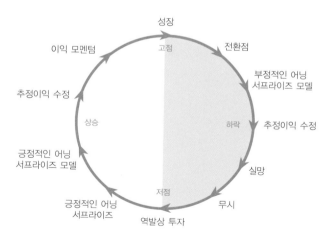

• 자료 : 메릴린치 정량분석팀

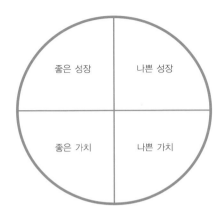

에, 즉 이익예상이 악화되는 동안 계속 머물러 있는 사람이다(그림 3-5에서 음영으로 표시된 오른쪽 부분). 실패하는 투자자는 이익 전망이 가장 낙관적일 때 매수해 이익 전망이 아주 비관적일 때 매도한다.

지금까지 설명한 4개의 반원을 중첩하면 그림 3-6처럼 '좋은 가치, 좋은 성장, 나쁜 성장, 나쁜 가치'라는 4조각으로 나뉜 원을 얻을 수 있다. 주식 투자자들은 기업의 이익 전망이 직선처럼 움직인다고 착각하고 있지만, 이 익 전망의 변화 과정은 원의 모습을 띤다.

투자자들은 어떤 기업이 잘나갈 때 이 기업이 직선 형태로 곧바로 상승할 것이라고 기대하며, 반대로 기업이 잘못 돌아갈 때는 기업의 잠재적 추세가 일직선으로 계속 떨어질 것이라고 생각한다. 하지만 이 장에서 인용된 많은 이익 전망에 대한 연구 논문과 주식시장의 역사는 기업 이익 전망은 늘 변화하며, 기업의 과거 실적이 미래에도 계속될 것이라는 생각은 종종 오류로 판명 났음을 보여준다.


## : 스타일 투자의 핵심은 역발상 투자

이익예상 라이프사이클을 살펴본 결과, 성공적인 스타일 투자의 핵심은 바로 역발상 투자자가 되는 것임을 알 수 있다. 주식시장의 참여자 대다수가 특정 종목에 투자하는 것을 쓸데없는 것으로 보고, 기업의 이익예상이 뚜렷하게 내려가고 있으면 그 주식은 매수를 검토할 필요가 있다. 이와 마찬가지로 시장 참여자들이 어떤 주식을 반드시 보유해야 한다고 생각하며 그 주식이 모든 포트폴리오에 속해 있다면, 실제로는 주식을 매도할 때가 되었음을 뜻한다.

앞에서 이야기한 것처럼 주식시장은 특정 시점에 투자자의 인식 혹은 기대를 잘 할인해 반영하지만, 투자자들은 기업의 미래 이익을 확실하게 전망할 수 없기에 시장의 전망치는 필요하다면 언제든 바뀔 수 있다. 만일 시장 참여자들 모두가 어떤 주식이 주식시장의 성과를 크게 뛰어넘을 가능성이 대단히 높기 때문에 반드시 보유해야 할 핵심 종목이라는 점에 동의한다고 가정해보자. 이 경우 낙관적 시각에 대한 아주 사소한 재평가도 주가에 악영향을 미쳐 비관론을 증가시킬 수밖에 없다. 이와 마찬가지로 시장 참여자 대다수가 어떤 주식이 '쓸모없다'고 생각해 아무도 보유하지 않으려는 경우, 이 기업의 미래 이익 전망에 대한 어떤 재평가도 낙관적인 방향으로 작용할 것이다.

이처럼 투자자들의 이익 전망이 이익예상 라이프사이클을 따라 끊임없이 변화하므로 성공 투자의 열쇠는 바로 역발상 투자에 있다. 역발상 투자라는 용어가 가치주 투자자에게만 해당되는 것 같지만 성장주·가치주 투자자 모두에게 실제로 적용된다.

기존의 투자 관련 연구 논문에서는 역발상 투자자를 전혀 호감이 가지 않는 주식을 사는 사람이라고 소개하고 있다. 하지만 사실 이익예상 라이프사이클의 첫 단계가 역발상 투자라는 것에 주의할 필요가 있다. 이익예상 라이프사이클은 성공적인 가치주 투자자가 되기 위한 열쇠는 역발상 매수이며, 가치주 펀드매니저가 너무 일찍 주식을 사면 시장의 투자 성과를 밑돌게 된다는 것을 이야기하고 있다.

가치주 투자자가 어떤 산업의 주식을 너무 일찍 매입해 실패를 경험했던 사례가 있다. 바로 1992년 말 한 무리의 가치주 투자자들이 포트폴리오에서 제약주의 비중을 벤치마크지수* 내 제약주 비중보다 더 높게 올렸던 것이다. 그 직전에 제약주들은 주식시장 전체에 비해 상당히 부진한 투자 성과를 기록했으며, 그 결과 PER이 크게 떨어짐으로써 PER에 기초해 종목을 선정하는 가치주 투자자들의 눈에 띄었던 것이다.

하지만 불행하게도 애널리스트의 이익 전망 하향 속도보다 더 빠르게 주가가 떨어지고 말았다. 여전히 낙관적인 애널리스트의 예상에 비해 주가가

---

* 어떤 펀드나 주식의 성과를 비교하는 객관적인 잣대를 의미하며, 대표적인 벤치마크지수로는 S&P500지수, 코스피지수 등이 있다.

낮았기 때문에 일시적으로 PER이 더욱 떨어졌다. 그렇지만 곧이어 애널리스트들이 뒤늦게 수익 전망을 크게 하향 조정했고, 이에 따라 PER이 크게 높아졌다. 이런 과정을 거치면서 가치주 투자자의 제약주 비중 확대 전략은 시장 성과를 밑도는 부진한 결과를 낳고 말았다.

1992년 제약주의 사례처럼, 어떤 종목이 일시적으로 저평가된 것처럼 보이는 현상을 바로 가치평가의 착시 현상(valuation mirage)이라고 부른다 (번스타인, 1992년). 누구나 큰 내재가치를 가지고 있을 것으로 믿고 주식을 매입하지만, 그 기업의 가치는 하루살이처럼 사라져 부진한 투자 성과를 낳게 되는 것이다. 즉, 가치주 투자자들이 적정 매수 타이밍보다 너무 빨리 매수하는 것은 가치평가의 착시 현상에 사로잡히기 때문이다.

그림 3-7은 제약 산업의 향후 5년간 추정이익 성장률 컨센서스를 보여주는데, 1992년 가치주 투자자가 경험한 가치평가의 착시 현상을 확인할 수 있다. 이를 통해 가치평가의 착시 현상이 사라진 1993년에 제약 산업의 이익 전망이 얼마나 급격하게 떨어졌는지도 확인할 수 있다.

성장주 투자자들도 역시 역발상 투자자가 되기 위해 노력해야 한다. 그렇지만 가치주 투자자들과 달리 성장주 투자자들은 역발상 매수자보다는 역발상 매도자로 행동하는 데 집중해야 한다. 실제로 가치주보다 성장주를 찾기가 상대적으로 쉽다. 다만 투자자들은 탁월한 성장성을 보여주는 기업들을 데이터베이스에서 쉽게 찾아낼 수 있으나, 그 통계를 이용할 때는 이미 그 정보가 주가에 반영되었을지도 모른다는 위험에 직면하게 된다.

성장주 투자의 가장 어렵고 중요한 부분은 누구나 쉽게 발견할 수 있는 성장주로서의 특성이 언제 퇴색되는지 파악하는 데 있다. 앞에서 이익예상 라이프사이클과 역발상 투자자의 성공 원인을 살펴본 결과, 시장 컨센서스가 의심의 여지 없이 그 기업을 신뢰할 때 성장주로서의 매력적인 특성이 종종 훼손된다는 것을 알 수 있었다. 따라서 성공적인 성장주 투자자는 시장 컨센서스가 가장 낙관적으로 형성될 때를 주식 매도의 적기로 판단한다.

　기관투자가들 사이에 거래비용 혹은 실제 주식 거래가 이론적인 투자 성과를 얼마나 훼손하느냐에 대해 많은 논의가 있었다. 어떤 투자자가 주당 20달러인 주식 1천 주를 사기로 결정한 경우를 살펴보자. 이론적인 거래대금은 2만 달러지만 실제로 주식 매수세가 꽤 강하다면 1천 주 매수주문 체결을 위해 매수호가를 높여야 한다. 따라서 500주는 20달러에, 나머지 500주는 20.25달러에 매수하게 되는데, 이때 포트폴리오의 장부상 원가

○ 그림 3-7 제약 산업의 애널리스트 추정이익 변화

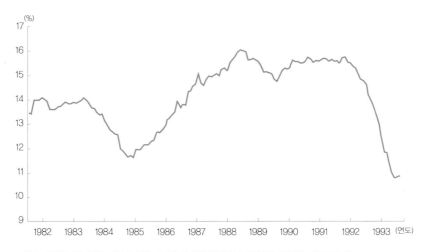

• S&P 제약주지수 편입 기업의 향후 5년 추정이익 성장률의 컨센서스 평균을 기준으로 함
• 자료 : IBES, 메릴린치 정량분석팀

는 2만 달러이고 실제 포트폴리오 원가는 2만 125달러가 된다. 이것은 아주 간단한 사례지만 포트폴리오를 구성하려는 기관투자가 수준의 거래량을 고려한다면 심각한 문제가 될 수 있다.

이익예상 라이프사이클은 역발상 투자자가 성공하는 것이 저점 매수·고점 매도뿐만 아니라 시장에 유동성을 공급해주기 때문임을 시사한다. 만일 역발상 투자자가 모두가 파는 주식을 사고 모두가 사는 주식을 판다면 위의 사례에서 주당 0.25달러에 달하는 초과수익을 얻을 것이다.

따라서 이익예상 라이프사이클은 기관투자가들이 겪고 있는 거래비용 문제도 결국은 잘못된 투자에서 비롯된 현상임을 시사한다. 거래비용의 발생은 어쩌면 잘못된 매수·매도 결정이라는 더 큰 문제의 징후로 받아들여야 할 것이다. 역발상 투자는 시장에 유동성을 공급함으로써 거래비용을 낮출 수 있으며, 거래비용 절감은 투자수익률의 개선으로 연결될 것이다.


## : 역발상 투자자가 그리 많지 않은 이유

이 장을 읽다 보면 역발상 투자 전략이 아주 쉬워 보일 것이다. 하지만 세프린과 스탯먼(Shefrin and Statman, 1993년)은 사람들이 역발상 투자를 할 때 투자 성과가 실제로 더 좋다는 사실을 알면서도 그렇게 하지 못하는 이유에 대해 논의했다. 이들은 투자자들이 인기 주식에 대해 인식론적인 오류에 빠져 실제로는 관행적으로(역발상 투자와 반대로) 행동한다고 판단했다. 또한 이런 잘못은 노련한 투자자조차 피해 가기 어렵다.

이들은 투자자들이 이른바 '좋은' 기업에 투자함으로써, 투자 실패에 따른 잠재적인 문책을 회피하려 든다고 지적한다. 자산운용사의 경영진과 시장 참여자들은 '좋은' 기업이 잘못된 방향으로 움직이고 있다며 투자 실패의 책임을 회피하는 것이다. 실제로 '좋은' 기업은 종종 기대수익을 떨어뜨린다. 하지만 책임을 회피하는 행동은 기대수익에 부정적인 결과를 낳을 뿐이다.

여기서 한 가지 말해둘 핵심적인 부분은 역발상 투자의 정의에 입각해볼 때 역발상 투자자가 다수가 될 수는 없다는 점이다. 왜냐하면 결국 그들이 시장의 일반적인 투자자로 전락할 것이기 때문이다.

- 주식시장은 실제가 아닌 인식에 기초해 주가를 매긴다.
- 시장 컨센서스로 측정되는 기본적 분석은 투자자에게 거의 가치가 없다.
- 통찰력 있는 애널리스트는 어닝 서프라이즈와 컨센서스 예상의 변화 방향을 예측하려 노력한다.
- 시장 컨센서스가 한 방향으로 쏠릴 때 어닝 서프라이즈가 더욱 잘 발생한다.
- 이익예상 라이프사이클은 이익예상이 변하는 여러 단계를 설명해준다.
- 성장주 투자자는 기업 이익에 대한 기대 수준이 높은 사람들이다. 역발상 매도를 성공적으로 수행하는 능력이 우수한 성장주 투자자를 구분하는 기준이 된다.
- 가치주 투자자는 기업 이익에 대한 기대 수준이 낮은 사람들이다. 역발상 매수를 성공적으로 수행하는 능력이 우수한 가치주 투자자를 구분하는 기준이 된다.
- 역발상 투자자는 저점 매수·고점 매도뿐만 아니라 시장에 유동성을 공급해주기 때문에 시장의 투자 성과를 웃돈다.
- 거래비용이 낮아지면 투자 성과는 높아진다. 하지만 거래비용 문제는 종목 선정의 타이밍이 좋지 않다는 것을 나타내는 징후가 될 수 있다.
- 역발상 투자자가 되는 것은 쉬워 보인다. 하지만 심리적인 요인이 이를 어렵게 만든다.

## :·중요한 것은 '이익예상'의 변화다!

3장의 '이익예상 라이프사이클'은 이 책에서 가장 중요한 정보를 담고 있다. 애널리스트마저 그 종목의 분석을 포기하고 언론에서 아무도 그 회사를 거론하지 않는 때, 즉 '역발상 투자'의 국면이 주식 투자의 기대수익이 가장 높을 때라는 것을 보여준다. 반대로 모든 투자자들이 찬양하고 애널리스트들의 이익 전망도 가파르게 상향 조정될 때('성장')야말로 가장 투자하기 위험할 때라는 것을 극명하게 드러낸다.

이 같은 주식시장의 라이프사이클을 투자에 '정량적'으로 활용하는 방법이 없을까? 한 가지 아이디어를 제시하자면 바로 '추정이익 수정'이다. 책 본문에서도 강조했듯이 애널리스트들이 기존의 이익 추정치를 수정하는 것을 의미한다.

이를 투자에 활용한 지표가 '추정이익 수정 비율(revision ratio)'이다. 예를 들어 100개의 애널리스트 보고서가 발표되었는데 이 중 이익 추정치가 상향 조정된 건수가 하향 조정된 건수보다 20건 많다면 꽤 긍정적인 신호라고 할 수 있다. 왜냐하면 애널리스트들은 대체로 낙관적으로 이익을 추정하는 경향이 있는데, 자신이 낙관적으로 예측했던 것보다 실제로 더 좋았다는 것을 의미하기 때문이다. 따라서 추정이익 수정 비율은 기업의 이

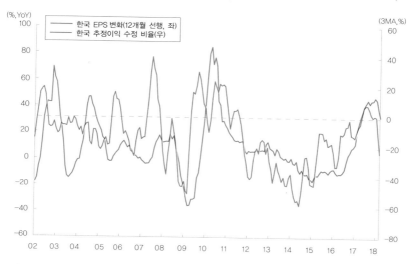

**○ 한국의 추정이익 수정 비율과 주당순이익 변화**

(%, YoY)
- 한국 EPS 변화(12개월 선행, 좌)
- 한국 추정이익 수정 비율(우)

(3MA,%)

• 자료 : Reuter IBES

익 변화를 예측하는 데 아주 유용한 수단이다.

한 발 더 나아가 '2장 스페셜 팁'에서 언급했던 내용을 투자에 활용해보자. 앞에서 설명했던 것처럼 한국은 수출에 대한 의존도가 굉장히 높은 나라다. 또 한국의 수출은 미국이나 유럽 등 선진국의 수요 변화에 매우 민감하다. 실제로 다음 그래프를 보면 미국 제조업의 체감경기를 나타내는 ISM 제조업 신규주문지수가 한국 수출에 약 6개월 선행하는 것을 발견할수 있다.

◆ 미국 ISM 제조업 신규주문지수와 한국 수출 증가율

• 자료 : 미국 공급관리자협회(ISM), 한국 관세청

　　다음 그래프는 미국의 '추정이익 수정 비율'과 한국 기업 이익 추정치의
변화를 보여준다. 미국 제조업 체감경기 지표가 한국 수출에 6개월 선행했
던 것처럼, 미국 기업의 이익 추정치가 이전보다 더 많이 상향 조정되면 이
는 곧 한국 기업 이익 전망이 개선되는 신호로 볼 수 있다.

　　물론 이 지표에도 한계는 존재한다. 3장에서 리처드 번스타인이 여러 번
지적했듯이, 이익예상 라이프사이클이 가파르게 상승할 때는 부정적 신호
를 애써 무시하고 긍정적 지표만 중시하는 현상이 일반화되기 때문이다.
따라서 추정이익 수정 비율의 방향뿐 아니라 강도에 대해서도 함께 관찰하
는 태도를 가지는 게 바람직하다.

## ◐ 미국의 추정이익 수정 비율과 한국 주당순이익 변화

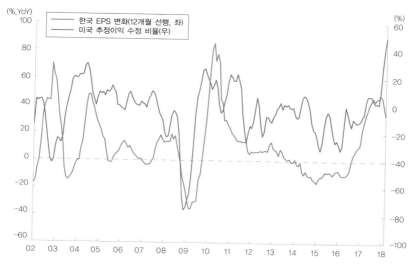

• 자료 : Reuter IBES

이익이 증가한다고 주가가 오르지 않는다.

중요한 것은 이익예상의 변화다!

**2**

[ 순환 장세의
주도주를 잡아라

**04** 성장주 vs 가치주
**05** 하이 퀄리티 vs 로우 퀄리티
**06** 하이 베타 vs 로우 베타
**07** 배당수익률 vs 주식 듀레이션
**08** 대형주 vs 소형주

# 주요 시장 세그먼트와
# 스타일 투자 전략

# 성장주 vs 가치주

만일 어떤 투자자가 1980년대 이전까지 시장 세분화를 인정하지 않았다 할지라도, 1980년대 내내 그가 의견을 바꿀 기회는 충분히 많았다. 1980년대의 특정 시기에 어떤 주식들은 시장의 성과를 뛰어넘은 반면, 다른 어떤 주식들은 수익률이 시장에 비해 심각하게 떨어졌기 때문이다. 물론 이전에도 비슷한 사례가 없었던 것은 아니지만 1980년대의 양극화 현상은 모든 주식이 똑같이 움직인다는 대다수 기관투자가의 생각이 잘못되었다는 것을 입증했다.

  그림 4-1은 S&P 소비재지수에 대한 S&P 자본재지수의 상대적인 성과를 보여준다. 1장에서 지적했듯이 이 그림은 1980년대에 서로 다른 주식의 집단이 어떻게 수익을 냈는지 보여주는 극적인 예가 될 수 있을 것이다.

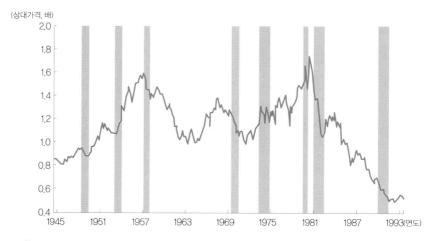

**⊙ 그림 4-1 S&P 자본재지수와 S&P 소비재지수의 상대 수익률 추이**

(상대가격, 배)

- ▓ 부분은 NBER에서 발표한 경기침체 기간을 나타냄
- 자료 : S&P

1979년 12월부터 1989년 12월까지 S&P 소비재지수가 약 411% 상승한
반면, 자본재지수는 140% 상승하는 데 그쳤다. 참고로 같은 기간 S&P500
지수는 223% 상승했다.

기관투자가들도 주식시장에서 소비재 주식이 탁월한 성과를 낸 반면 산
업재 주식이 상대적으로 부진했던 이유를 조사하기 시작했다. 과거의 사례
를 재구성해본 결과, 소비재 주식들은 공통된 성장의 특성을 가지고 있었
던 반면 산업재 주식들은 전혀 그러지 못했다는 사실을 발견할 수 있었다.
산업재 주식에 대한 유일한 관심사는 산업재 주식이 시장의 평균적인 수익
률을 너무 크게 밑돌아서 주가가 BPS보다 싸졌는지, 즉 저평가된 주식이
었는지 여부였다.

# 성장주 및 가치주 투자가 관심을 끈 배경

1980년대에 주식시장의 양극화 현상이 심화되면서 많은 효율적 시장 가설 신봉론자들이 시장 세분화의 일부 요소를 지지하게 된 것은 흥미로운 일이었다. 일례로 샤프(Sharpe, 1992년)는 펀드매니저의 성과를 평가하는 데 이용하기 위해 성장주지수와 가치주지수를 개발하는 데 협력했다.

주식 투자의 세계에서 성장주 및 가치주 투자의 개념이 예전부터 사용되었지만, 지난 10년 동안 더욱 주목을 받으면서 기관투자가들은 이런 스타일 투자 전략을 투자 철학의 필수적인 요소로 간주하기에 이르렀다. 성장주 및 가치주 투자 개념이 최근 큰 관심을 끌게 된 데에는 다음의 2가지 요인이 큰 영향을 미친 듯하다.

첫째, 소비재 투자 비중이 높은 성장주 투자자와 산업재 등 경기민감주에 주로 투자한 가치주 투자자 사이의 수익률 격차가 너무 커지자, 일부 펀드매니저들은 잠재 고객들을 잃지 않기 위해 그냥 자신을 성장주 투자자로 소개하기 시작했다. 1980년대 후반 자산운용업에 뛰어든 기업 중에 자신을 '진정한' 가치주 투자자로 자처하는 경우는 거의 없었는데, 이는 자산운용의 기회 자체를 박탈당할까 두려웠기 때문이다.

둘째, 1980년대에 연금컨설팅 산업이 팽창하면서 연금컨설턴트가 투자 성과를 비교할 목적으로 펀드매니저를 분류하기 시작했다. 이 경우 성장주에만 투자하는 펀드매니저와 기업이 저평가될 때에만 투자하는 펀드매니저를 직접 비교하는 것은 공정하지 못한 일이 될 것이다. 성장주 펀드매니저의 절대 성과가 뛰어나더라도, 가치주 펀드매니저가 더 우수한 펀드매니저일 수 있기 때문이다.

예를 들어 성장주 유니버스*가 가치주 유니버스의 성과를 웃도는 시기에는 가장 열등한 성장주 펀드매니저의 절대 성과도 가장 우수한 가치주 펀드매니저의 성과를 능가할 수 있다. 그렇기 때문에 고객의 대리인 역할을 하는 연금컨설턴트는 비슷한 성향을 가진 펀드매니저 중에서 상대적으로 우수한 펀드매니저를 찾으려고 노력한다.

어떤 펀드매니저가 투자 유니버스의 성과를 넘어서지 못했지만 단순히 대상 투자 유니버스 자체의 성과가 좋은 덕에 S&P500지수 성과를 상회한 경우, 왜 연금회사가 1%나 되는 운용수수료를 펀드매니저에게 지불해야 하는가? 그 펀드매니저는 부정적인 영향을 미쳤을 뿐인데 말이다. 따라서 절대 운용수익률이 성장주 펀드매니저보다 크게 열등한 가치주 펀드매니저의 입장에서는 '가치주냐 성장주냐'가 구분되어야 그의 운용 능력을 더욱 확실하게 입증할 수 있다.

이 장의 초반부에서는 여러 투자 스타일 운용 전략 중에서도 성장주와 가치주라는 2가지 지배적인 투자 스타일의 정의와 특성을 소개하고, 언제 어떤 때 각 투자 스타일이 다른 투자 스타일이나 전체 주식시장에 비해 우월한 성과를 보이는지 집중적으로 설명할 것이다.

3장 이익예상 라이프사이클에서 이야기했던 것처럼, 가치주 펀드매니저는 일반이 선호하지 않는 주식을 찾아 투자하기 때문에 낮은 기대를 가지고 있는 펀드매니저라고 볼 수 있다. 가치 투자에 깔려 있는 기본적인

---

* 유니버스는 투자 대상 종목군을 의미하며, 투자자의 선호에 부합하는 특징을 가진 종목으로 구성된다.

가정은 어떤 종목에 대한 시장 컨센서스가 극단적으로 비관적인 경우, 컨센서스가 이전의 실수(극단적인 비관)를 시정하기 시작할 때 내재가치 대비 주가의 괴리가 바로 축소된다는 것이다. 따라서 가치주 펀드매니저는 자산가치나 미래의 성장 전망에 기초한 가치보다 낮은 가격으로 매매되는 주식을 찾는다.

가치 투자의 성공 비결은 컨센서스의 결정적 변화가 나타나는 타이밍을 찾는 데 있다. 어떤 투자자들은 주가가 크게 떨어져 PER이나 PBR이 낮은 수준에 도달한 기업을 매수한 다음, 주가가 계속 떨어지는 것을 보며 비정상적인 현상일 뿐이라고 자기 합리화를 시도할 수도 있다. 가치주 펀드매니저가 시장 성과를 밑도는 것은 적정 타이밍보다 너무 일찍 주식을 매수했기 때문이다.

성장주 펀드매니저는 과거의 이익 성장 지표가 탁월한 주식들 중에서 투자 대상 종목을 찾는 높은 기대를 가진 투자자로 정의된다. 일반적으로 성장주 투자자들은 이익 성장 전망이 밝은 주식을 보유하기 위해 고가의 프리미엄을 지불하는데, 이는 시장이 이런 종목의 뛰어난 퀄리티를 잘 알고 있기 때문이다. 성장주 투자에 감춰진 가정은 시장이 우수한 성장주에는 계속 높은 주가로 보상을 제공한다는 것이다.

성장주 펀드매니저의 핵심 성공 요인은 우월한 성장의 패턴이 언제 무너질지 인식하는 것이다. 투자자들이 성장주에 지불한 프리미엄이 무용지물이 되었다고 느낄 때 주가는 필연적으로 떨어질 수밖에 없다. 따라서 성장주 투자자라면 낙관한 나머지 주식을 너무 오래 보유하지 않도록 주의해야 한다.

일부에서는 가치주 투자자를 통찰력 있는 사람으로 묘사하는 반면, 성장주 투자자는 어수룩한 사람으로 표현한다. 예를 들어 자크와 우드(Jacques & Wood, 1993년)는 저PER 투자 전략이 시장 성과를 웃도는 이유를 설명하면서 "내재가치 개념이 없는 성장주 펀드매니저가 PER이 높은 주식을 사랑에 빠진 사람처럼 매수했기 때문"이라고 주장했다. 가치주 투자자는 통찰력 있는 '저점 매수자(bargain hunter)*'로 본 반면, 성장주 투자자는 경쟁적으로 호가만 높여대는 바보 게임의 참가자로 간주하는 듯하다.

하지만 성장주·가치주 투자자에 대한 그들의 설명에는 부정확한 부분이 있다. 성장주·가치주 펀드매니저 모두 통찰력 있는 투자자가 될 수도, 혹은 어수룩한 투자자가 될 수도 있기 때문이다. 통찰력 있는 가치주 펀드매니저는 동료들보다 늦게 주식을 매입하며, 통찰력 있는 성장주 펀드매니저는 동료보다 빨리 보유 주식을 매도한다. 반대로 어수룩한 가치주 펀드매니저는 평균적인 가치주 투자자보다 너무 일찍 매수하고, 어수룩한 성장주 펀드매니저는 너무 오래 주식을 보유해 큰 손실을 입는다. 어느 쪽도 상대편을 비웃을 권리가 없다.


## ⋮ 가치주·성장주 선정 기준에 따른 투자 성과의 차이

가치주 펀드매니저와 성장주 펀드매니저는 '무엇이 성장이고 가치인가?'라

---

* 저점 매수자란 말 그대로 주가 하강 사이클의 저점에서 싼값으로 주식을 매수하는 사람을 지칭한다.

는 질문을 던져봄으로써 현명한 투자의 기회를 잡을 수 있을 것이다. 어떤 용어에 대한 정의 혹은 전략은 사람들의 성과를 결정지으며, 왜 이런 스타일이 성과를 올리는지를 이해하는 데 핵심적 역할을 한다. 가치는 정의하기가 비교적 쉽지만, 성장은 약간 애매하다. 더 나아가 스타일이 완전히 배타적인지 여부도 고려해야 한다. 즉, 성장주가 저평가되거나 가치주가 더 우월한 성장성을 가질 수도 있다. 그렇다면 성장주와 가치주 투자자의 포트폴리오에 같은 주식이 공통적으로 선택될 수는 없는 것일까?

표 4-1은 메릴린치 정량분석팀이 개발한 가치주 및 성장주의 투자 성과를 2가지 형태(지수와 펀드 수익률)로 표시한 것이다. 여기서 한 가지 지적하고 싶은 것은, 비슷한 투자 스타일이라고 추정되는 기업이나 펀드를 대상으로 집계했지만 이들 지수의 성과가 꽤 다르다는 점이다.

이 표에 사용한 성장주·가치주 펀드지수는 유명 대형 뮤추얼 펀드 18개(가치형과 성장형 각각 9개)의 순자산가치* 변동을 집계한 것이다. 이들 가치

**○ 표 4-1 성장주 및 가치주 지수의 성과 비교**

(단위 : %)

| 연도(년) | 성장주 펀드지수 | 성장주지수 | 가치주 펀드지수 | 가치주지수 |
|---|---|---|---|---|
| 1987 | −14.7 | 15.4 | −10.4 | −2.5 |
| 1988 | 8.2 | 5.9 | 11.4 | 33.4 |
| 1989 | 19.6 | 29.8 | 6.9 | 18.4 |
| 1990 | −8.6 | −6.8 | −13.1 | −20.5 |
| 1991 | 28.9 | 31.7 | 15.3 | 52.3 |
| 1992 | −1.8 | 3.0 | 6.2 | 19.2 |
| 1993 | 3.0 | 10.2 | 6.9 | 21.8 |

• 자료 : 메릴린치 정량분석팀

주·성장주 펀드지수는 펀드매니저의 실제 운용 성과를 측정하기 위해 개발되었다. 이 지수의 장점은 펀드매니저가 선택할 수 있는 잠재적인 투자 유니버스가 아니라 성장주·가치주 포트폴리오의 역사적인 실제 성과를 보여주는 데 있다.

펀드지수의 단점은 각 지수에 속한 펀드매니저가 스타일 벤치마크의 성과를 이기지 못해 각 스타일 펀드지수의 성과를 떨어뜨릴 수도, 혹은 대단히 탁월한 펀드매니저라서 지수의 성과를 크게 높일 수도 있다는 것이다. 어떤 경우에도 펀드매니저의 성과가 순수한 투자 스타일의 성과와 같아질 확률은 상대적으로 낮다.

일부에서는 펀드매니저의 성과가 동일하거나 주식 투자 유니버스의 성과와 일치할 것이라고 가정한다. 하지만 가치주·성장주 펀드의 운용 성과를 가치주 및 성장주 투자 유니버스의 수익률과 비교하면 펀드매니저의 운용 성과가 스타일 성과와 동일하지 않다는 것을 알 수 있다.

표 4-2에는 성장주 및 가치주 펀드지수에 포함된 펀드의 명단이 나와 있다. 이들 펀드가 선정된 것은 일정 기간 동안 유지되고 또 잘 알려져 있어 스타일 변경의 위험이 낮기 때문이다.

표 4-1에서 성장주·가치주지수는 S&P500 종목 중 향후 5년간의 추정 이익 성장률이 가장 높은 50개 종목, 그리고 주식수익률**이 가장 높은 50개 종목의 평균 주가상승률을 계산한 것이다(높은 주식수익률은 낮은 PER의 역수

---

* 'Net Asset Value(NAV)'를 말하며, 펀드가 보유한 유가증권의 각 시점에서의 시가를 계산한 것이다.
** 주식수익률은 어떤 기업의 주식을 보유함으로써 기대되는 수익률로 '주당순이익/주가'다.

| 성장주 펀드 | 가치주 펀드 |
| --- | --- |
| Amcap Fund | Affiliated Fund |
| American Capital Pace | American Mutual |
| Fidelity Destiny | Dreyfus Fund |
| GE S&S Program | Investment Company of America |
| Growth Fund of America | Mutual Shares |
| Nicholas Fund | Pioneer II |
| Smith Barney Shearson Appreciation Fund | Putnam Growth & Income |
| T. Rowe Price Growth Stock | Washington Mutual |
| Twentieth Century Select | Windsor Fund |

라 할 수 있다. 거의 이익을 내지 못해 PER이 무한대에 가까운 기업들은 당연히 0%에 가까운 주식수익률을 나타낼 것이다. 주식수익률의 경우 더 고른 분포를 보이기 때문에 정량 분석 모형을 사용하는 데 더 유용하다).

추정이익 성장률이 높은 50개 주식을 순수한 성장주 포트폴리오 대표로, 주식수익률 상위 50개 주식을 순수한 가치주 포트폴리오의 대표로 선택했다. 여기서 '순수한'이라는 용어를 사용한 것은 S&P500 종목 가운데 특정 기준에서 가장 큰 값을 갖는 종목으로 포트폴리오를 구성했기 때문이다. 즉, 5장과 6장 등 이후의 장에서 논의할 재무 건전성이나 기업 규모 등의 요인은 고려하지 않았다.

펀드매니저가 그의 포트폴리오를 50개 주식으로 구성한다면, 앞에서 살펴본 '순수한' 포트폴리오와 그의 포트폴리오 사이에 주관적 판단에 따른 차이가 존재할 것이므로 특정 스타일을 추종하는 포트폴리오조차 편차를 보일 것이다. 따라서 펀드매니저의 성과와 스타일 유니버스의 성과가 달라지는 것은 각 스타일 펀드에 포함된 펀드매니저의 적극적인 종목 선정에 기인한다고 볼 수 있다.

최근 S&P/바라(Barra)*도 가치주 및 성장주 지수를 작성했는데, 이들은 S&P500 종목 가운데 PBR 상위 250종목을 성장주로, 나머지 하위 250종목을 가치주로 정의했다. 특히 중요한 점은 어떤 특정 기업은 PBR 상위 또는 하위 250 중 어느 한쪽에만 포함되기 때문에 성장주와 가치주를 서로 배타적인 것으로 정의했다는 사실이다. 더 나아가 S&P/바라 성장주지수는 역사적으로 높은 PBR을 가진 뛰어난 성장성을 보여준 주식으로 구성되었지만, PBR 전망이 반영되어 있지 않은 만큼 미래에도 높은 성장성을 보여줄지는 알 수 없다.

앞서 3장에서 전환점(torpedo)이란 단어의 개념과 이익예상 라이프사이클에서의 역할을 살펴본 바 있다. 전환점은 투자자들이 특정 주식이 뛰어난 성장을 이룰 것이라고 압도적으로 예상하는 시기에 앞서 종종 출현한다. 하긴(Hagin, 1991년)은 PER이 높은 주식의 경우 이익 전환점에 빨리 도달할 확률이 더 높다는 점을 지적했다. 왜냐하면 투자자들의 기대가 너무 낙관적인 데다 아주 미미한 실망도 투자자들의 매도를 촉발할 방아쇠로 작용하기 때문이다.

하긴의 발견은 전에 솔트와 스탯먼이 언급했던 내용('좋은' 종목이 '나쁜' 주식을 만든다)과 동일한 효과를 기초로 하고 있는 것으로 보인다. 물론

---

*S&P/바라 성장주 및 가치주 지수는 2005년 12월 19일 S&P 성장주 및 가치주 지수로 이름이 변경되었다. 2018년 3월 말 현재 성장주지수는 1,557.7포인트, 가치주지수는 1,080.1포인트를 기록하고 있다.

S&P/바라 성장주지수가 PER이 아니라 PBR에 기초해 작성되긴 하지만, 이익 전환점과 높은 PBR의 관계를 연구한 논문들도 비슷한 결론을 도출했다. 따라서 S&P/바라 성장주지수 혹은 이들처럼 특정 종목을 배타적으로 분류하는 지수들도 펀드매니저들이 시장수익률을 뛰어넘는 데 도움이 되는 전환점 효과를 내재하고 있을 것으로 짐작된다.

사실 특정 종목을 성장주 혹은 가치주로 분류하는 투자자의 다양한 선택 기준(PER, PBR 등)에 따라 각 포트폴리오의 수익률은 대단히 큰 차이를 보인다. **그림 4-2**부터 **그림 4-5**까지는 S&P500지수의 구성 종목을 대상으로 잘 알려진 가치주 선정 기준 4가지를 통해 선별된 지수를 동일비중 S&P500지수의 성과와 비교한 것이다(동일비중 S&P500지수는 S&P500지수의 500개 구성 종목을 단순 평균화해 작성한 벤치마크지수다). 다만 S&P에서 실제 반영하고 있는 시가총액 가중치 대신 각 종목은 동일한 가중치로 계산했다.

동일비중 S&P500지수의 장점은 일반적으로 흔히 사용하는 S&P500지수에 비해 시가총액의 차이에 영향을 거의 받지 않는다는 것이다. 이에 반해 우리가 접하는 S&P500지수는 대형주의 주가 등락에 크게 영향을 받는다. 엑손, IBM, 월마트 같은 대형주는 S&P500지수에 크게 영향을 미치지만, 동일비중 S&P500지수에서는 나머지 497개 주식과 동일한 영향을 미칠 뿐이다.

이들 가치 투자 성향 포트폴리오의 그래프는 모양이 상당히 비슷해 보인다. 1986년부터 1989년까지 성과가 좋았고 1990년에는 나빴으며 1991년에서 1993년까지는 다시 좋아지는 모습이다. 하지만 **표 4-3**에 표시된 전년 동기 대비 성과를 보면 가치주 투자 유니버스를 구축하기 위해 이용되는

## ◐ 그림 4-2 주식수익률(PER의 역수) 상위 50개 종목 지수의 상대 성과

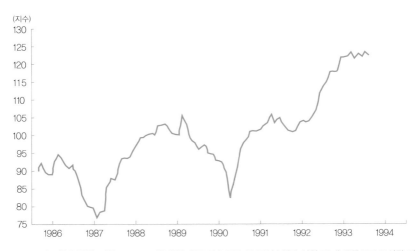

- 1989년 6월 30일을 기준(100)으로 지수화함. S&P500 종목 중 주식수익률 상위 50개 종목으로 구성된 지수를 동일비중 S&P500지수와 비교함
- 자료 : 메릴린치 정량분석팀

## ◐ 그림 4-3 PBR(주가순자산배수) 하위 50개 종목 지수의 상대 성과

- 1989년 6월 30일을 기준(100)으로 지수화함. S&P500 종목 중 PBR 하위 50개 종목으로 구성된 지수를 동일비중 S&P500지수와 비교함
- 자료 : 메릴린치 정량분석팀

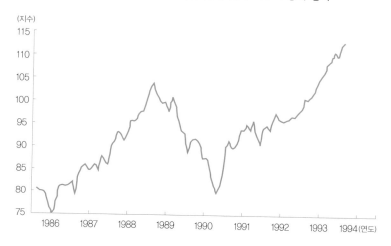

○ 그림 4-4 PCR(주가현금흐름배수) 하위 50개 종목 지수의 상대 성과

- 1989년 6월 30일을 기준(100)으로 지수화함. S&P500 종목 중 PCR 하위 50개 종목으로 구성된 지수를 동일비중 S&P500지수와 비교함
- 자료 : 메릴린치 정량분석팀

○ 그림 4-5 PSR*(주가매출액배수) 하위 50개 종목 지수의 상대 성과

* PSR은 '주가/주당매출액'으로 계산되며, 1980년대 후반 펀드매니저였던 켄 피셔(Ken Fisher)가 개발했음
- 1989년 6월 30일을 기준(100)으로 지수화함. S&P500 종목 중 PSR 하위 50개 종목으로 구성된 지수를 동일비중 S&P500지수와 비교함
- 자료 : 메릴린치 정량분석팀

○ 표 4-3 가치주 특성을 지닌 기업의 투자 성과 현황

(단위 : %)

| 연도 (년) | 높은 주식수익률 | 낮은 PBR | 낮은 PCR | 낮은 PSR | 배당할인모형 (DDM) |
|---|---|---|---|---|---|
| 1987 | −2.5 | 4.8 | 8.1 | 4.2 | 2.4 |
| 1988 | 33.4 | 30.4 | 34.0 | 28.1 | 15.1 |
| 1989 | 18.4 | 2.6 | 12.7 | 4.1 | 20.7 |
| 1990 | −20.5 | −35.1 | −22.8 | −35.5 | −15.0 |
| 1991 | 52.3 | 50.9 | 42.5 | 50.9 | 30.4 |
| 1992 | 19.2 | 23.5 | 20.7 | 21.1 | 1.3 |
| 1993 | 21.8 | 19.8 | 25.4 | 25.6 | 5.7 |

• 자료 : 메릴린치 정량분석팀

분류 기준이 성과에 상당한 영향을 준다는 사실을 알 수 있다. 배당할인모형(DDM)*을 제외하면 가치 포트폴리오의 최고 수익률과 최저 수익률 간에는 매년 평균 8.7%포인트의 차이가 있었다. 따라서 펀드매니저는 특정한 해에 다양한 기준으로 만들어진 가치주지수의 움직임에 따라 벤치마크 지수를 상회하거나 혹은 하회하는 운용 성과를 거둘 가능성이 높다.

표의 마지막 줄에 있는 DDM은 배당과 이익 성장을 현재 가치로 환산해 주식 가치를 평가하는 계량모형을 통해 선정된 기업의 성과를 나타낸다. DDM은 기본적으로 채권의 만기수익률 계산 공식과 동일하지만, 채권에서는 매 기에 수령하는 쿠폰이자**를 분자에 대입하는 반면, DDM에

---

* 배당할인모형(Dividend Discount Model)이란 주가를 일종의 영구채로 가정해, 기대되는 배당금 가치를 현재 가치로 합산한 값이 '적정 주가'라는 아이디어에 기반해 만들어진 주식 가치평가 기법이다.
** 쿠폰이자는 1년에 2회(혹은 4회) 정해진 기간마다 지급되는 약정 이자를 의미한다. 대부분의 채권은 쿠폰이자를 지급하며, 극히 일부의 채권만이 쿠폰이자를 지급하지 않는 할인채(혹은 무이표채)다.

서는 매 기의 예상 배당금을 사용한다. 메릴린치 DDM에 의해 S&P500 종목 가운데 가장 매력적으로 판명된 50개 종목의 과거 성과가 **그림 4-6** 에 나와 있는데, 다른 가치주 성향 주식의 움직임과 큰 차이가 있다.

DDM과 다른 가치주 성향의 포트폴리오의 성과가 차이 나는 이유는 3장에서 언급했던 가치평가 착시 현상에서 찾을 수 있다. 약세장이 도래하면 주가는 애널리스트의 예상보다 더 빨리 하락하고 잠재적인 미래 현금흐름(배당금)은 주가 급락 때문에 상대적으로 더 커 보인다. 따라서 DDM은 일부 주식이 일시적으로 더 매력적이라고 간주한다.

불행하게도 이런 가치평가 착시 현상은 주가가 올라서가 아니라, 애널리스트가 자신의 미래 이익예상(및 배당금)에 대한 추정치를 낮춰야 바로잡힌

○ 그림 4-6 배당할인모형지수의 상대 성과

• 1989년 6월 30일을 기준(100)으로 지수화함. S&P500 종목 중 배당할인모형으로 선정된, 가치가 가장 큰 50개 종목으로 구성된 지수를 동일비중 S&P500지수와 비교함
• 자료 : 메릴린치 정량분석팀

다. 1992~1993년에 DDM으로 선정된 기업의 성과가 상대적으로 떨어졌던 데는 소비재 관련 성장주가 상당한 가치평가 착시 현상을 경험한 것이 큰 영향을 미쳤다.

표 4-4에는 여러 가치주 성향의 주식 선정 기준을 이용해 고른 주식의 12개월 수익률 상관계수*가 표시되어 있다. 각 지수를 기준으로 상관계수를 계산하면 비현실적으로 높게 나오기 때문에 수익률을 기준으로 상관계수를 계산했다. 시장 세분화에도 불구하고, 일반적으로 주식수익률은 플러스의 값을 기록하는 경향이 있어서 각 성장주 및 가치주 지수는 우상향하는 모습을 띠게 된다. 그 결과 각 지수의 상관계수는 상승 추세로 인해 '1'에 가까운 플러스값을 가지는 경향이 있다.

따라서 지수 자체보다는 추세가 제거된 수익률값이 각 변수의 공통적인

○ 표 4-4 가치주 성향 포트폴리오의 12개월 수익률 상관계수

| 구분 | 높은 주식수익률 | 낮은 PBR | 낮은 PCR | 낮은 PSR | DDM |
|---|---|---|---|---|---|
| 높은 주식수익률 | – | | | | |
| 낮은 PBR | 0.81 | – | | | |
| 낮은 PCR | 0.86 | 0.96 | – | | |
| 낮은 PSR | 0.78 | 0.98 | 0.97 | – | |
| DDM | 0.72 | 0.78 | 0.87 | 0.08 | – |

• 자료 : 메릴린치 정량분석팀

---

* 상관계수는 어떤 두 변수 사이의 선형 관계를 측정하는 지표다. '1'이면 완벽한 정(正)의 관계를 지니는 것으로, '-1'이면 완벽한 부(負)의 관계를 지닌 것으로 해석할 수 있다.

움직임을 더 정확하게 평가할 수 있다. 다른 가치 성향의 지수와 DDM으로 선정된 종목의 상관계수값이 일관되게 작은 반면, 다른 항목 간의 상관계수값이 매우 다양한 것에 주목할 필요가 있다. 이는 가치주를 판별하는 잣대에 따라 투자 성과에 큰 차이가 생길 수 있음을 의미한다.

그림 4-7에서 그림 4-10까지는 S&P500 종목 중 향후 5년간 추정이익 성장률 상위 50개 종목, 이익 컨센서스 상향 조정 상위 50개 종목, 긍정적인 어닝 서프라이즈 확률 상위 50개 종목, 가장 높은 이익 모멘텀(발표 이익의 전년 동기 대비 변화율)을 보인 50개 종목의 S&P500 단순평균지수 대비 상대 성과를 표시한 것이다. 가치주 기업들의 성과에 비해 성장주 전략을 채택한 포트폴리오들의 투자수익률 편차가 대단히 커서, 성장이나 가치 전략을 수행하기 위해 선택한 기준에 따라 성과에 큰 차이가 나타날 수 있음을 시사한다. 참고로 표 4-5는 연간수익률 통계를 정리한 것이다.

○ 표 4-5 성장주 특성을 지닌 기업의 투자 성과 현황

(단위: %)

| 연도 (년) | 추정이익 성장률 상위 | 이익 컨센서스 상향 조정 | EPS 서프라이즈 | EPS 모멘텀 |
|---|---|---|---|---|
| 1987 | 15.4 | – | 9.6 | 10.4 |
| 1988 | 5.9 | – | 12.5 | 18.0 |
| 1989 | 29.8 | – | 27.4 | 17.3 |
| 1990 | −6.8 | −11.5 | −4.8 | −14.9 |
| 1991 | 31.7 | 30.4 | 26.0 | 33.5 |
| 1992 | 3.0 | 7.9 | 7.9 | 11.9 |
| 1993 | 10.2 | 25.4 | 17.7 | 15.2 |

• 자료 : 메릴린치 정량분석팀

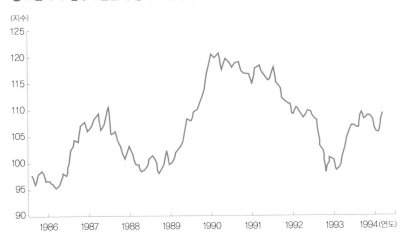

◐ 그림 4-7 향후 5년간 추정이익 성장률 상위 50개 종목 지수의 상대 성과

- 1989년 6월 30일을 기준(100)으로 지수화함. S&P500 종목 중 향후 5년간 EPS 성장 상위 50개 종목으로 구성된 지수를 동일비중 S&P500지수와 비교함
- 자료 : 메릴린치 정량분석팀

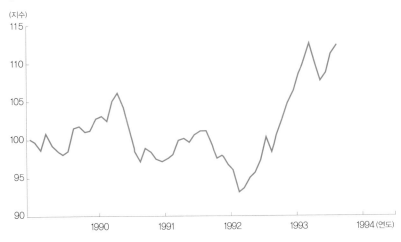

◐ 그림 4-8 이익 컨센서스 상향 조정 상위 50개 종목 지수의 상대 성과

- 1989년 6월 30일을 기준(100)으로 지수화함. S&P500 종목 중 EPS 전망 상향 조정 상위 50개 종목으로 구성된 지수를 동일비중 S&P500지수와 비교함
- 자료 : 메릴린치 정량분석팀

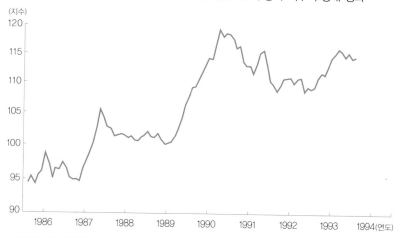

○ 그림 4-9 긍정적인 어닝 서프라이즈 확률 상위 50개 종목 지수의 상대 성과

- 1989년 6월 30일을 기준(100)으로 지수화함. S&P500 종목 중 긍정적인 어닝 서프라이즈가 기대되는 50개 종목으로 구성된 지수를 동일비중 S&P500지수와 비교함(이 모형에 대한 자세한 설명은 1990년 5월 22일 자 'EPS 서프라이즈 모형'을 참조).
- 자료 : 메릴린치 정량분석팀

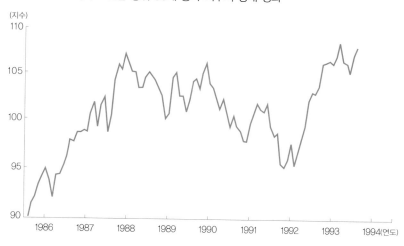

○ 그림 4-10 이익 모멘텀 상위 50개 종목 지수의 상대 성과

- 1989년 6월 30일을 기준(100)으로 지수화함. S&P500 종목 중 EPS 모멘텀 상위 50개 종목으로 구성된 지수를 동일비중 S&P500지수와 비교함
- 자료 : 메릴린치 정량분석팀

성장주 포트폴리오의 일부는 진정한 의미의 성장주가 아닐 수도 있다. 대부분의 성장주 펀드매니저는 아마도 자신이 매수한 종목의 추정 성장률과 이익 모멘텀을 조사하겠지만, 어닝 서프라이즈와 추정이익의 추정 변경 여부 등을 종목 선정의 기준으로 사용할 확률은 적을 것이기 때문이다. 어닝 서프라이즈와 추정이익 상향 조정 등으로 선정된 종목들은 성장주가 증시를 주도할 때 뛰어난 성과를 기록하는 경향이 있기 때문에 성장주 그룹에 포함했다.

이미 언급한 대로 주식시장에서 매매되는 상품은 명목이익의 성장이며, 이 상품이 풍부한지 혹은 부족한지 여부에 따라 주식 스타일의 로테이션이 결정된다. 이익 성장이 희소해질 때 어닝 서프라이즈 전략이 뛰어난 성과를 보이는 것은 이 전략이 초과 성장을 달성하는 특정 주식에 집중하기 때문이다. 사막에서 목마른 사람들이 물 있는 곳으로 달려가는 것처럼, 초과 성장을 달성한 주식을 더 사기 위해 투자자들은 떼를 지어 몰려든다. 따라서 어닝 서프라이즈를 기록하거나 혹은 추정이익의 상향이 이뤄진 종목을 매수하는 전략을 성장 지향 전략으로 분류하게 된다.

그림 4-11과 그림 4-12는 성장주 및 가치주의 사이클과 어닝 서프라이즈 사이의 관계를 집중적으로 보여주고 있다. 그림 4-11은 전에 언급했던 주식수익률 상위 50개 종목 포트폴리오(가치주)와 추정이익 성장률이 높은 50개 종목 포트폴리오(성장주) 사이의 상대 성과를 보여준다. 이 그림은 성장주와 가치주가 시장을 주도하는 사이클이 있음을 보여준다.

그림 4-12는 메릴린치 정량분석팀이 선정한 어닝 서프라이즈 확률 상위 종목과 동일비중 S&P500지수의 상대 성과를 보여준다. 그림 4-11에서 성

## 그림 4-11 성장주 및 가치주의 사이클

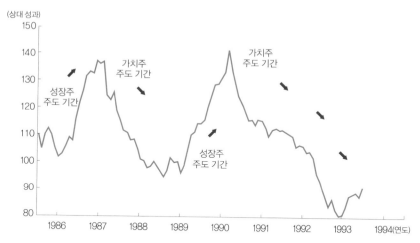

- 향후 5년간 추정 EPS 성장률이 높은 종목과 주식수익률 상위 종목을 비교함
- 자료 : 메릴린치 정량분석팀

## 그림 4-12 EPS 서프라이즈 모델의 성과 변화

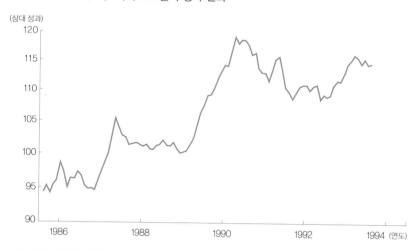

- 1989년 6월 30일을 기준(100)으로 지수화함. S&P500 종목 중 긍정적인 EPS 서프라이즈가 기대되는 50개 종목으로 구성된 지수를 동일비중 S&P500지수와 비교함(이 모형에 대한 상세 설명은 1990년 5월 22일 자 'EPS 서프라이즈 모형'을 참고)
- 자료 : 메릴린치 정량분석팀

장주가 시장을 주도할 때 어닝 서프라이즈 기대 종목들이 시장의 성과를 웃돌지만, 반대로 가치주가 두각을 나타냈을 때는 성과가 좋지 않았음을 발견할 수 있을 것이다.

표 4-6은 이들 성장주 포트폴리오 전략의 12개월 수익률 상관계수를 보여준다. 앞에서 살펴본 가치주 포트폴리오에 비해 성장주 포트폴리오 사이의 상관계수는 상대적으로 낮게 나타난다.

잘 정의된 주식 투자 유니버스는 성장주나 가치주로 분류하기에 편리하다. 일반적인 투자 유니버스는 종목을 가치주나 성장주 중 하나로만 배타적으로 분류하는 경향이 있다. 펀드매니저의 투자 유니버스가 서로 배타적인 주식군에 기초한 지수를 선호할 수는 있지만, 실제 주식운용이 가져올 긍정적 혹은 부정적인 영향을 용인해야만 할 것이다. 하지만 잘 정의된 투자 유니버스는 서로 배타적일 필요가 없고(주식이 성장주 및 가치주에 모두 포함될 수 있음), 포트폴리오 펀드매니저의 운용 성과에 따른 기여 혹은 수익률 하락 등에 영향을 받지 않는다.

○ 표 4-6 성장주 포트폴리오 전략의 12개월 수익률 상관계수

| 구분 | 추정이익 성장률 상위 | 이익 컨센서스 상향 조정 | EPS 서프라이즈 | EPS 모멘텀 |
|---|---|---|---|---|
| 추정이익 성장률 상위 | – | | | |
| 이익 컨센서스 상향 조정 | 0.63 | – | | |
| EPS 서프라이즈 | 0.85 | 0.87 | – | |
| EPS 모멘텀 | 0.71 | 0.94 | 0.92 | – |

• 자료 : 메릴린치 정량분석팀

# • 이익 모멘텀의 변화 방향과 투자 스타일

과거 성장주와 가치주의 비교적 명확한 로테이션을 감안하면, 가치주와 성장주의 사이클을 예측할 수 있느냐가 매우 중요한 과제로 부각된다. 이 장의 후반부에서는 성장주 및 가치주 사이클에 영향을 준 요인들을 점검하며, 또 이 요인들이 각 투자 스타일의 상대 성과를 예측하는 데 도움이 되는지를 살펴볼 것이다.

앞에서 언급했듯이 명목이익 성장이 풍부한지 부족한지 여부는 각 시장의 세그먼트와 스타일 투자의 상대 성과에 상당한 영향을 미친다. 성장주 및 가치주 펀드매니저의 상대 성과에서 이것은 틀림없는 사실이다.

**그림 4-13**은 S&P500 종목 EPS의 전년 동기 대비 성장률(이익 모멘텀)과 성장주 및 가치주 펀드의 상대적인 순자산가치 변화를 보여준다. 1980년대 성장주와 가치주 펀드매니저의 상대 성과가 이익 성장률(명목이익 성장)에 반비례하는 것을 쉽게 발견할 수 있을 것이다. 이익 성장률이 떨어지면(이익 모멘텀의 정점에서 저점까지) 성장주 펀드매니저가 가치주 펀드매니저에 비해 뛰어난 성과를 기록했다. 반면에 이익 모멘텀이 풍부해지면(이익 모멘텀 저점에서 정점까지) 가치주 펀드매니저의 성과가 좋아졌다.

이익 모멘텀이 하락할 때 성장주 펀드매니저의 성과가 좋아지는 것은 이익 성장 자체가 희소한 자원이 된 데다, 투자자들이 이런 희소성에 대해 높은 가치를 부여하기 때문이다. 극소수의 종목만 이익이 증가하면 투자자들은 이런 소수의 주식을 보유하려 들 것이므로 주가는 올라간다. 반대로 이익 성장이 흔해지면 가치주 펀드매니저의 성과가 좋아지는데, 이는 투자자

**◐ 그림 4-13 이익 모멘텀과 성장/가치주 펀드 상대 성과 추이**

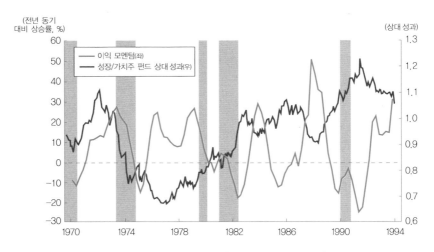

• ■ 부분은 NBER에서 발표한 경기침체 기간을 나타내며, 'S&P500지수의 EPS 성장률'을 기준으로 함
• 자료 : 메릴린치 정량분석팀

들이 여러 종목을 대상으로 비교해 매수하기 때문이다. 많은 기업의 이익이 늘어난다면 풍부한 자원에 높은 가격을 지불할 이유가 없어진다(사과와 다이아몬드의 사례를 기억하라). 따라서 이익 모멘텀의 변화 방향을 예상할 수 있다면 성장주와 가치주의 순환을 예측할 수 있을 것이다.

성장주 투자를 낙관적인 투자 스타일로 설명하는 것은 다소 잘못된 것이다. 성장주 펀드 광고를 보면 "21세기에 미국을 이끌어나갈 성장주를 찾는다"라는 말이 나온다. 하지만 성장주 투자자는 세상을 비교적 비관적인 시각으로 본다. 성장주 투자에는 경제 여건이 나쁘고 이익 사이클이 취약해, 투자자들이 이런 나쁜 환경에서도 실제 성장할 능력을 가진 소수의 기업을 찾으려 노력할 것이라는 전제가 숨겨져 있다. 가치주 투자는 좀더 낙관적인 편인데, 왜냐하면 대부분의 기업이 성장하는 가운데 쇼핑하듯 종목을 고를 수 있다는 전제가 깔려 있기 때문이다.

대부분의 경제 전망에는 이익 모멘텀에 대한 전망이 포함되어 있지만, 주식 투자 전문가들은 경제 전망 보고서에 제시되는 수치에 민감하게 반응한다. 하지만 시장의 컨센서스와의 차이 혹은 전망치 변경이 전망 자체보다 더 중요하다는 사실을 항상 염두에 두어야 한다. 이익 모멘텀의 개선 폭보다는 정말 이익이 개선되는지를 아는 게 더 중요할 수 있다.

만일 시장 컨센서스가 기업의 이익 개선 가능성을 결코 인정하지 않고 있다면, 그때에는 가치주 투자 전략으로의 전환이 필요하다. 한참 시간이 흐른 후 이익 성장률이 −25%에서 +10%로 개선되었다거나 −25%에서 +25%로 좋아진 사실은 중요하지 않다. 둘 중 어떤 경우라도 가치주가 성장주 성과를 웃돌 것이기 때문이다. 다만 향후 기업 실적에 대한 예상이 비관적으로 변할 경우에는 과거 경험상 성장주 투자의 성과가 나았다.


## 인플레이션과 투자 스타일

가치주 투자는 1960~1970년대에 꽤 성공적이었지만 1980년대에는 그렇지 못했는데, 이런 가치주 투자의 성공과 실패는 인플레이션과 디스인플레이션*에 기인했다.

앞에서 이익 성장의 중요성을 이야기하며 '명목'이라는 단어를 강조한 적이 있는데, 이는 인플레이션이 성장주와 가치주의 로테이션에 중요한 역할을 한다는 것을 의미한다. 인플레이션은 명목이익의 절대 수준을 늘리기 때문에 경영 성과가 부진한 기업에 대한 투자의 위험성을 무시하게 만드는 경향이 있다. 심지어 기업이 심각한 위기에 처해 있더라도 인플레이션 압력이 높아진 것을 이용해 제품 가격을 인상함으로써 위기를 넘길 수도 있다. 부채 등의 각종 상환 부담이 특정 금액으로 고정되어 있다면, 인플레이션은 '나쁜' 기업의 수익성을 크게 개선할 수 있다.

또한 인플레이션 압력이 높아지는 시기에 투자자들은 배당수익률이 높은 종목을 찾는 경향이 있다. 인플레이션 기간 중에는 잠재 투자수익률이 높은 곳에 빨리 재투자해야 하기 때문에, 될 수 있는 한 신속하게 투자해서 많은 수익을 올리는 것이 중요하다. 가치 투자의 대상이 되는 기업은 배당수익률이 더 높은 경향이 있으므로 인플레이션 국면일 때는 단기적으로 가치주 투자자에게 더 많은 수익을 제공한다. 인플레이션 기간 중에는 단기 수익을 좇는 경향이 더 강하게 나타나기 때문에, 인플레이션 압력이 높아지는 동안 투자자는 채권시장에서 MMF로, 주식시장에서는 가치주로 자금을 이동시킨다.

인플레이션과 마찬가지로 이자율 또한 장기적인 성장주 및 가치주의 사이클을 예상할 때 고려해야 할 중요한 요소다. 투자자들은 금리 변동 정도와 수익률 곡선의 기울기 모두를 고려해야 한다. 금리 변동 정도는 듀레이션**이나 금리민감도 측면에서 주식에 영향을 주는 반면, 수익률 곡선의

---

* 디스인플레이션이란 인플레이션이 완만한 수준에서 안정적으로 진행되는 현상을 지칭한다.
** 시장금리 변화에 따른 채권 가격의 변화 정도를 표시하는 값으로, 채권 만기가 길고 표면이자가 낮을수록 듀레이션이 길어진다.

기울기는 금융시장의 미래 성장에 대한 암묵적인 기대를 내포하고 있기 때문이다.


## · 주식 듀레이션과 투자 스타일

주식 듀레이션은 주식의 금리민감도를 측정하는 척도다(이 부분에 대해서는 7장에서 더 자세히 살펴볼 것이다). 듀레이션이 긴 주식은 듀레이션이 짧은 주식에 비해 금리 변화에 더 민감하다. 듀레이션은 연간 단위로 표시하는 데(높고 낮다는 표현 대신 길고 짧다는 표현을 사용한다), 듀레이션이 채권이나 주식의 가격이 금리 변화에 따라 얼마나 크게 달라지는지 측정할 뿐만 아니라, 언제 그 수익이 현실화되는지도 보여주기 때문이다.

예를 들어 전체 수익이 10%로 같은 주식 A와 B가 있다고 가정해보자. 이때 주식 A의 전체 수익은 7%의 자본 차익*과 3%의 수익(배당수익 등)으로 구성된 반면, 주식 B의 전체 수익은 10%의 자본 차익으로 구성되었다고 하자. 배당수익률은 비교적 확실하지만, 자본 차익은 상대적으로 불확실하다. 미래 현금흐름의 현재 가치는 금리가 오를수록 감소하므로 금리가 오르면 주식 A의 주가가 주식 B의 주가를 넘어설 것이다. 이는 주식 B의 전체 수익은 미래에 일어날 사건에 따라 달라지는 반면, 주식 A는 일부만 영향을 받기 때문이다.

---

* 자본 차익(capital gain)이란 자산가격 상승으로 인해 발생한 이익을 의미한다.

주식 A의 배당수익은 투자자에게 단기에 직접적인 이익을 주지만 주식 B는 그렇지 못하다. 금리 상승기에 단기 채권(T-bill)이 장기 채권(T-bond)의 성과를 상회하는 것과 같은 방식으로 주식 A는 주식 B에 비해 듀레이션이 짧다고 볼 수 있다(금리민감도가 낮다). 물론 금리가 떨어지면 앞서 말한 것과 반대로 주식 B가 주식 A의 성과를 상회하게 될 것이다.

7장에서 주식 듀레이션의 수리적인 도출 과정을 좀더 자세히 다루겠지만, 주식 듀레이션을 계산하는 데는 2가지 방법이 있다.

첫째, 간단히 배당수익률의 역수로 듀레이션을 계산하는 것이다. 이 식을 사용하면 배당수익률이 높은 주식은 듀레이션이 짧고, 배당수익률이 아주 낮거나 배당이 아예 없는 경우에는 듀레이션이 길 것이다. 이것은 직관적이고 편리한 방법이지만, 현재 배당 정책이 미래에도 일정하게 유지된다고 가정하는 문제가 있다. 예를 들어 무배당 성장주의 경우 미래에도 전혀 배당을 하지 않는 것으로 가정하는 등 비현실적인 부분이 있기 때문이다.

둘째, DDM을 사용하는 것이다. 채권 듀레이션은 시장금리를 이용해 계산하는데*, DDM 역시 시장금리로 미래의 예상배당금(예상수익)을 할인한다는 점에서 비슷하다. 만일 DDM 산출 공식이 채권 가격 산출 공식과 비슷하다면, 채권 듀레이션 계산에 이용되는 방법을 적용할 수 있을 것이다. 이렇게 주식 듀레이션을 계산하면 배당수익률의 역수로 주식 듀레이션을 계산했던 방법에 비해 미래 배당지급액과 현금흐름을 일정하게 가정하지 않아도 되는 장점이 있다. 즉, 무배당 성장주도 미래의 어떤 시점부터는 배

---

* 채권 듀레이션을 계산하는 가장 일반적인 방법은 채권 가격을 시장금리로 미분하는 것이다.

당금을 지급하는 것으로 가정할 수 있다.

**표 4-7**에는 몇 가지 탑다운 섹터·세그먼트의 주식 듀레이션 값이 표시되어 있다. 에너지, 유틸리티 및 경기방어주*처럼 배당금을 많이 지급하는 섹터의 경우 2가지 방법으로 계산된 주식 듀레이션값에 큰 차이를 보이지 않는 것으로 나타난다. 이들 주식은 배당금을 지급하고 성장 전망이 상대적으로 낮기 때문에 장기 성장 및 현금흐름 패턴은 시간에 따라 거의 변하지 않는다. 따라서 DDM이나 배당수익률의 역수를 사용해 계산된 듀레이션값도 큰 차이를 보이지 않는다.

하지만 경기방어주와 달리 미래 성장과 배당 지급 패턴이 시간에 따라 변할 것으로 예상되는 섹터(경기민감주 등)의 경우, 2가지 방법으로 계산된 듀레이션값이 큰 차이를 보인다. 이익 성장과 배당 지급에 대한 가정이 크게 변할수록 듀레이션을 계산하는 2가지 방법 간의 차이는 더 커진다. 예를 들어 소형주 및 성장주의 듀레이션은 계산 방법에 따라 많이 달라진다.

성장주의 듀레이션이 비교적 긴 것은 놀랄 일이 아니다. 전형적인 성장주는 배당을 거의 지급하지 않으면서 평균 이상의 주가수익배수(high PER)와 주가순자산배수(high PBR)를 갖는 주식으로 설명될 수 있는 반면, 가치주는 일반적으로 배당을 지급하면서 비교적 낮은 주가수익배수(low PER)와 주가순자산배수(low PBR)를 갖는 주식으로 설명되기 때문이다.

성장주의 PER이 높다는 것은 주가에 먼 미래에 발생할 일까지도 할인되

---

**○ 표 4-7 섹터·세그먼트별 주식 듀레이션값**

| 섹터·세그먼트 | DDM | 배당수익률 역수 |
|---|---|---|
| 운송 | 38.9 | 71.4 |
| 고평가주 | 38.9 | 52.6 |
| 신용 경기민감주 | 35.9 | 66.7 |
| 기술주 | 35.6 | 90.9 |
| 소비재 경기민감주 | 32.8 | 55.6 |
| 기초산업재 | 32.6 | 40.0 |
| 소형주 | 32.1 | 90.9 |
| 중형주 | 30.8 | 45.4 |
| 복합 기업 | 30.1 | 38.5 |
| 금융주 | 29.8 | 38.5 |
| 필수소비재 성장주* | 29.7 | 71.4 |
| 성장주 | 29.3 | 66.7 |
| S&P500지수 | 28.5 | 40.0 |
| 대형주 | 28.2 | 38.5 |
| 자본재 | 28.2 | 47.6 |
| 필수소비재 | 25.0 | 47.6 |
| 에너지 | 24.9 | 27.8 |
| 저평가주 | 23.2 | 33.3 |
| 경기방어주 | 22.3 | 21.7 |
| 유틸리티 | 22.0 | 21.7 |

\* 한국 증시에서는 이런 유형의 기업을 쉽게 찾아볼 수 없으나 미국 증시에서는 이런 기업이 다수 포진하는데, 코카콜라와 질레트, 킴벌리 등 글로벌화된 필수소비재 기업이 여기에 해당됨(옮긴이)

• 자료 : 메릴린치 정량분석팀(1993년 12월 기준)

어 반영되어 있음을 의미하며, 미래에 받을 배당금이 거의 없음을 의미한다. 반면에 가치주의 낮은 PER은 주가 할인을 위해 사용된 기간이 상대적으로 짧은 대신, 배당 지급액이 많아 배당금으로 수익을 올리는 것이 가능하다는 점을 의미한다.

표 4-8은 다양한 성장주 및 가치주 포트폴리오의 DDM 듀레이션값을 보여준다. 가치주 전략을 채택한 포트폴리오의 평균 듀레이션이 24.9년인데 반해, 성장주 전략 포트폴리오의 평균 듀레이션은 29.9년으로 더 길었다. 참고로 동일비중 S&P500지수의 듀레이션은 약 27.8년이다.

완벽한 예는 아니지만 하이일드본드* 또는 정크본드(junk bond)와 국채 사이의 관계는 인플레이션 기간 혹은(그리고) 금리 상승기에 가치 투자의 성과가 더 좋은 이유를 설명하는 데 도움을 줄 수 있다. 경제적인 측면에서 볼 때 정크본드는 인플레이션 압력이 높아지는 시기에 국채보다 더 나은 성과를 거두는데, 고정금리 채무를 더 적은 비용으로 지불할 수 있어 파산

○ 표 4-8 성장주 및 가치주 전략의 듀레이션 현황

(단위 : 년)

| 가치주 | | 성장주 | |
|---|---|---|---|
| 구분 | 듀레이션 | 구분 | 듀레이션 |
| 주식수익률 상위 | 21.0 | EPS 서프라이즈 | 27.7 |
| DDM | 23.0 | EPS 모멘텀 | 28.2 |
| PSR | 26.7 | 추정이익 성장률 상위 | 31.1 |
| PCR | 26.8 | 이익 컨센서스 상향 조정 | 32.7 |
| PBR | 27.1 | – | |
| 평균 | 24.9 | 평균 | 29.9 |

• 자료 : 메릴린치 정량분석팀

---

* 하이일드본드(high yield bond)는 수익률이 높은 채권, 즉 높은 신용위험으로 인해 고금리를 지급하는 채권을 의미한다. 투자 등급(신용 등급 BB+ 이하) 회사채 혹은 신용도가 낮은 신흥 개발도상국이 발행한 채권이 여기에 해당된다.

위험이 줄어들기 때문이다. 반면에 정크본드는 금리 하락기에는 성과가 좋지 않은데, 일반적으로 경기가 나빠지면 금리도 하락하기 때문이다. 경기가 나빠지면 기업의 파산 위험이 증가하므로 투자자들은 국채 등 안전자산 쪽으로 움직인다.

듀레이션을 이용해 설명해보면 금리 상승기에는 정크본드의 듀레이션이 짧기 때문에 성과가 좋아진다. 정크본드는 고수익 채권(high-yield)이라는 이름 그대로 쿠폰이자가 신용도가 높은 기업의 채권이나 국채보다 더 높다는 것을 의미한다. 따라서 금리가 오르면 듀레이션이 짧은 정크본드는 국채나 30년 만기의 무이표채*보다 성과가 좋아진다. 반대로 금리가 내리면 무이표채가 다른 채권보다 성과가 좋다.


## :수익률 곡선 기울기에 따른 투자 스타일

금리와 물가가 오르면 파산 위험이 감소하며, 저평가되고 소외되었던 배당 성향이 큰 주식이 배당금을 주지 않는 성장주보다 뛰어난 성과를 올린다. 물론 금리가 내리면 반대 현상이 나타난다.

하비(Harvey, 1989 · 1993년)는 수익률 곡선의 기울기가 미래 경제 성장을 정확하게 예측한다는 점을 지적했다. 그의 주장이 사실이라면 수익률

---

*쿠폰금리가 없이 발행금리만큼 미리 할인되어 발행되는 채권을 의미한다. 매 분기 지급되는 이자가 없기에 무이표채는 듀레이션이 길다.

곡선의 기울기는 성장주·가치주 투자자에게 상당히 중요한 지표가 될 수 있을 것이다. 장·단기 국채금리의 수준 차이로 측정되는 국채 수익률 곡선의 기울기는 미래 명목성장률을 함축적으로 예측하는 지표라 할 수 있다.

경제 전망이 좋지 않을 때 일반적으로 장기 금리보다 단기 금리가 더 높아지는 수익률 곡선의 역전 현상이 나타나는데, 이런 이례적 사건이 벌어지는 것은 다음 2가지 요인 때문이다.

첫째, FRB가 인플레이션 위험을 우려해 단기 금리(정책금리)를 올리려고 하기 때문이다. FRB는 정책금리 인상을 통해 가계와 기업의 차입 능력을 제한해 결국 경기 상승 속도가 더뎌지기를 바라는 것이다.

둘째, 장기 투자자들이 FRB의 정책금리 인상이 효과를 발휘해 미래 명목성장률이 떨어지고 인플레이션 압력이 완화될 것이라고 생각하며 장기 채권을 구매하기 때문이다. 이렇게 장기 채권을 매수하면 채권 가격이 오르는 반면에 금리는 떨어진다. 따라서 FRB가 정책금리를 인상하거나 장기 투자자들이 장기 채권을 매수해 수익률 곡선이 역전되면 경기가 나빠질 가능성이 높아진다.

가파른(우상향의) 수익률 곡선, 즉 장기채 수익률에 비해 단기채 수익률이 낮아지는 현상은 경기가 더 좋아질 것이라는 신호로 해석할 수 있다. 우상향의 수익률 곡선 출현은 FRB가 경기 진작을 위해 단기 금리를 인하한 데 따른 것일 수도 있으며, 다른 한편으로는 미래의 경제 성장이 너무 강력해질 것이라고 예상한 장기 투자자가 장기 채권을 매도함으로써 채권금리가 상승(채권 가격이 하락)했기 때문일 수도 있다.

수익률 곡선을 이용해 향후 경기를 예측할 수 있고 또 경기 전망이 좋지 않을수록 성장주 전략 성과가 우월하다는 주장이 맞는다면, 수익률 곡선이 역전될 때 성장주 투자 전략의 성과가 좋아질 것이라고 예상할 수 있다. 경기가 회복됨에 따라 가치주 투자 전략의 성과가 좋아진다면, 수익률 곡선이 가팔라질(우상향) 때 가치주 전략 성과가 더 나아져야 할 것이다.

그림 4-14는 성장주와 가치주, 그리고 수익률 곡선 기울기 사이에 앞에서 설명한 관계가 실제로 나타났음을 보여준다. 이 그림에는 18개 가치주 뮤추얼 펀드와 18개 성장주 뮤추얼 펀드의 상대 순자산가치와 3개월과 30년 만기 채권금리의 비율이 표시되어 있다. 금리 비율이 1.0보다 크면 수익률 곡선이 우상향해 장기채 금리가 단기채 금리보다 높다는 것을 의미한다. 반대로 이 비율이 1.0보다 작으면 수익률 곡선이 역전(우하향)되고 단기

○ 그림 4-14 장기채 금리/단기채 금리 vs 성장주 펀드/가치주 펀드

• 장기 금리는 30년 만기 재무성 증권을, 단기금리는 3개월 만기 재무성 증권을 기준으로 함
• 자료 : 메릴린치 정량분석팀

채 금리가 장기채 금리보다 높다는 것을 나타낸다.

1975~1976년과 같은 예외가 있긴 하지만, 펀드의 상대 성과는 앞에서 설명한 내용과 대체로 비슷한 결과를 보인다. 이를 통해 수익률 곡선의 변화 방향이 기울기 자체보다 더 중요한 것으로 판단할 수 있다. 수익률 곡선 기울기의 변화에는 4가지 국면이 있고, 성장주와 가치주는 **표 4-9**에 설명된 것처럼 2가지 국면에서 상대의 성과를 앞서기 때문이다.

수익률 곡선이 평평해졌다가 역전되기 시작할 때 성장주가 가치주에 비해 뛰어난 성과를 거두는데, 이는 FRB가 경기 확장에 제동을 걸기 시작했음을 투자자들이 깨닫기 때문이다. 즉, FRB가 너무 과도한 긴축 정책을 펼친 결과 경기 수축이 나타나고 있음을 깨닫고 정책금리를 내리려고 한다는 사실을 투자자들이 알아차린 것이다.

평평한 수익률 곡선이 점점 가팔라지면 가치주가 성장주에 비해 성과가 좋아지기 시작한다. 이때 투자자들은 FRB가 경기 진작을 위해 일관된 노력을 기울이려고 한다는 것을 깨닫게 된다. 가파른 수익률 곡선이 점차 평평해질 때도 가치주의 성과가 좋은데, FRB가 경기의 빠른 확장에 대응해 그 속도를 늦추려 한다고 투자자들이 믿기 때문이다.

가치주의 성과는 수익률 곡선이 평평해질 때까지 계속 좋지만, 그다음에는 다시 첫 번째 국면으로 돌아간다. **표 4-9**에 수익률 곡선의 기울기와 성장주 및 가치주 성과에 대해 정리되어 있다.

**○ 표 4-9 성장주·가치주 수익률과 수익률 곡선 기울기의 관계**

| 수익률 곡선 | 투자 스타일의 성과 | 이론적 근거 |
|---|---|---|
| 평평하던 수익률 곡선이 역전됨 | 성장주 수익 우위 | 경기 과열 억제를 위한 FRB의 금리 인상 |
| 역전된 수익률 곡선이 정상화됨 | 성장주 수익 우위 | 과도한 금리 인상으로 인한 경기침체 발생 |
| 평평하던 수익률 곡선이 가팔라짐 | 가치주 수익 우위 | 경기 진작 |
| 가파르던 수익률 곡선이 평탄해짐 | 가치주 수익 우위 | 과도한 통화 팽창 |

## : 경기와 기업 경영 상태에 따른 투자 스타일

경기에 대한 신뢰를 측정하는 가장 좋은 지표는 미국 기업 관계자들로부터 나오지만[*] 이것은 일종의 역신호라 할 수 있다. 기업 경영이 상대적으로 불확실하고 미래 경제 전망에 신중을 기해야 하는 경우라면 가치주 투자자가 되는 것이 바람직하다. 하지만 기업의 경영진이 경기를 과도하게 낙관하는 등 과거 경험상 경기 불황이 임박해 있다고 판단되는 경우, 투자자들은 성장주로 옮겨타야 한다.

이때에는 경기와 기업 경영에 대해 이익예상 라이프사이클을 떠올릴 필요가 있다. 기업의 경영자들이 너무 비관적일 때라면 경기는 이익예상 라

---

[*] 가장 대표적인 기업 측의 경기신뢰지표는 공급관리자협회(Institute for Supply Management ; ISM) 제조업 지수를 들 수 있다.

이프사이클의 6시 위치(바닥 국면)에 있지만, 반대로 경영진이 너무 자신에 차 있는 경우는 자정(정점)에 위치할 것이다.

S&P500 기업의 배당 성향*은 기업 경영자들이 과도하게 낙관적인지 아니면 비관적인지를 보여주는 아주 좋은 지표다. 배당 성향은 배당총액을 당기순이익으로 나누어 간단히 구할 수 있다. 만일 어떤 기업이 주당 10달러를 벌어 4달러를 배당금으로 지급했다면, 이 종목의 배당 성향은 40%(4달러÷10달러)가 된다.

배당의 신호 효과(배당금의 증감에 반영된 경영진의 태도 변화)가 시장에 미치는 영향에 대해서는 엄청나게 많은 논문이 발표되었다. 배당금 증가는 기업 경영 상태의 호전을 알리는 긍정적인 신호인 반면, 배당금 감소는 부정적이다. 따라서 기업 경영진은 배당 정책 변경에 신중할 수밖에 없다. 경영진은 배당을 올렸다가 바로 내릴 때의 충격을 꺼리기 때문에 신속하게 배당금을 올리지 못한다. 기업 경영 여건의 악화가 확연해질 때까지 배당을 내리지도 못하는데, 기업이 직면한 문제가 일시적이라면 배당금 삭감과 같은 부정적인 신호를 시장에 보내기를 원하지 않기 때문이다.

대부분의 경영진이 배당 정책 변경에 주저하므로 배당 성향은 상대적으로 신뢰할 수 있는 역신호가 된다. **그림 4-15**는 S&P500 종목의 EPS와 DPS 성장률의 관계를 보여준다. 경영진이 배당 정책 변경을 주저한 결과, EPS가 DPS보다 훨씬 크게 변동한다는 것을 발견할 수 있다.

---

*배당 성향은 기업이 당기순이익에서 배당금을 얼마나 지급하는지 보여주는 것으로, 배당총액을 당기순이익으로 나누어 계산한다.

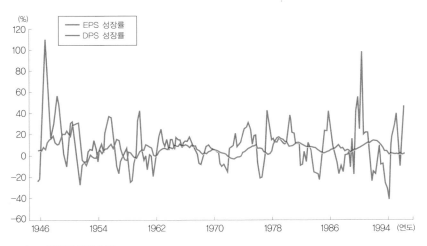

● 그림 4-15 S&P500 종목의 EPS 및 DPS 성장률 추이

• 자료 : 메릴린치 정량분석팀

**그림 4-16**은 S&P500 종목의 배당 성향과 성장주 및 가치주 펀드매니저의 상대적인 순자산가치 사이의 관계를 보여준다. 완벽한 관계는 아니지만, 배당 성향이 정점을 지난 뒤에 가치주가 성장주의 성과를 상회했고, 배당 성향이 저점을 치고 올라가면서 성장주가 가치주의 성과를 상회했던 것으로 나타난다.

DPS보다 EPS의 변동성이 큰 현실에서 배당 성향은 일시적인 변화를 제거한 정상이익이라고 할 수 있다. 바꿔 말하면 배당 성향이 역사적인 저점에 근접한 이후에는 순이익이 개선되었고, 그 반대인 경우(배당 성향이 역사적 고점일 때) 이익 성장률이 떨어지는 것으로 볼 수 있다.

앞에서 살펴본 것처럼 이익 감소가 나타날 때에는 성장주가 강세를 보이지만, 배당 성향이 최고 수준에 도달하면 기업의 실적은 이전에 비해 약

● 그림 4-16 성장주/가치주 펀드의 상대 성과와 배당 성향

• 자료 : 메릴린치 정량분석팀

화될 것임을 의미한다. 이따금씩 배당 성향이 높은 가운데도 이익 성장이 계속되는 경우가 있으며, 이 경우에는 가치주 투자가 정답이 될 것이다.

- 시장 성과의 양극화와 연금컨설턴트의 출현으로 투자자는 1980년대 말을 전후해 시장 세분화와 스타일 투자를 점차 믿기 시작했다. 투자자가 중시하는 주요 스타일에는 성장과 가치가 있다.

- 성장이나 가치를 주로 분류하는 기준 또는 이를 실행하기 위한 구체적인 전략이 운용 성과에 많은 영향을 줄 뿐만 아니라, 성장이나 가치 투자 전략이 어느 시점에서 우위에 있는지 여부를 판단하는 데 영향을 미친다.

- 일반적인 믿음과는 반대로 성장주 투자는 비관론에서 출발하며, 가치주 투자는 낙관적인 경향을 가지고 있다.

- 이익 모멘텀이 약화되고 금리가 떨어지며 수익률 곡선이 역전되고 배당 성향이 올라갈 때, 과거 경험상 성장주 전략이 가치주 전략에 비해 성과가 좋았다.

- 이익 모멘텀이 개선되고 금리가 상승하고 수익률 곡선이 가팔라지고 배당 성향이 떨어질 때, 과거 경험상 가치주 전략이 성장주 전략에 비해 성과가 좋았다.

## ·가치주-성장주 강세 현상, 한국에서도 반복되나?

4장에서는 가장 유명한 시장의 투자 스타일, 가치주와 성장주를 상세히 다뤘다. 특히 '명목이익 성장'이 풍부할 때는 가치주가 강세를 보이고, 반대로 불황을 맞아 명목이익이 늘어나는 기업이 희소해질 때는 성장주가 강세를 보인다는 리처드 번스타인의 주장은 참으로 인상적이었다.

이 주장이 한국에서도 들어맞는지 확인하기 위해 먼저 가치주의 시장 대비 초과 성과를 측정하고, 가치주의 초과 성과가 이익 성장과 어떤 연관을 맺는지 살펴보았다. 여기서 초과 성과란 가치주지수가 코스피에 비해 얼마나 더 나은 성과를 기록했는지 측정한 것이다. 쉽게 말해서 가치주지수가 1년 동안 10% 상승했는데 코스피가 8% 상승했다면 가치주지수는 2%포인트의 초과 성과를 기록한 것으로 본다.

다음 그래프에 나타난 것처럼 리처드 번스타인의 주장은 한국에서도 똑같이 통용된다. 애널리스트들의 이익 전망이 개선될 때, 가치주지수는 시장에 비해 초과 성과를 기록하는 경향이 매우 뚜렷하다. 물론 언제나 그런 것은 아니다. 가장 대표적인 경우가 2008년으로, 글로벌 금융 위기로 인해 기업 실적 전망이 급격히 약화되는 등 이른바 '명목이익 성장이 희소한' 상황이 출현했음에도 가치주는 시장에 비해 크게 약세를 보이지 않았다.

**●** 한국 기업 이익 성장률 vs 가치주 초과수익(코스피 대비)

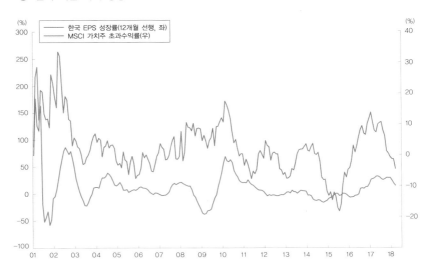

• 자료 : Wisefn, 블룸버그

왜 이런 현상이 나타났을까? 여러 이유가 있겠지만, 코스피가 2000선에서 800대로 붕괴되는 과정에서 가치주와 성장주 할 것 없이 동반 폭락한 탓이 클 것이다.

한 발 더 나아가 4장에서 리처드 번스타인이 누차 강조한 '수익률 곡선'의 기울기와 가치주의 상대 성과를 살펴보자. 수익률 곡선의 기울기는 10년 만기 국채 금리에서 2년 만기 국채 금리를 빼서 계산했는데, 다음 그래프처럼 매우 강한 연관을 맺고 있음을 쉽게 확인할 수 있다.

장기 금리가 단기 금리보다 더 높은 곳으로 움직일수록 가치주는 시장에서 각광받는다. 반대로 정부가 정책금리를 인상하며 장단기 금리 차가 좁혀질 때에는 서서히 가치주의 매력이 떨어지기 시작하며, 반대로 성장주가

## ❍ 장단기 금리 차 vs 가치주 초과수익(코스피 대비)

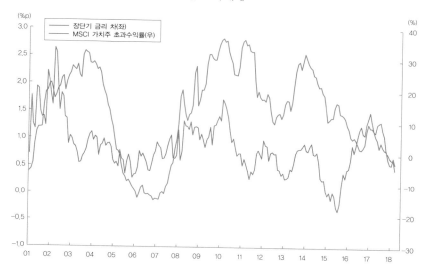

• 자료 : Wisefn, 세인트루이스 연준

## ❍ 장단기 금리 차 vs 성장주 초과수익(코스피 대비)

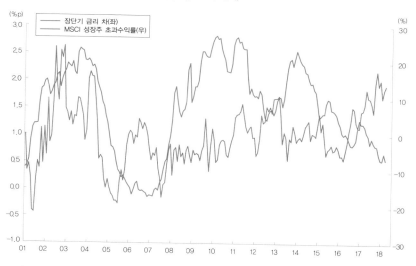

• 자료 : Wisefn, 세인트루이스 연준

시장의 전면에 부각되는 것이다.

가장 대표적인 시기가 2005~2007년이다. 미 연방준비제도이사회(이하 연준)의 정책금리 인상으로 인해 수익률 곡선이 평탄화되고 또 역전될 때, 2000년 정보통신업계 거품 붕괴 이후 내내 약세를 보이던 성장주가 강한 상승세를 보였다. 이런 현상은 2016년 이후에도 마찬가지다. 2015년 말을 기점으로 미 연준의 금리 인상이 시작되자, 부진하던 성장주가 다시 힘을 내기 시작했다.

일각에서는 시장 금리가 오르면 성장주가 약세를 보인다고 이야기하나, 리처드 번스타인의 입장에서 보면 이는 사리에 맞지 않는 말이다. 중요한 것은 장단기 금리 차로 측정되는 수익률 곡선의 기울기이며, 수익률 곡선이 평평해지는 시기에는 성장주에 대한 관심을 높일 필요가 있다.

# 하이 퀄리티 vs
# 로우 퀄리티

‘좋은’ 기업이 반드시 ‘좋은’ 주식을 만드는가? 얼핏 보면 당연한 이야기 같지만, 셰프린과 스탯먼(Shefrin & Statman, 1993년)은 ‘좋은 주식(good stock)이 투자자들이 생각하는 좋은 기업(good company)인가?’라는 흥미로운 질문을 제기했다.

　다시 말해 투자자들이 누구에게도 알려지지 않은 ‘좋은’ 주식을 찾는지, 혹은 성과가 월등한 주식을 보며 아마 ‘좋은’ 기업이었기에 가능했을 것이라고 추측하는지를 물어본 것이다. 하지만 장기적으로 보면 ‘좋은’ 기업보다는 나쁜’ 기업이 좋은 주식이었다. 그럼에도 불구하고 사람들은 ‘좋은’ 기업을 찾는 경향이 있다.

　경영학에서는 투자자가 높은 수익을 얻기 위해서는 더 높은 위험을 감수해야 한다고 가르치고 있다. 우수한(또는 안전한) 기업의 성공은 이미 주가에 충분히 할인되어 반영되어* 있기 때문에 투자할 가치가 없을 수도 있다. 하지만 1980년대에 이 조언(하이 리스크 – 하이 리턴)을 따른 공격적인 투자자들은 위험을 감수하지 않은 보수적인 투자자보다 성과가 좋지 않았다. 1980년대에는 '좋은' 기업은 실제로도 '좋은' 주식이었고, '나쁜' 기업은 '나쁜' 주식이었다. 이론과 다른 비정상적인 위험과 투자수익률의 관계 때문에(최소한 학술적인 관점에서) 1980년대 펀드매니저들은 종목 선정의 이유로 하이 퀄리티**라는 용어를 자주 사용했다.

이 장에서는 퀄리티에 대해 정의하고, 일반적으로 퀄리티가 투자수익률에 어떤 영향을 미치는지, 퀄리티를 중시하는 주식 투자 스타일이 경기 변화에 어떤 영향을 받는지를 살펴볼 것이다. 또한 1980년대에는 왜 하이 리스크 – 하이 리턴의 기제가 제대로 작동하지 않았는지, 나쁜 기업이 좋은 주식인 경우가 많았다는 연구 성과에도 불구하고 투자자들이 왜 퀄리티가 낮은 종목보다는 퀄리티가 높은 종목을 선호하는지도 알아볼 것이다.

퀄리티는 원래 상대적인 용어다. 어느 특정 시점에서 '좋은' 기업이라고 생각하는 것과 또 다른 시점에서 '좋은' 기업으로 생각하는 것 사이에는 많은 차이가 있을 수 있다. 또한 특정한 투자 목표에 따라 퀄리티의 정의가 달라질 수 있다. 어떤 펀드나 연금, 신탁계정 등에 적용되는 가이드라인(규

---

* '할인되어 반영된다'는 말은 어느 기업이 벌어들일 미래의 이익(혹은 현금흐름)을 이자율 등으로 할인해 현재의 가치로 산정했음을 의미한다.
** 퀄리티란 어떤 기업의 재무 건전성 혹은 안정성의 상대적 수준을 지칭하는 용어라 할 수 있다. 예를 들어 하이 퀄리티 종목은 KT&G처럼 트리플 A의 신용 등급과 안정적인 배당 성향을 유지하는 기업이라 할 수 있다.

제)이 운용 전략에 많은 영향을 미치기 때문에, 어떤 펀드매니저가 퀄리티가 높다고 판단했던 종목을 다른 펀드매니저는 퀄리티가 상대적으로 낮다고 생각할 수도 있다.

투자자들은 몇 가지 재무적 특징을 가지고 퀄리티를 정의한다. 일부는 부채비율을 사용해 부채가 없는 종목을 '좋은' 종목으로 가정하는 반면, 어떤 이는 퀄리티를 판단하는 가이드라인으로 이익의 안정성을 이용하기도 한다. 일부에서는 자기자본이익률(Return On Equity ; ROE), 매출액 증가율, 이익 성장률, 애널리스트 추정이익 편차(애널리스트 이익추정의 양극단 값 차이) 등도 퀄리티를 결정하는 가이드라인으로 이용하고 있다.


## 퀄리티와 S&P의 보통주 등급

퀄리티에 대해 편리하고 유익한 정보를 주지만 가장 드물게 사용되는 것이 세계적인 신용평가사 S&P의 보통주 등급(S&P common stock ratings)이다. S&P 보통주 등급은 지난 10년간의 이익 및 배당의 안정성과 성장성을 기초로 정해진다. 과거 이익과 배당이 대단히 안정적인 종목은 A+등급이지만, 반대로 파산 후 구조조정을 진행 중인 종목은 D등급으로 분류된다. S&P는 이런 등급을 컴퓨터 알고리즘으로 계산하기 때문에 애널리스트의 주관적인 해석은 포함되지 않는다. 따라서 S&P 보통주 등급은 아주 많은 종목의 퀄리티에 대해 편향되지 않은 기준을 제공해준다.

여기서 한 가지 일러둘 것은 S&P 보통주 등급과 S&P 신용 등급은 전혀 다른 등급이라는 점이다. S&P 신용 등급은 부채 상환 능력과 관련된 각 기업의 펀더멘털에 대한 애널리스트의 분석을 기초로 작성된다. 힐리와 스그로모(Healy & Sgromo, 1993년)는 신용 등급이 주식 투자의 성과에 큰 영향을 미치지 않는다고 주장했다.

멀러·필리츠·그린(Muller & Fielitz & Greene, 1983·1984년)과 멀러·필리츠(1987년)는 다양한 주식 등급에 대한 정보의 정확성을 처음으로 측정했다. 이들은 S&P 보통주 등급이 종목의 퀄리티에 대해 대체로 신뢰할 수 있으며, 기업의 위험 측정에 상당히 편리하다는 것을 밝혔다. 또한 이들은 A-등급 주식이 장기적으로 가장 뛰어난 성과를 보였는데, 이는 A-등급 주식들이 A+등급 주식과 일부 성장주처럼 과대평가되지 않았기 때문이라고 보았다. 허겐(Haugen, 1979년)도 위험 측정의 지표로 S&P 보통주 등급을 사용하기에 충분하다는 결론을 내린 바 있다.

멀러·필리츠·그린의 결론은 이 책 5장의 논의와 3가지 측면에서 차이가 있다. 첫째, 이들의 연구에는 S&P 보통주 등급 중 B·C·D등급이 포함되지 않았다. 둘째, 이들이 대상으로 삼은 주식은 232개로, 5장에서 다룰 종목보다도 적었다. 셋째, 이들은 15년 동안 기업 등급이 변하지 않았던 기업만 연구 대상으로 삼았다. 5장 뒷부분에서 언급할 등급 변동의 성향 혹은 S&P 보통주 등급 변화는 투자수익률에 긍정적 또는 부정적인 영향을 미치는 중요한 원인이 된다.

**그림 5-1**은 메릴린치 데이터베이스에 있는 약 1,500개(전체 S&P 보통주 등급 유니버스는 이보다 더 크다) 종목에 대한 S&P 보통주를 등급별로 나타낸 것이다. 아주 적은 수의 종목이 A+등급이고, 비슷한 수의 종목이 C등

급과 D등급을 구성하는 등 S&P 보통주 등급 분포는 정규 분포의 특성을 띠고 있는 듯하다. 참고로 메릴린치 투자 유니버스 중에는 D등급을 받은 주식이 없었기 때문에 C등급과 D등급을 같이 표시했다.

메릴린치 투자 유니버스 1,500개 종목 중 25% 정도가 어떤 등급도 받지 못했다는 데 주목할 필요가 있다. 다시 말해 25%의 종목은 지난 10년 사이에 새롭게 나타난 신생 기업이었다. 따라서 S&P 보통주 등급 외 기업은 신생 성장주 펀드매니저의 투자 유니버스에 포함될 수 있을 것이다.

그림 5-2에서 그림 5-5까지는 S&P 보통주 등급으로 나눈 각각의 포트폴리오에 1986년 1월 31일 1달러를 투자한 이후의 수익률이다. 또한 그림 5-5는 등급이 B+ 이상인 그룹과 등급이 B 이하인 그룹의 수익률을 나타

○ 그림 5-1 S&P 보통주의 등급별 분포율 현황

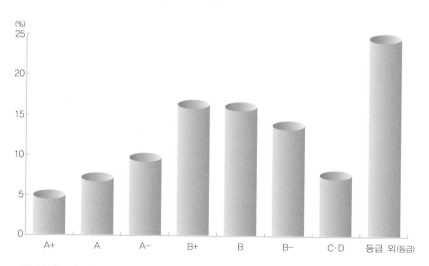

• 1994년 2월 28일 기준으로 조사된 약 1,500개 주식을 대상으로 함
• 자료 : 메릴린치 정량분석팀, S&P

## ◎ 그림 5-2 S&P 보통주 등급별 수익률 _ A+등급 vs A등급 vs A-등급

- 1986년 1월의 1달러 가치를 100으로 지수화함
- 자료 : 메릴린치 정량분석팀

## ◎ 그림 5-3 S&P 보통주 등급별 수익률 _ B+등급 vs B등급 vs B-등급

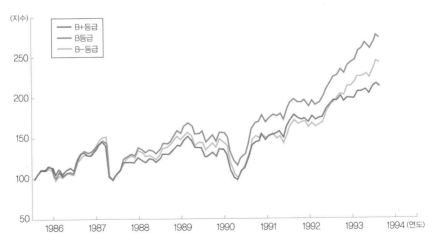

- 1986년 1월의 1달러 가치를 100으로 지수화함
- 자료 : 메릴린치 정량분석팀

**◯ 그림 5-4 S&P 보통주 등급별 수익률 _ C·D등급 vs 등급 외**

• 1986년 1월의 1달러 가치를 100으로 지수화함
• 자료 : 메릴린치 정량분석팀

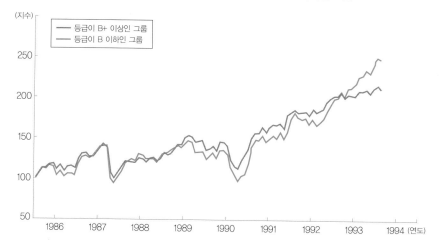

**◯ 그림 5-5 S&P 보통주 등급이 B+ 이상인 그룹 vs 등급이 B 이하인 그룹**

• 1986년 1월의 1달러 가치를 100으로 지수화함
• 자료 : 메릴린치 정량분석팀

낸 것이다.

이상의 모든 포트폴리오는 동일비중 방식으로 매달 재편성된다. 포트폴리오의 재편성이 중요한 것은 파산 위험이 높은 로우 퀄리티 종목, 등급이 상향 조정되기 전에 펀더멘털이 개선되어 뛰어난 수익률을 기록하는 종목, 등급이 하향 조정되기 전에 펀더멘털이 떨어지며 부진한 수익률을 기록하는 종목 등의 영향을 지수에 제때 반영하기 위해서다.

알트먼과 카오(Altman & Kao, 1991·1992년)는 어떤 요인이 회사채 신용등급의 변화를 가져오는지에 대해 광범위하게 연구했다. 대부분의 예상처럼 그들은 높은 등급의 회사채 신용도는 하락하는 반면, 투자 부적격 등급의 회사채 신용도는 개선되는 경향이 있음을 발견했다. 이러한 신용도의 변동에 영향받아 주식 투자수익도 비슷한 방향으로 움직였다. 보통주 등급의 변동 효과에 대해서는 아직 연구가 없지만, 알트먼과 카오의 연구와 다른 결과가 나오지는 않을 것으로 생각된다.

## ⦁기업의 퀄리티와 투자 성과의 관계

기업의 퀄리티와 주식 투자수익률의 관계는 경기민감주의 성과와 종종 혼동된다. 일부 투자자들은 모든 경기민감주는 필연적으로 퀄리티가 낮은 주식인 반면, 좀더 안정적인(경기에 덜 민감한) 종목은 퀄리티가 높을 것이라고 가정한다. 일반적으로 경기민감주의 이익변동성이 크고 S&P 보통주 등급이 낮은 것은 사실이나, 하이 퀄리티 경기민감주도 분명히 존재한다. 이와 마찬가지로 안정적인 이익과 배당을 기록했던 섹터와 산업에도 퀄리티가 낮은 주식이 있을 수 있다.

표 5-1은 1993년 한 해 동안 각 섹터의 S&P 보통주 등급별 성과를 보여준다. 굵은 숫자는 각 섹터에서 가장 높은 성과를 기록한 등급을 의미한다. 전체 주식시장에서 로우 퀄리티 기업이 부각될 때(1993년에 C·D등급 주식이 33% 상승한 반면, A+ 등급 주식은 1.4% 하락했다) 성장주, 경기민감주, 금융주 등 어떤 섹터라도 로우 퀄리티 기업에 투자한 것으로 큰 성과를 거두었다. 즉, 로우 퀄리티 효과가 각 업종을 지배했던 셈이다.

일반적으로 저지르는 또 다른 실수는 기업의 퀄리티별 투자 성과의 차이가 사실은 기업 규모 효과 때문이라고 주장하는 것이다. 기업 규모와 퀄리

○ 표 5-1 주요 섹터 구성 종목의 S&P 보통주 등급별 수익률

| 섹터 | A+ | A | A- | B+ | B | B- | C·D |
|---|---|---|---|---|---|---|---|
| 신용경기민감주 | – | 12.8 | 25.9 | **29.8** | 15.2 | 10.0 | – |
| 필수소비재 성장주 | –3.9 | –6.2 | –12.3 | 4.6 | 15.2 | **24.7** | –15.7 |
| 소비재 경기민감주 | –2.3 | –21.2 | 36.3 | 23.0 | 38.5 | **41.7** | 9.8 |
| 필수소비재 | –13.2 | –1.8 | –0.2 | **20.1** | –1.9 | –22.2 | – |
| 자본재 | 20.9 | –18.8 | 8.1 | 5.9 | 19.5 | 33.4 | – |
| 기술주 | 14.5 | 16.8 | 44.8 | 11.4 | **46.9** | 31.8 | 29.1 |
| 에너지 | – | 17.9 | 15.1 | 10.3 | 13.0 | 25.1 | –3.2 |
| 기초 산업재 | –4.5 | –13.2 | 0.2 | 17.8 | 30.9 | 32.8 | **37.3** |
| 금융 | –7.0 | –4.0 | 1.5 | 18.1 | 21.5 | 10.8 | **28.5** |
| 운송 | – | – | 15.3 | –1.2 | **44.3** | 28.4 | 39.4 |
| 유틸리티 | – | 3.1 | 7.6 | 7.6 | 8.4 | – | **45.0** |

• 굵은 숫자는 각 업종에서 가장 좋은 성과를 기록한 등급을 나타내며, 모든 수익률 데이터는 동일비중으로 계산함
• 자료 : 메릴린치 정량분석팀(1993년)

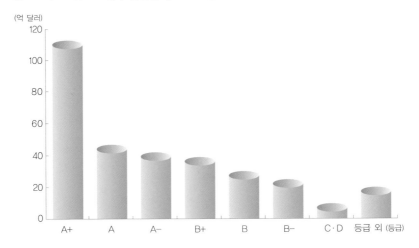

● 그림 5-6 S&P 보통주 등급별 평균 시가총액

(억 달러)

• 자료 : 메릴린치 정량분석팀

티가 서로 연관되어 있을 수는 있지만, 시장이 각 기업의 퀼리티에 큰 영향을 받는 시기에 기업 규모에 따른 수익률 효과를 압도하는 것으로 보인다.

**그림 5-6**은 S&P 보통주 등급으로 분류된 1,500개 주식의 등급별 평균 시가총액인데, 기업의 등급이 떨어질수록 시가총액 규모도 감소하는 게 사실이다\*. 1994년 1월 31일 기준으로 A+등급 종목의 평균 시가총액은 약 110억 달러에 이르는 반면, C·D등급 종목의 평균 시가총액은 7억 달러에 불과했다. **표 5-2**에는 S&P 보통주 등급 주식들의 시가총액 규모별 주식 투자수익률이 나와 있다. 여기에서도 굵은 숫자가 각 시가총액 범위

---

\* 시가총액은 주가에 유통주식 수를 곱한 것으로, 시가총액 규모가 클수록 코스피지수 등 벤치마크지수에 미치는 영향이 커지게 된다.

| 시가총액(100만 달러) | A+ | A | A− | B+ | B | B− | C·D |
|---|---|---|---|---|---|---|---|
| 3,383 이상 | −4.2 | 7.1 | 14.0 | 16.9 | **34.0** | 26.9 | 28.2 |
| 1,350 ~ 3,383 | 1.4 | 0.0 | 0.5 | 19.3 | 25.4 | 32.1 | **45.9** |
| 666 ~ 1,350 | −1.6 | −4.6 | 2.5 | 13.5 | 28.1 | 21.0 | **39.9** |
| 255 ~ 666 | 19.4 | 2.0 | 13.6 | 4.5 | 17.0 | **39.0** | 33.6 |
| 255 이하 | − | −6.3 | 6.0 | 7.8 | 12.1 | 12.0 | **20.9** |

• 굵게 표시된 숫자는 각 시가총액 범위에서 가장 좋은 성과를 기록한 등급을 나타내며, 모든 수익률 데이터
는 동일비중 기준으로 작성했음
• 자료 : 메릴린치 정량분석팀(1993년)

에서 가장 높은 성과를 기록한 보통주 등급이다. 대형주·중형주·소형주 중 어떤 주식에 투자했느냐에 상관없이 로우 퀄리티 종목에 투자한 투자자들이 큰 성과를 거두었음을 알 수 있다.

그림 5-6과 표 5-2 사이에는 모순이 없다. 물론 표에 표시된 숫자는 동일한 수의 종목을 대상으로 집계한 것은 아니다. 대형주에 관심을 갖고 있는 투자자는 C·D등급 주식보다는 A+등급 주식을 더 많이 선택하고, 소형주에 관심 있는 투자자는 C·D등급 주식을 선택했을 것이다. 즉, 그들이 가지고 있는 투자 유니버스 가운데 로우 퀄리티의 종목이 얼마나 되는지에 상관없이 1993년에는 로우 퀄리티 종목에 투자하는 것을 선호하는 것처럼 보였을 수 있다.

그림 5-6과 표 5-2에는 확연하게 나오지 않지만 로우 퀄리티의 효과가 주식의 위험(베타)으로 설명되는 범위를 뛰어넘고 있음을 알 수 있다*. 포트폴리오 베타 수준에 상관없이 1993년에는 로우 퀄리티 주식에 투자하는 것이 결과적으로 좋았다.

경영학과의 투자론 강의에서 가르치는 중요한 원리 중의 하나는 높은 수익을 얻기 위해서는 높은 위험을 감수해야 한다는 것인데, 보통주의 등급별 투자 성과를 조사하면 이 이론이 일정 부분 타당한 것으로 보인다(주식의 변동성(위험)에 대해서는 6장에서 더 자세히 논의할 것이다).

**표 5-3**은 보다 자세한 수익률을 표시한 것이다. 여기 표시된 수익률 데이터는 1986년 2월부터 1994년 2월까지의 전년 동기 대비 수익률을 평균한 것이다.

주식 투자의 위험은 월간 수익률의 표준편차(변동성)와 손실 확률로 정의된다[**]. 표준편차로 측정된 기대수익과 실제 수익률의 차이가 학문적으로 주식 성과를 측정하는 주된 기준이 되지만, 실전에서는 S&P 지수에 대한 상대적인 성과나 손실 확률이 더 자주 거론되곤 한다.

조사 대상 기간 중에 C·D등급의 지수가 가장 높은 연평균수익률(19.28%)을 기록했다. 하지만 성과가 증가할수록 위험도 증가한다. C·D등급 지수의 수익률의 표준편차는 A+등급과 A등급보다 거의 2배나 높아 아마도 C·D등급 지수에 투자한 사람은 밤잠을 더 설쳤을 것이다(표준편차에 대해서는 6장에서 자세히 논의할 것이다). **표 5-3**의 마지막 줄은 손실 확률로, 각 보통주 등급별 지수의 위험을 보여준다.

표준편차로 측정된 C·D등급 지수의 수익률 변동성이 하이 퀄리티 주식

---

[*] 베타는 시장평균의 위험(표준편차)에 비교한 상대적 위험 크기를 의미한다. 베타가 2라면 시장평균보다 2배 폭으로 주가가 변동했음을 의미하며, 또 수익률도 더 높았을 것이다.

[**] 표준편차는 각 변수가 평균에서 얼마나 벗어났는지 측정하는 지표로, 표준편차가 클수록 투자의 위험도 높아진다.

(단위 : %)

| 등급 | 수익률 평균 | 표준편차 | 손실 확률 |
|---|---|---|---|
| A+ | 9.57 | 14.83 | 23.2 |
| A | 8.83 | 13.00 | 24.4 |
| A− | 10.59 | 12.46 | 20.9 |
| B+ | 10.43 | 17.03 | 27.9 |
| B | 13.91 | 16.71 | 22.1 |
| B− | 12.29 | 17.48 | 25.6 |
| C·D | 19.28 | 27.66 | 25.6 |
| 등급 외 | 4.01 | 21.35 | 43.0 |

• 1986년부터 1994년까지 12개월 수익률
• 자료 : 메릴린치 정량분석팀

으로 구성된 지수의 수익률 변동성보다 상당히 높지만, 손실 확률은 각 등급 간에 거의 차이가 없었다. 따라서 C·D등급의 지수는 변동성만으로 설명하기 어려운 높은 성과를 기록했다고 볼 수 있다. A+등급인 지수가 손실 확률이 23%인 반면, C·D등급인 지수는 26%에 그쳤다. C·D등급 지수의 손실 확률이 A+등급 지수보다 3%포인트 높았지만, 평균 수익률은 A+등급 지수보다 2배 이상 높았다. 따라서 절대적인 투자수익률 및 위험을 감안한 상대적 성과 모두 '나쁜' 기업이 '좋은' 주식을 만들었다.

## 퀄리티 효과와 경기의 관계

물론 '나쁜' 기업과 '좋은' 기업의 상대 성과가 일정할 수는 없다. 역사적으로 경기와 이익이 개선되고 있을 때, '나쁜' 기업이 '좋은' 주식을 만들었다. 하지만 경기가 수축할 때는 반대 현상이 나타났다. **그림 5-7**과 **그림 5-8**은 메릴린치 투자 유니버스에 속하는 1,500개 기업을 S&P 보통주 등급으로 분류해 살펴본 1989년과 1990년의 주가상승률이다. 1989년 6월부터 주식시장은 경기 후퇴의 위험에 반응했다. 투자자들은 우월한 수익을 기대하면서 '안전한 천국' 쪽에 관심을 갖기 시작했고, 주식 퀄리티 효과가 역전될 것이라고 예상했다\*. 그 결과 '좋은' 기업이 '좋은' 주식을 만들었다.

역사적으로 경제가 불황에 접어들 때 '나쁜' 기업이 '나쁜' 주식이 되는데, 이는 명목이익 성장률이 떨어지기 때문이다. 앞에서 명목이익의 성장이 스타일 투자 전략의 성과를 결정하는 중요한 요소라고 언급한 바 있다. 명목이익의 성장 원인이 실질 성장과 인플레이션 또는 생산성 향상의 결과인지에 관계없이, 명목이익의 성장 국면에는 가치주 투자가 성장주 투자보다 뛰어난 성과를 거두었다. 이와 비슷하게 명목성장률이 높아질 때 '나쁜' 기업이 '좋은' 주식을 만든다.

이와 같은 현상은 이익예상 라이프사이클의 내용과 일치한다. 가치주 투자자들은 이익예상 라이프사이클의 아래쪽 반원에 머무르려고 하고, 대부분의 투자자가 선호하지 않는 '나쁜' 기업도 원의 아랫부분에서 발견된다. 그러므로 퀄리티 효과와 성장·가치주 효과 사이에는 상당한 연관 관계가

---

\*안전한 천국(safe heaven)이란 경제위기가 발생해도 안전하게 보호받을 수 있는 자산을 의미한다. 가장 대표적인 것으로 미 정부 국채와 금을 들 수 있고, 배당수익률이 높은 우량주도 대상이 될 수 있다.

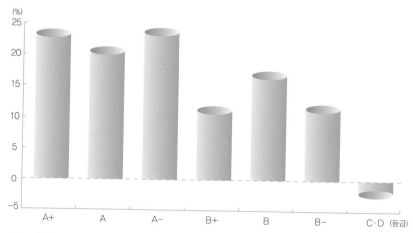

◐ 그림 5-7 S&P 보통주 등급별 주가 상승률(1989년)

• 자료 : 메릴린치 정량분석팀

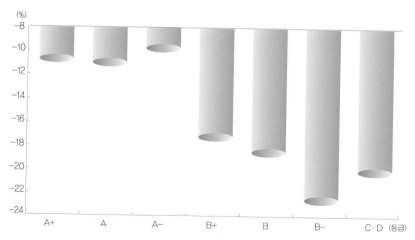

◐ 그림 5-8 S&P 보통주 등급별 주가 상승률(1990년)

• 자료 : 메릴린치 정량분석팀

있다.

표 5-4는 1994년 초를 기준으로 S&P500 종목 가운데 PER·PBR·
PCR·PSR 기준으로 선정된 50개 종목의 S&P 보통주 평균 등급을 보여준
다. 이를 보면 가치주의 평균 등급이 몇몇 성장주 포트폴리오의 등급보다
낮았음을 알 수 있다. 또한 성장주 포트폴리오 중 2개의 평균 등급이 상대
적으로 낮았는데, 이는 1990년대 중반의 경기 확장 때문인 것으로 보인다.
EPS 모멘텀과 이익 컨센서스의 상향 조정을 기준으로 선정된 기업들은 대
체로 S&P 보통주 등급이 낮았는데, 경기에 더 민감한 종목들의 이익이 크
게 개선되었기 때문이다.

퀄리티 효과와 경기의 관계는 실제로 아주 특별하다. 그림 5-9의 붉은색
선은 A+등급 종목 지수에 대한 C·D등급 종목 지수의 상대 성과를 나타낸
다. C·D등급 종목의 뛰어난 성과는 붉은색 선의 상승으로 반영되어 있으며,
회색 선은 산업 생산의 전년 동기 대비 상승률이다.

단순한 선형 분석만으로도 C·D등급 종목 지수의 상대 성과가 산업 생
산의 변화에 평균 6개월 정도 선행하는 것을 쉽게 알 수 있다. 따라서 로우

○ 표 5-4 선택된 가치주 및 성장주 포트폴리오의 S&P 보통주 평균 등급

| 가치주 포트폴리오 | 평균 등급 | 성장주 포트폴리오 | 평균 등급 |
|---|---|---|---|
| 낮은 PER | B+ | 추정이익 성장률 상위 | A- |
| 낮은 PBR | B | EPS 서프라이즈 | A- |
| 낮은 PCR | B+ | 이익 컨센서스 상향 조정 | B |
| 낮은 PSR | B | EPS 모멘텀 | B |

• 자료 : 메릴린치 정량분석팀(1994년 2월)

퀄리티 주식의 상대 성과가 경기에 달려 있을 뿐만 아니라, 로우 퀄리티 주식의 수익이 경기를 예측하는 도구로서 어느 정도 가치가 있다고 보아야 할 것이다.

　로우 퀄리티 주식에 투자할 때에는 반드시 파산 위험도 고려해야 한다. 무엇보다 D등급을 받은 종목은 이미 파산 후 구조조정 중이다. 당연한 이야기지만 경기가 확장되고 명목이익 성장률이 증가할 때 기업이 파산할 위험도 감소한다. 즉, 경기가 좋고 전반적인 사업 환경이 긍정적이라면 기업이 파산할 위험이 크게 낮아지는 것이다.

　변동비보다 고정비 비중이 높은 기업들은 경기가 악화됨에 따라 높은 잠재적 파산 위험에 노출된다. 높은 고정비용은 종종 부채 부담을 낳기 때문이다. 예컨대 고정비용은 대규모 채권 발행 혹은 필요 자본재와 그의 운영

◯ 그림 5-9 C·D등급/A+등급 종목 지수 vs 산업 생산 증가율

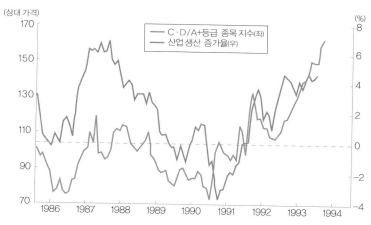

• 자료 : 메릴린치 정량분석팀

을 위한 리스의 결과일 수 있다*. 경기사이클이 악화되어도 고정비는 감소하지 않는다. 왜냐하면 부채를 상환해야 할 뿐만 아니라 자본재를 가동하는 데 비용이 들어가기 때문이다.

항공 산업은 고정비 비중이 높기로 악명 높다. 리스나 부채로 대부분의 자금을 조달하고, 비행기 좌석이 승객으로 가득 차든지 아니면 텅 비어 가든지에 상관없이 비용이 거의 일정하게 들기 때문이다. 이와는 반대로 노동비용은 변동비에 속한다. 사업 환경이 좋지 않으면 경영진은 기업의 비용 구조를 낮추기 위해 근로자들을 해고할 수 있다.

로우 퀄리티 기업들은 높은 고정비 부담을 지는 경향이 있다. 예를 들어 **그림 5-10**은 메릴린치 1,500개 투자 유니버스 기업을 S&P 보통주 등급으로 분류해 구한 평균 부채비율이다. 주식 등급이 내려갈수록 부채비율이 올라가는 경향이 있으며, 이는 더 높은 고정비 부담을 지고 있는 것으로 볼 수 있다.

고정비가 상승함에 따라 로우 퀄리티 기업은 경기 변화에 더 민감해지고, 명목성장률의 개선 여부에 더 의존하게 된다. 이런 효과가 **그림 5-11**에 확연하게 나타난다. **그림 5-11**은 S&P 산업주 중 부채비율 상위 50개 종목과 부채비율이 가장 낮은 50개 종목의 상대 성과(S&P500 종목 동일가중 기준)를 보여주고 있는데, 선이 올라가면 해당 전략의 성과가 전체 시장을 웃도는 것으로 해석할 수 있다.

이를 보면 1989년부터 1991년까지 경기 후퇴 우려가 높아짐에 따라 부

---

* 리스란 일정한 임차료를 지급하고 일정 기간 동안 특정 자산을 임차해 사용하는 계약을 말한다.

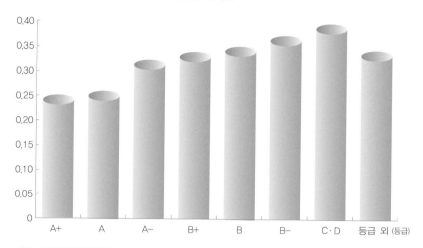

○ 그림 5-10 S&P 보통주 등급별 평균 부채비율

• 자료 : 메릴린치 정량분석팀

채비율이 높은 주식들이 전체 주식시장보다 부진한 성과를 기록했음을 알 수 있다. 반면에 투자자들은 경기 후퇴기에 비용 구조가 건전해 주가 하락의 위험이 낮아 보이는 주식, 즉 부채비율이 낮은 주식을 선호했다. 부채비율이 높은 포트폴리오는 1991년부터 1993년까지 경기가 회복하고 있다는 것이 분명해지자 성과가 상당히 좋아졌다.

따라서 1989년부터 1991년까지는 '좋은' 기업이 '좋은' 주식이었지만, 1991년부터 1993년까지는 반대로 되었다.

번스타인은 파산 확률이 높을 것으로 예측되지만 결국 살아남는 종목이 전체 시장의 성과를 크게 웃돌게 된다고 강조했다(1989년). 번스타인의 보고서는 기업 파산을 예측하려고 시도한 차별적인 분석 모델인 알트먼의 Z-스코어(알트먼, 1983년)에 초점을 맞췄다.

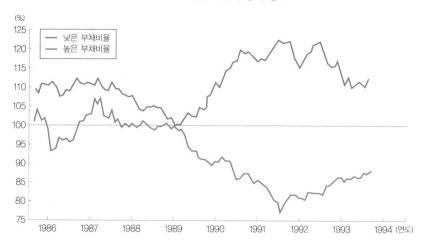

◯ 그림 5-11 높은 부채비율과 낮은 부채비율 주식의 상대 성과

- 1989년 6월 30일 기준(100)이며, 산업재 업종 주식들(높은 부채비율 대비 낮은 부채비율)의 동일비중 S&P500지수 대비 상대 강도임
- 자료 : 메릴린치 정량분석팀

 

알트먼의 연구에 따르면 Z-스코어가 1.81보다 낮은 종목은 나중에 파산을 선언할 가능성이 더 높다. Z-스코어는 다음 방정식으로 계산할 수 있다.

$$Z = 1.2X_1 + 1.4X_2 + 3.3X_3 + 0.6X_4 + 1.0X_5$$

- $X_1$ = 운전자본*/자산총계
- $X_2$ = 이익잉여금/자산총계
- $X_3$ = 영업이익/자산총계
- $X_4$ = 시가총액/부채총계
- $X_5$ = 매출액/자산총계

Z-스코어는 부채비율과 일련의 자산회전율의 조합으로 구성되어 있다. 부채 수준이 높고 자산을 효율적으로 사용하지 않는 기업은 부채가 거의 없고 자산을 효율적으로 활용하는 기업에 비해 상대적으로 파산 위험이 높다. 알트만의 Z-스코어에 따르면 기업의 고정비용 수준이 낮더라도 자산을 아주 비효율적으로 사용할 경우 파산 위험이 높아진다.

Z-스코어 모델이 파산 가능 후보로 판단한 기업이라고 해서 모두 파산하는 것은 아니며, 이들 기업 중 살아남은 기업의 주식은 전체 시장 성과를 크게 웃도는 경향이 있다. 번스타인의 표본에는 생존 편향**(파산한 종목은 표본에서 제거됨)이 존재하는데, Z-스코어가 아주 낮지만 파산에 이르지 않은 기업의 주식이 실제로 전체 주식시장 및 Z-스코어가 높은 주식에 비해 뛰어난 성과를 거두었다. 번스타인은 이런 현상이 나타난 원인을, 턴어라운드 상황에 놓인 기업에 투자하는 등 추가 위험을 감수하는 사람들에게 시장이 보상을 해준 것이라고 결론을 맺었다.

'나쁜' 기업이 '좋은' 주식을 만든다면 1980년대 투자자들은 왜 반대로 생각하고 있었을까? 그 이유는 1980년대 말 이익 및 경기 순환 주기가 아주 좋지 않았던 데 있다. 앞에서 언급한 대로 제2차 세계대전 이후 가장 길었던 기업 수익의 부진이 이때 나타난 것이다.

또한 지난 10년 동안 인플레이션 압력이 크게 완화되면서 전통적인 위험·수익 관계에 대해 2가지 문제점이 나타났다. 첫째, 인플레이션이 사라

---

* 운전자본은 유동자산에서 유동부채를 뺀 것이다.
** 모든 표본을 고르는 것이 아니라 아직 파산하지 않고 생존한 기업을 표본으로 주식의 성과를 측정했기에 성과가 과대 포장되었을 위험이 존재한다는 뜻이다.

지면서 이익을 늘리기 위해서는 가격을 올려야만 하는 로우 퀄리티 기업들은 명목이익 성장을 달성할 방법이 없어졌다. 둘째, 인플레이션 압력을 고객에게 전가하지 않아도 되는 보다 안정적인 기업들은 비용 지출 증가세가 둔화되면서 이익이 늘어났다.

따라서 안정적인 '좋은' 기업이 디스인플레이션과 디플레이션으로 혜택을 본 반면, 경제 여건 변화에 더 민감한 '나쁜' 기업은 이익 성장의 주된 동력을 잃고 말았다. 그런데 1990년대에 접어든 이후 2~3년 동안 생산성 향상이 인플레이션을 대체하는 새로운 명목 성장 요인으로 부각되며 '나쁜' 종목이 다시 시장 성과를 웃돌기 시작했다.

표 5-5는 5년 단위로 실질GDP와 소비자물가(CPI) 상승률, 생산성 증가율을 기록한 것이다. 이 수치를 합해봐도 1980년대 중반부터 1990년대 초반까지 실제로 상당히 부진했음을 알 수 있다.

◐ 표 5-5 각종 경제지표의 과거 수치

(단위 : %)

| 기간(년) | 실질GDP 성장률 | CPI 상승률 | 생산성 증가율 |
|---|---|---|---|
| 1960~1964 | 5.0 | 1.3 | 4.8 |
| 1965~1969 | 4.2 | 3.4 | 6.2 |
| 1970~1974 | 2.5 | 6.1 | 2.9 |
| 1975~1979 | 3.2 | 8.5 | 3.6 |
| 1980~1984 | 1.8 | 7.8 | 1.7 |
| 1985~1989 | 3.1 | 3.6 | 2.7 |
| 1990~1993 | 1.2 | 3.9 | 1.2 |

• 자료 : 메릴린치 경제분석팀

# 투자자들이 '좋은 주식'보다 '좋은 기업'을 찾는 이유

이런 증거에도 불구하고 여전히 기관투자가들은 '좋은' 주식보다 '좋은' 기업을 찾는 경향이 있다. 이런 경향이 나타나는 것은 이용 가능한 연구보고서 부족과 거래 유동성 결핍, 심리적 장벽 등에 따른 것으로 보인다.

'무관심 속에 방치된 주식 효과'에 대해 상당히 많은 연구가 진행되었다. 이 가운데 가장 유명한 논문은 아벨·카벨·스트레벨(Arbel & Carvell & Strebel, 1983년)과 아벨·스트레벨(1982·1983년)이 쓴 것이다. 그들은 이 논문에서 모든 주식에 대해 정보가 균등하게 이용 가능하지 않다는 점을 지적했다. 잘 알려진 대형주에 대해서는 거의 매일 상당량의 정보가 쏟아지지만, 작고 잘 알려지지 않은 종목에 대한 정보는 거의 없다는 것이다.

이런 정보의 비대칭성은 무관심하게 방치하고 간과했던 종목을 기꺼이 조사하려는 투자자들에게 기회를 제공하게 된다. 그들은 이런 정보 비대칭성이 효율적 시장 가설*의 결점이라고 믿는데, 어떤 특정 형태(무관심하게 방치된)의 주식 정보에 대해 금융시장이 빠르게 반응하고, 즉각적으로 그 정보의 가치를 할인해 반응할 방법이 없기 때문이다.

표 5-6은 퀄리티 효과가 이른바 방치된 주식 효과에 영향을 받을 수 있다는 것을 보여준다. 이 표는 S&P 보통주 등급별 종목 분석 애널리스트 수

---

* 효율적 시장 가설은 크게 3가지 형태로 나눌 수 있다. 첫째는 과거의 주식 거래 내역에서 얻은 정보로 시장을 이길 수 없다는 약한 형태의 효율적 시장, 둘째는 공개된 정보로 시장을 이길 수 없다는 중간 형태의 효율적 시장, 셋째는 어떤 정보로도 시장을 이길 수 없다는 강한 형태의 효율적 시장이다. 연구 결과에 따르면 대체로 약한 형태의 효율적 시장 가설이 타당한 것으로 받아들여진다.

| S&P 보통주 등급 | 리서치 애널리스트 수 |
|---|---|
| A+ | 21 |
| A | 16 |
| A- | 16 |
| B+ | 13 |
| B | 12 |
| B- | 9 |
| C | 7 |
| D | 2 |
| 등급 외 | 8 |

• 자료 : 메릴린치 정량분석팀(1994년 2월)

다. A+등급 종목의 주식은 평균적으로 20명 이상의 애널리스트가 분석하는 반면, D등급 주식은 겨우 2명 정도가 분석한다. 많은 애널리스트가 A+등급 종목을 분석하고, 얼마 안 되는 애널리스트만이 D등급 종목을 분석한다는 것에 놀랄 수도 있다.

A+등급 종목은 이익과 배당 경향이 가장 안정적인데, 그렇다면 애널리스트는 도대체 무엇을 분석한다는 것일까? 애널리스트는 단순히 지금까지의 추세로 미래를 예측할 뿐이다. 하지만 반드시 답변해야 할 문제, 즉 '기업이 생존할 수 있는가?'에 대해 조사하는 애널리스트는 드물다. 이것은 아주 어려운 질문이지만, 정확히 답변할 수 있다면 특정 주식을 매수해야 하는지 아니면 공매도해야 하는지를 알 수 있어서 엄청난 수익 또한 올릴 수 있다.

물론 A+등급 종목을 분석하는 애널리스트는 이익과 배당의 추세선이 지금처럼 계속될지, 아니면 다가오는 전환점에 대비해야 하는지 판단하기 위해 상당히 많이 분석해야 한다. 이익예상 라이프사이클의 전후 관계로 볼 때, 주식에 열광할 때가 바로 주식 투자수익률과 예상이익이 정점일 때다. 애널리스트 대부분은 '좋은' 기업의 좋은 자산이 틀림없이 계속되리라고 믿으며 과거의 추세가 계속될 것으로 예상한다. 그러나 투자자는 소위 '좋은' 기업의 성과에 어떤 변화가 있을지 의구심을 가지고 지켜보아야 한다.

애널리스트들의 '좋은' 기업의 추세에 대한 분석, 그리고 '나쁜' 기업의 리서치 커버리지* 제외는 주가에 대한 과잉 반응의 원인이 될 수 있다. 드봉·탈러(DeBondt & Thaler, 1986년)와 초프라·래코니쇼크·리터(Chopra & Lakonishok & Ritter, 1992년)는 주가가 기업 뉴스에 어떻게 과잉 반응하는지를 연구했다. 그들 모두 무관심하게 방치되었던 종목(perceived losers)이 관심을 많이 받은 종목(perceived winners)에 비해 뉴스 이후 뛰어난 성과를 기록했고, 또 이런 과잉 반응으로 이루어진 상대적 강세 현상이 몇 년 동안 지속되었음을 발견했다.

## 사죄하지 않으려고 '좋은' 기업에 투자

기관투자가들은 적절한 거래 유동성이 있는 주식에 투자하려는 경향이 있

---

* 리서치 커버리지란 각 증권회사 리서치센터의 애널리스트가 실적을 추정하고 목표 주가를 산정하는 기업을 의미한다. 한국의 증권회사는 대체로 80~200여 개의 기업을 리서치 커버리지로 삼는다.

다. 거래 유동성이란 주어진 기간 동안 거래되는 주식의 양으로, 기관투자가들이 이를 중요하게 여기는 것은 그들이 특정 종목에서 얼마나 많은 비중을 차지하고 있으며 또 일부 경우에 일이 잘못되었을 때 얼마나 빨리 빠져나올 수 있는지 측정하는 데 도움이 되기 때문이다.

표 5-7은 S&P 보통주 등급별 주간 거래량을 정리한 것인데, 일부 기관투자가들이 하이 퀄리티 주식을 선호하는 잠재적 원인이 거래 유동성에 있음을 알 수 있다. 그렇지만 '좋은' 주식을 찾던 투자자가 갑자기 그 주식에서 벗어나기 위해 충분한 거래량이 필요하다고 이야기하는 것은 아이러니한 일이다.

셰프린과 스탯먼(1993년)은 투자자들이 로우 퀄리티 기업을 피하는 또 다른 이유를 제시했다. 즉, 펀드매니저들은 투자 성과 부진의 위험보다 고

○ 표 5-7 S&P 보통주 등급별 거래량(평균)

(단위 : 천 주)

| S&P 보통주 등급 | 주간 거래량(52주 평균) |
| --- | --- |
| A+ | 2,284 |
| A | 1,099 |
| A- | 1,017 |
| B+ | 1,121 |
| B | 1,373 |
| B- | 1,310 |
| C | 1,123 |
| D | 875 |
| 등급 외 | 931 |

• 자료 : 메릴린치 정량분석팀(1994년 2월)

객에게 사죄하는 것을 더 싫어한다는 점이다. 사죄하기 싫어한다는 것은 인식심리학에 기초를 둔 내용으로, 펀드매니저는 고객에게 사죄할 일을 원천적으로 피할 포트폴리오를 구성하려 노력한다는 것이다.

'좋은' 기업의 주식을 매수했지만 주식 투자의 성과가 대단히 부진했다면 그 펀드매니저는 수익률 부진이 자기 잘못이 아니라고 주장할 수 있다. 결국 '좋은' 기업에 잘 투자했음에도 불구하고 일부 외부 영향으로 인해 예상했던 투자수익을 달성하지 못했다는 것이다. 예를 들어 경영진이 잘못된 의사 결정을 내렸거나, 혹은 시장이 로우 퀄리티 기업에 우호적이었다고 변명할 수 있는 것이다.

하지만 잘 알려진 '나쁜' 기업을 매수했지만 주식 투자의 성과가 꽤 부진했다면 그 펀드매니저가 해고당할 위험은 올라간다. 바보 같은 펀드매니저 한 명만 빼고 세상 모두가 그 기업이 '나쁜' 기업인 것을 알고 있었다고 고객에게 비칠 수 있기 때문이다. 따라서 펀드매니저는 사죄할 만한 일을 저지르지 않는 방향으로 포트폴리오를 관리한다.

이 장에서는 때때로 투자 결과에 대해 사죄해야 하는 위험이 있긴 하지만 역사적으로 볼 때 '나쁜' 기업에 대한 투자수익은 위험을 보상해줄 뿐만 아니라 사죄의 굴욕도 보상해준다는 점을 설명하려고 노력했다. 다시 말해 '좋은' 기업에 대한 투자는 정당화하기 어려운 전략이라 할 수 있다.

# CHAPTER 05 핵심 내용

- 일반적인 믿음과 반대로, '좋은' 기업이 필연적으로 '좋은' 주식을 만들지는 않는다. 더 자주 '나쁜' 기업이 '좋은' 주식을 만든다.

- 기업의 퀄리티를 측정하는 쉽고 즉시 사용 가능한 방법은 S&P 보통주 등급을 이용하는 것이다. 이 등급은 지난 10년 동안의 이익과 배당의 안정성과 성장성에 기반해 작성된다.

- 연구 기간 중에 C·D등급 종목의 지수가 A+등급 종목의 지수보다 성과가 좋았다. 위험조정 기준으로 해도 성과가 여전히 우위에 있었다.

- '나쁜' 기업이 '좋은' 주식을 만드는지 여부에는 이익사이클이 직접적인 영향을 미친다. 이익 성장이 하락할 때, 실제로 '좋은' 기업이 '좋은' 주식이 된다. 하지만 미국 경제는 성장 구간에 있고, 경제 수축기보다 팽창기가 더 길기 때문에 상대적으로 적은 수의 종목이 파산하고 '나쁜' 기업이 '좋은' 주식이 된다.

- 로우 퀄리티 기업의 경우 일반적으로 부채로 인한 더 높은 고정비용을 부담한다. 고정비용이 높은 기업은 파산의 위험성이 높으며, 수익성이 악화될 때 투자자들은 안전자산 쪽으로 투자하게 된다.

- 파산을 예측하는 알트먼의 Z-스코어는 기업의 퀄리티를 측정하는 다른 방법이다. Z-스코어 값이 낮지만 파산하지 않은 종목이 역사적으로 전체 시장의 수익률을 웃돌았다.

- 상당수의 리서치에서 '좋은' 주식을 찾아야 한다고 제안하고 있지만, 기관투자가들은 '좋은' 기업을 찾는 경향이 있다. 이용 가능한 리서치 정보와 거래 유동성의 부족, 그리고 심리적인 요인이 투자 과정에 영향을 미쳐 '좋은' 기업을 찾게 되는 것이다.

- 리서치 커버리지에서 제외된, 이른바 무관심하게 방치된 기업의 주식이 전체 시장의 수익률을 웃도는 경향이 있다. '좋은' 기업에 대한 리서치 자료는 풍부하지만 '나쁜' 기업은 리서치 자료가 거의 없다.

- 전통적인 위험 기피 이론보다 펀드매니저가 사죄를 기피하는 심리가 포트폴리오 관리 과정을 이해하는 데 도움이 된다. 사죄에 대한 두려움은 펀드매니저가 '좋은' 기업에 투자하는 데 매우 중요한 심리적 요인으로 작용한다.

## ⋮ 퀄리티 전략, 한국에서도 통하나?

5장에서 다룬 내용은 국내 투자자들에게 꽤 낯설게 느껴졌을 것 같다. 재무 데이터를 이용해 기업의 퀄리티를 측정하고, 이를 이용해 '좋은 기업'과 '나쁜 기업'으로 분류하는 방식은 우리 시장에서는 매우 드물기 때문이다.

왜 한국에는 '퀄리티'를 이용한 스타일 투자 전략이 드물까?

여러 이유가 있겠지만, 가장 핵심적인 것은 S&P의 보통주 등급 같은 서비스가 한국에 일반화되어 있지 않기 때문일 것이다. 객관적으로 측정된 신뢰할 만한 지표가 부족한 상황에서 '나쁜 기업'으로 분류되면 회사의 최고 경영진과 공시 담당자가 납득하기 쉽지 않을 테니 말이다.

그럼 한국에서는 '퀄리티' 투자가 불가능한가?

그렇지 않다. 강환국 씨가 쓴 책《할 수 있다! 퀀트 투자》(2017년, 에프엔미디어)는 매우 흥미로운 퀄리티 투자 전략을 제시한다. 특히 이 책의 9장에서 퀄리티 투자가 무엇인지, 나아가 한국에서 이 전략이 유용한지에 대해 설명한다.

이제 '퀄리티' 투자를 소개하겠다. 퀄리티 투자자들은 '품질'이 훌륭한 기업, 즉 '명품주' 또는 '우량주'를 매수하려 한다. (중략) 노비 마르크스 교수는 다른 지표들을 연구하기 시작했다. 그리고 마침내 GP/A라는 지표를 발굴했다. ROE, ROA는 들어봤지만 GP/A는 처음인 독자도 많을 것이다.

GP = 매출액–매출원가 = 매출총이익

A = 총자산

GP/A = 매출총이익/총자산

GP/A는 노비 마르크스가 부각하기 전에는 아무도 거들떠보지 않았던 지표다. 노비 마르크스는 자신의 논문에서 GP/A가 가장 '깨끗한' 수익성 지표라 주장했다. 손익계산서 밑으로 내려가면 지표들이 '오염'된다, 즉 지표와 기업의 실제 수익성과 연관성이 떨어진다고 주장하면서 영업이익이나 당기순이익보다는 GP(매출총이익)가 더 우수하다고 설명했다. 영업이익, 당기순이익 등은 투자자들이 관심 있게 살펴보는 지표인 만큼 회계 조작을 통해 변질되는 경우가 많다. 그러나 GP/A는 회계 조작으로 변질될 가능성이 거의 없으니, 기업의 수익성을 대표하는 우수한 지표라는 설명이다. (《할 수 있다! 퀀트 투자》 255쪽)

총자산 대비 매출총이익(이하 GP/A) 데이터를 이용해 글로벌 시장에서 투자한 성과는 다음 표와 같다. 1963~2010년 동안 미국과 주요 선진국 주

(단위 : %)

| GP/A | 초과수익률(미국) | 초과수익률(기타 선진 시장) |
|---|---|---|
| 1(최저) | 0.31 | -0.16 |
| 2 | 0.41 | 0.19 |
| 3 | 0.52 | 0.29 |
| 4 | 0.41 | 0.44 |
| 5(최고) | 0.62 | 0.60 |
| 5-1 | 0.31 | 0.76 |

• 자료 : 《할 수 있다! 퀀트 투자》, 256쪽
• 왼쪽 행의 1~5는 GP/A 분위를 나타낸다. 즉, 5는 GP/A가 가장 높은 상위 20% 기업에 투자한 성과이고, 반대로 1은 GP/A 하위 20% 기업에 투자한 성과를 나타낸다. 참고로 초과수익률은 미국 단기채권(T-Bill) 금리 대비 성과를 나타낸다.

식시장을 대상으로 GP/A를 기준으로 투자한 성과다. GP/A가 높을수록 시장에 비해 높은 초과 성과를 기록했음을 발견할 수 있다. 특히 GP/A가 가장 높은 주식(5분위)과 GP/A가 가장 낮은 주식(1분위)의 수익률은 미국이 월 0.31%포인트, 미국 이외의 국가에서는 0.76%포인트에 이르는 등 상당히 큰 것을 발견할 수 있다.

다음 순서로 한국에 GP/A를 적용해 '좋은 기업'을 골라내면 어떤 성과를 내는지 살펴보자. 다음 표의 왼쪽은 한국 주식시장에 상장된 기업을 대상으로 GP/A가 가장 높은 기업부터 가장 낮은 기업까지의 성과를 연환산 복리수익률로 표시하고 있다.

GP/A가 가장 높은 40개 기업에 동일비중으로 투자했을 때, 2002년 7월부터 2016년 6월까지 연 16.9%의 성과를 기록한 것으로 나타난다. 같은 기간 전 상장종목의 동일가중 수익률은 10.7%이니, GP/A가 가장 높은 종

○ 한국 주식시장에서의 GP/A 전략 성과

| GP/A | CAGR(%) |
|---|---|
| Top 50 | 16.90 |
| Top 100 | 15.64 |
| 101~200위 | 12.81 |
| 201~300위 | 18.27 |
| 301~400위 | 10.99 |
| 401~500위 | 14.92 |
| 최저 1~100위 | −10.81 |
| 동일비중 | −10.70 |

▲ 한국 GP/A별 CAGR(2002.7~2016.6)

| GP/A | CAGR(%) |
|---|---|
| Top 10% | 15.29 |
| Top 10~20% | 15.54 |
| Top 20~30% | 12.11 |
| 동일비중 | 10.70 |

▲ 한국 분위별 CAGR(2002.7~2016.6)

• 자료 : 《할 수 있다! 퀀트 투자》, 258쪽
• CAGR : 연환산 복리 수익률

목들은 시장에 연 6.3%의 초과 성과를 기록한 셈이다.

GP/A 상위 10%에 투자하는 전략도 연 15.29%의 성과를 기록했으며, 차상위 10%(10~20%)에 투자했을 때도 15.54%를 기록했다. 따라서 GP/A를 활용한 '좋은 기업' 투자 전략은 상당히 신뢰할 만한 것 같다.

다만, 한 가지 아쉬운 것은 '경기 국면' 혹은 '회사채 가산 금리의 변화' 등에 따른 퀄리티 효과를 측정했으면 하는 것이다. 항상 시장을 이기는 전략이 존재할 수 없으니, 한국 경제에 어떤 변화가 있었을 때 GP/A 상위 종목이 강세를 보였는지 살펴보면 더 나은 투자 전략을 만들어낼 수도 있기 때문이다.

# 하이 베타 vs 로우 베타

샤프(1964·1970년)가 고안한 '베타*'는 주식의 위험을 측정하는 전통적 기준이라고 할 수 있다. 그런데 1980년대의 상당 기간 동안 효율적 시장 가설과는 반대로 베타가 작은 주식이 베타가 큰 주식보다 뛰어난 성과를 거두었다. 이에 따라 최근 많은 금융시장 관련 논문이 위험 측정 도구로서 베타의 활용 가능성에 대해 이런저런 의문을 제기하는 상황이다.

'베타는 이제 쓸모없는가?' 또는 '베타가 낮은 주식이 베타가 높은 주식

---

* 시장 전체 변동에 대한 개별 종목 수익률의 민감도를 나타낸다. 베타값이 1.0 이상이면 상대적으로 시장보다 가격 기복이 심하다는 것을 나타낸다.

보다 성과가 좋은데 왜 투자자들이 위험을 감수해야 하는가?'와 같은 질문이 쏟아지고 있다. 이 장에서는 베타를 정의하고 1980년대에는 베타가 왜 작동하지 않았는지, 베타가 위험 측정 도구로 다시 역할을 할 수 있을지, 그리고 "베타가 쓸모없다"라고 말하는 것이 시기상조는 아닌지 자세히 알아볼 것이다.

그림 6-1은 S&P500 종목 가운데 베타 상위 50개 종목의 수익률과 S&P500 종목의 동일비중 수익률을 비교한 것이다. 베타가 높은 주식으로 구성된(이하 '하이 베타'로 표기) 포트폴리오는 매달 재편성되며, 각 주식의 변동을 동일비중 방식으로 지수화해 계산한다. 이 그림에 나타난 것처럼

**◯ 그림 6-1 베타 상위 50개 종목의 상대 성과 추이**

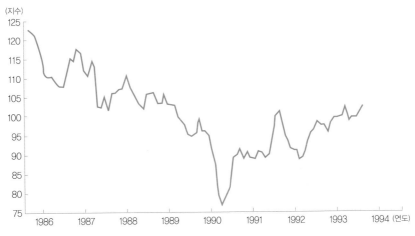

- 1989년 6월 30일 기준(100), S&P500 종목 중 베타 상위 50개 종목의 상대 누적수익률과 동일비중 S&P500 종목의 수익률을 비교한 수치임
- 자료 : 메릴린치 정량분석팀

1980년대 후반에 하이 베타 포트폴리오의 수익률은 전체 주식시장을 크게 밑돌았다(상대 수익률 선이 하강했다).

## ˙베타의 효용성

효율적 시장 가설에 따르면 베타가 큰 주식일수록 위험을 투자자에게 보상해주기 위해 해당 주식은 시장수익률 이상의 성과를 기록해야 하지만, 1980년대에는 이런 일이 일어나지 않았다. 효율적 시장 가설을 정면으로 부인하는 이런 현상에 대해 당시 학계에서 작성된 논문의 주류는 베타의 유용성이 떨어진 것으로 봤다. 최근 논문에는 재무학계의 대가 파마와 프렌치(Fama & French, 1992년), 그리고 그리놀드(Grinold, 1983년)의 저작도 포함되어 있다.

앞에서 몇 차례 지적했던 것처럼 금융시장의 어떤 문제에 대해 아주 강한 컨센서스가 형성된 이후, 어느 정도의 시간이 흐르면서 그 컨센서스가 부적합한 것으로 판명되는 일이 잦았다. 특히 베타의 효용성이 의심받던 1990년 11월부터 하이 베타 포트폴리오가 전체 주식시장의 수익률을 상당히 웃돌았다는 점에 주목할 필요가 있다. 즉, 모두가 베타를 대체할 새로운 위험·수익 관계를 찾고 있을 때, 베타가 다시 그 역할을 수행하기 시작한 것이다.

기존의 재무 관련 연구는 투자자들이 위험을 부담하는 것에 대해 보상받아야 하기 때문에 위험을 주식 투자수익의 결정 변수로 간주한다. 이를 확실하게 알고 싶다면 이 장에 걸쳐 독자들은 다음과 같은 중요한 질문을 마음에 두고 있어야 한다. '1980년대에 베타가 위험에 대한 부실한 예측 지표였을까?' 혹은 '베타가 위험의 좋은 예측 지표였지만, 단순히 투자자들이 위험에 대한 보상을 받지 못할 것이라고 걱정하며 로우 베타 주식에 투자한 것은 아닌가?'다.

학계에서는 투자자들이 '합리적'이라고 가정한다. 물론 1980년대에는 투자자들이 매우 합리적이어서 로우 베타 주식에서 우월한 위험·수익 관계를 발견했을 수도 있다.

이처럼 주식 투자의 위험은 낮으면서(로우 베타) 뛰어난 투자수익을 기록한 비정상적인 현상은 대부분의 투자자들이 로우 베타 주식이 다른 주식보다 더 높은 위험 조정 수익을 제공한다는 것을 알아차릴 때까지 지속되었다. 결국에는 너무 많은 투자자들이 이런 저위험-고수익의 기회를 움켜잡으려고 했기 때문에 로우 베타 주식 투자의 상대적인 이점이 차익거래* 과정에서 소멸되었다. 즉, 효율적 시장 가설에서 주장한 것처럼 시장의 비정상 현상이 소멸되기는 했지만 즉각적으로 사라지지 않고 5~10년이라는 긴 시간이 걸렸다.

---

*차익거래는 투기자 혹은 위험 헤지를 원하는 투자자들이 가격 차이를 이용해 무위험으로 이익을 올리는 거래를 의미한다. 여기에서는 로우 베타 주식을 매수하고 하이 베타 주식을 공매도하는 식으로 차익거래가 진행된 것으로 볼 수 있다.

# ·베타와 혼동되는 개념들

베타는 잘 분산된 포트폴리오 속에서의 주식의 위험을 측정하는 방법인데, 간혹 특정 주식의 위험과 혼동하곤 한다. 재무학계에서는 주식의 위험을 수익률의 변동성으로 정의한다. 달리 말해 어떤 주식이 매년 5%의 상승률을 기록한다면 투자자는 거의 확실하게 5%의 수익을 기대할 수 있으므로 주식 투자의 위험이 거의 없다고 할 수 있다.

그렇다면 연평균상승률이 5%지만 상승률이 0%에서 10%까지 변동되는 또 다른 주식이 있다고 가정해보자. 이 경우 투자자는 5%의 연평균상승률을 기대하지만, 실제 상승률이 5%로 딱 맞아떨어지기는 쉽지 않을 것이다. 따라서 기존에 사용되는 위험의 정의에 따르면 후자의 주식이 전자보다 더 위험하다. 사실 첫 번째 주식을 사면 동일한 수익을 항상 올리며 밤에 편히 잘 수 있는데 두 번째 주식을 보유할 이유가 없을 것이다.

**그림 6-2**는 이런 관계를 보여준다. 그래프의 가로축은 수익의 변동성으로 측정된 두 주식의 위험을 나타낸다. 주식이 왼쪽으로 갈수록 오른쪽에 있을 때보다 더 예측 가능하며 또 안정적인 수익을 올리게 된다. 세로축은 연간수익률의 평균치를 나타낸다. 첫 번째 주식(A)은 두 번째 주식(B)의 수평으로 왼쪽에 위치하는데, 이는 연평균수익률이 같지만 A주식이 B보다 확실한 수익률을 올리는 것으로 볼 수 있다.

이런 그림을 작성하는 것은 그림의 북서쪽에 위치한 주식에 투자할 기회를 어떻게든 찾기 위해서다. 달리 말해 투자자는 가능한 한 수익률이 최대(북쪽)이고 위험은 덜한(서쪽) 주식을 찾는다. A는 B보다 북서쪽에 위치하지는 않지만 B보다는 서쪽에 있기 때문에 투자자가 더 선호한다. 마찬가지로 투자자는 다른 주식보다 수직으로 북쪽에 위치하는 주식을 선호하는데, 이는 동일한 위험 수준에서 수익이 더 크기 때문이다. 즉, **그림 6-2**의 경우 B보다 C를 더 선호한다.

**그림 6-2**에서 주식의 총위험은 수익률의 표준편차로 측정한다. 표준편차는 변동성을 통계적으로 측정한 것으로, 표준편차가 클수록 수익률의 예측 가능성이 떨어진다. 첫 번째 예에서 나온 주식의 표준편차는 0으로 수익률이 절대 변하지 않는다. 하지만 두 번째 주식의 경우 정의상 수익률이 0%에서 10%로 변하기 때문에 표준편차가 더 크다. 표준편차는 주식 수익률의 총 변동성을 측정하기 때문에 표준편차는 종목의 총위험으로 볼 수 있다.

**○ 그림 6-2 가상의 위험과 수익 매트릭스**

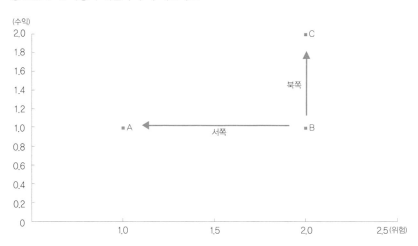

변동성 또는 총위험은 기업 고유의 위험과 분산 불가능한 위험으로 구분할 수 있다. 기업 고유의 위험은 특정 기업에만 해당되는 위험 혹은 변동성을 말한다. 이런 위험의 예로는 이사회 의장의 사망, 정부 규제의 변화나 새로운 계약 체결에 대한 시장의 평가 등이 될 수 있다. 새로운 계약이 체결되면 시장의 모든 주식이 아닌 특정 기업 주가만 영향을 받는데, 만약 어떤 기업의 계약이 성사되면 그 회사의 경쟁 업체와 공급 업체는 일회성의 영향을 받게 된다.

기업 고유의 위험은 잘 분산된 포트폴리오 안에서 다른 기업 고유의 위험으로 인해 무시되거나 소멸될 수 있다. 계약이 성사된 기업의 주식에 대한 투자자들의 반응은 계약을 놓친 종목에 대한 반응으로 상쇄될 것이다. 포트폴리오에 포함된 종목 수가 증가할수록 기업 고유의 위험은 감소하는 경향이 있는데, 이는 종목 고유의 위험이 상쇄되기 때문이다.

포트폴리오에 포함되는 기업 수가 계속 증가하다 보면 결국에는 모든 기업 고유의 위험이 제거되고, 포트폴리오 특성은 전체 주식시장과 비슷해지고 만다. 따라서 하나의 종목으로 구성된 포트폴리오는 기업 고유의 위험에 완전히 노출되지만, 잘 분산된 포트폴리오는 이러한 위험에도 면역성을 가지게 된다. 이렇게 종목 고유의 위험을 '분산 가능한 위험'이라고 부른다.

하지만 베타는 종목의 분산 불가능한 위험 또는 충분히 분산한 후에 남아 있는 위험을 측정한 것이다. 베타의 또 다른 이름은 '시장과 관련된 위험(market-related risk)'이다. 효율적 시장 가설이 주장하는 것처럼 시장이 상승하면 포트폴리오가 아무리 잘 분산되었다고 해도 포트폴리오에 있는 개별 주가도 상승한다. 반대로 시장이 하락하면 포트폴리오의 평가액도 떨어지는 경향이 있다. 베타는 이런 관계를 선형으로 측정한 것으로, 베타가 1.50인 포트폴리오는 S&P500지수가 10% 변할 때마다 15% 오르거나 내려간다.

투자자들은 베타와 표준편차, 그리고 분산 불가능한 위험과 분산 가능한 위험을 종종 혼동한다. 베타는 잘 분산된 포트폴리오 안에서의 종목 고유의 위험인 반면, 표준편차는 주식의 총위험 또는 전체의 변동성을 의미한다. 따라서 하이 베타 종목 하나만 보유하고 있는 투자자는 주식 투자의 성과가 베타에 내재되어 있는 선형 관계대로 나타나지 않더라도 놀랄 필요가 없다. 기업 고유의 위험이 주식 총위험에서 매우 높은 비중을 차지할 수 있기 때문이다.


## ⫶베타에 영향을 미치는 요소들

베타는 자본자산 가격결정 모형(Capital Asset Pricing Model ; CAPM)에 따라 정의되는데, 이 이론을 적용할 때는 특정 주식의 수익률과 전체 시장의 수익률 간의 선형 관계에 대해 고려해야 한다. 이때 시장은 S&P500지수로 간주하는데, 일부에서는 뉴욕증권거래소지수 등의 다른 지수를 벤치마크로 사용하기도 한다. 베타를 계산할 때는 지난 5년간의 월간 수익률을 사용하지만, 일부는 월간 데이터 대신 주간 데이터를 사용하기도 하며, 5년 미만의 데이터를 대상으로 베타를 계산하는 경우도 있다. 5년간의 월별 데이터를 이용하는 것은 5년이라는 시간 동안 전체 시장의 움직임과 경기사이클 변화에 따른 영향이 주가에 충분히 반영될 것으로 생각되기 때문이다.

베타는 CAPM에 기반한 아래의 간단한 식에 따라 계산된다. 이때 시장의 베타는 1.00으로 정의된다.

---

**주식수익률 = $\alpha + \beta$(시장수익률) + e**

- $\alpha$ = 베타로 설명되는 부분 이상의 평균 수익률
- $\beta$ = 시장수익률과 주식수익률 간의 선형 관계를 측정하는 회귀계수[*]값
- e = 설명되지 않은 오차항

---

이것이 가장 단순한 베타 모형이다. 보다 복잡한 베타 모형에는 미래 베타에 대한 예상과 기대를 조정하는 항목, 시장 이외에 더 많은 요인을 반영한 항목, 회계 항목 등이 포함된다. 단순한 베타 모형이 정확한 것인지를 둘러싸고 학계 및 금융 전문가 사이에 열띤 논의가 있었지만, 이 책의 목적을 고려하면 단순 정의만으로도 충분하다.

오차항 e는 기업 고유의 위험을 나타낸다. 각 주식의 e값은 플러스일 수도 있고 마이너스일 수도 있으며, e값은 분산된 포트폴리오 속에서 서로

---

[*] 회귀계수(regression coefficient)란 둘 이상의 변수 사이의 선형 관계를 나타내는 회귀선의 계수($\alpha$와 $\beta$ 같은) 값을 의미한다.

상쇄될 것이다. 따라서 포트폴리오의 성과는 알파와 베타의 함수지만 개별 주식의 성과는 알파, 베타 및 오차항 함수라 할 수 있다.

플러스의 알파를 지니는 포트폴리오는 펀드매니저가 종목 선정에 뛰어난 기술을 가진 것으로 볼 수 있는데, 이는 포트폴리오의 시장 위험인 베타로 설명되는 수준 이상의 성과를 거두었기 때문이다. 알파가 마이너스라면 펀드매니저의 종목 선정으로 포트폴리오의 성과가 훼손되고 있음을 의미한다.

그림 6-3은 알파가 플러스 또는 마이너스인 펀드매니저 2명의 성과를 가정해본 것이다. 모든 종목의 알파가 0이면 그 포트폴리오는 베타에 내재된 선형 관계와 일치될 것이다. 증권시장선보다 위에 있으면 알파가 플러스이므로 베타에 의한 포트폴리오는 위험 이상의 더 많은 수익률을 기록하

● 그림 6-3 가상으로 본 펀드매니저의 성과와 알파($\alpha$)의 관계

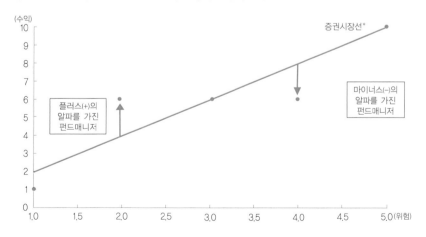

* 증권시장선(security market line)이란 베타가 높을수록 기대수익률이 높아지는 선형 관계를 의미함

게 된다. 이 경우 펀드매니저는 시장이 미처 발견하지 못한 저평가된 주식을 샀다고 할 수 있다. 반면에 증권시장선보다 아래에 있는 포트폴리오는 마이너스 알파를 가지고 있는데, 이 경우 펀드매니저는 과대평가된 주식을 매수한 것으로 볼 수 있다.

많은 요인들이 기업 수익변동성, 즉 베타에 영향을 미친다. 배당수익률, 레버리지*, 자산변동성, 시가총액 등이 각 기업의 베타값에 영향을 준다. **그림 6-4**와 **그림 6-5**는 약 1천 개의 주식으로 구성된 투자 유니버스를 다양한 특징에 따라 5분위로 분류한 후의 1993년 12월 31일 평균 베타를 나타낸 것이다.

**그림 6-4**는 5분위 기업의 시가총액 규모별 베타값이다. 대형주일수록 소형주보다 베타값이 작은 경향이 있는데, 소형주는 분산 불가능한 위험이 커서 경기 변화에 민감하기 때문일 것이다. 이 주제에 대해서는 8장에서 자세히 다루겠지만 소형주는 경제 환경 변화에 매우 민감해 전체 주식시장이 경기 확장과 하강에 반응하는 것보다 더 큰 폭으로 반응한다고 봐도 큰 무리는 없다.

**그림 6-5**는 배당수익률 크기별로 베타값을 정리한 것인데, 배당수익률이 높은 주식이 배당수익률이 낮은 주식에 비해 베타값이 작은 것을 발견할 수 있다. 배당수익률이 높은 주식의 베타가 작은 데는 몇 가지 이유가 있는데, 우선 현금은 베타가 0인 자산이라는 점을 들 수 있다. 다시 말해

---

* 레버리지란 차입금을 이용한 기업매수처럼 소액 착수금 투자로 고수익을 노리는 행동을 의미한다. 기업의 측면에서는 차입금이 과다한 기업이 여기에 해당될 것이다.

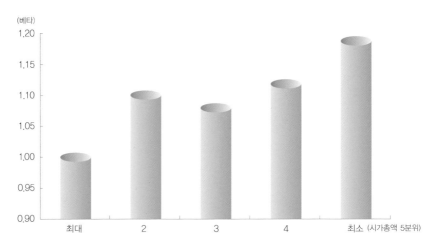

◎ 그림 6-4 시가총액 5분위별 베타 현황

(베타)

최대　2　3　4　최소 (시가총액 5분위)

• 자료 : 메릴린치 정량분석팀(1993년 12월 31일)

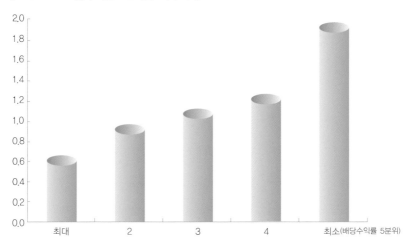

◎ 그림 6-5 배당수익률 5분위별 베타 현황

최대　2　3　4　최소(배당수익률 5분위)

• 자료 : 메릴린치 정량분석팀(1993년 12월 31일)

현금은 주식시장 성과에 관계없이 가치가 일정하므로(명목가치 차원에서) '마루 밑에 숨겨둔' 안전한 자산이라 할 수 있다. 핵심만 이야기하자면 주식회사가 주주에게 현금을 지급하는 것이 바로 배당이다.

배당이 확실히 지불될지 보장할 수는 없지만, 주식의 전체 수익에서 배당이 차지하는 부분은 주가의 상승 가능성에 비해 상대적으로 확실하다고 볼 수 있다. 개별 기업이 배당을 늘리고 줄이거나 심지어 하지 않을 수도 있지만, 시장 전체의 배당은 상대적으로 확실하다. 현금은 베타가 0인 자산이기 때문에 전체 수익에서 배당 차지하는 부분이 커질수록 베타는 작아진다. 즉, 고배당주는 베타가 0인 자산과 주식, 이렇게 2가지로 구성된 포트폴리오로 볼 수 있다.

배당 지급에 대한 이론의 하나는 성장할 기회가 적은 기업이 배당을 많이 지불한다는 것이다[밀러와 모딜리아니(Miller & Modigliani, 1961년), 고든(Gordon, 1963년), 배스킨(Baskin, 1989년)의 논문을 참고하라].

기업은 이익을 배당의 형태로 주주에게 지급할 수 있고, 혹은 기업이 보기에 배당수익률보다 더 ROE를 높일 것으로 판단되는 새로운 프로젝트에 재투자할 수도 있다. 배당금을 지급하지 않고 유보한 기업은 암묵적으로 주주 개개인이 가진 투자의 기회보다 더 높은 수익률을 올릴 것으로 기대되고, 시장 전체보다 월등한 투자수익률을 제공할 기업 자산 포트폴리오에 투자한 것으로 볼 수 있다.

따라서 향후 더 높은 성장 전망을 가진 종목일수록 그 기업의 투자자산이 평균적인 기업에 비해 덜 분산되어 있으므로 베타가 커질 것이다. 즉, 기업 자산의 분산화가 완벽하지 않아 수익률의 안정성이 떨어지고, 수익률

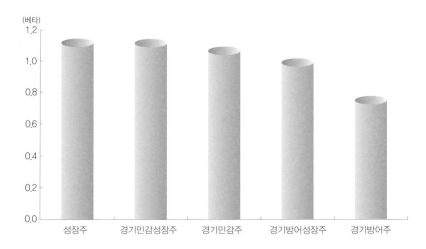

○ 그림 6-6 성장 특성별로 분류한 베타 현황

(베타)

* 자료 : 메릴린치 정량분석팀

안정성이 감소하기 때문에 베타가 높아지는 것이다. 이런 기업의 총위험과 분산 불가능한 위험은 동시에 더 높아진다.

그림 6-6은 성장성에 따른 섹터별 베타다. 경기방어주는 배당을 많이 지불하고 상대적으로 성장 기회가 적은 기업인 반면, 성장주는 배당이 적거나 아예 없는 대신 투자 성과나 ROA*가 전체 시장보다 월등할 것으로 보이는 주식이다.

베타는 주식의 가치 특성보다 잠재성장성에 좀더 연관된 것으로 보인다.

---

* ROA(Return On Asset)는 총자산수익률 또는 투자수익률로 지칭되는데, 기업에 주어진 총자산이 수익 창출에 얼마만큼 효율적으로 이용되었는지 측정하는 척도다. 계산식은 '순이익÷총자산'이다.

| 베타 5분위 | 향후 5년 추정 EPS 성장률 | PER | PBR |
|---|---|---|---|
| 최저 | 10.0 | 16.8 | 3.9 |
| 2 | 10.5 | 18.7 | 3.6 |
| 3 | 14.3 | 19.0 | 4.9 |
| 4 | 13.9 | 19.2 | 4.3 |
| 최고 | 14.8 | 18.7 | 4.2 |

• 자료 : 메릴린치 정량분석팀(1993년)

표 6-1은 1993년 말 기준으로 베타 크기별 5분위 기업의 향후 5년 추정 EPS 성장률과 PER·PBR을 나타낸 것이다. 베타가 높아질수록 향후 5년 추정 EPS 성장률이 높아지기는 했지만, 밸류에이션*지표는 서로 크게 차이 나지 않는다. 베타가 가장 낮은 주식은 향후 5년 추정 EPS 성장률과 PER이 더 낮지만, PBR은 다른 경우와 대개 비슷하다. 베타계수 하위 두 그룹의 경우 EPS 성장률이 낮지만, 이 그룹의 밸류에이션지표는 베타가 가장 높은 그룹과 거의 비슷하다.

물론 일부에서는 1993년이 대표성을 가지는 해가 될 수 없다고 주장할 수 있지만, 다른 해의 자료도 이런 주장을 뒷받침하는 것으로 보인다. 표 6-2는 1983년 12월의 자료를 근거로 같은 지표를 작성한 것인데, 대체로 비슷한 결론을 도출할 수 있다. PER의 절대 수준이 1993년보다 1983년에

---

* 밸류에이션(valuation)은 기업의 내재가치를 찾는 과정을 의미한다. 기업의 가치분석을 위해 사용되는 방법으로는 PBR, PER 등의 주가배수를 이용하는 방법과, 미래의 현금흐름을 할인해 계산하는 DCF(Discounted Cash Flow) 기법 등이 있다.

| 베타 5분위 | 향후 5년 추정 EPS 성장률 | PER |
|:---:|:---:|:---:|
| 최저 | 9.5 | 8.3 |
| 2 | 15.4 | 10.0 |
| 3 | 12.8 | 9.8 |
| 4 | 14.0 | 10.0 |
| 최고 | 17.9 | 12.2 |

• 자료 : 메릴린치 정량분석팀(1983년)

상당히 낮은데, 이는 1983년에 비해 1993년의 물가 및 금리 수준이 낮았기 때문이다. 표 6-2에 PBR이 빠진 것은 1983년의 PBR 데이터를 구할 수 없었기 때문이다.

그림 6-7은 주식의 금리민감도와 베타의 관계를 보여주고 있다. 듀레이션은 주식의 금리민감도를 측정하는 수단으로, 듀레이션이 긴 채권 혹은 주식은 듀레이션이 짧은 경우보다 금리에 더 민감한 경향이 있다(듀레이션 개념은 4장 성장 및 가치 항목에서 간략하게 나왔는데, 7장에서 더 자세하게 다룰 것이다). 시장 자체가 금리에 민감하기 때문에 금리가 변함에 따라 주식시장도 이에 반응한다. 듀레이션이 길어 금리에 민감한 주식일수록 그렇지 않은 주식에 비해 베타가 크다.

앞에서 이익예상의 중요성을 설명하면서, 어떤 이가 우월한 기본적 분석 능력을 가지고 있어 어닝 서프라이즈를 예측할 수 있다면 얼마나 큰 성과를 거둘 수 있는지에 대해 이야기했다. 베타는 실제로는 어닝 서프라이즈와 관계가 없는 것으로 보인다. 그림 6-8은 1993년 말 기준으로 메릴린치

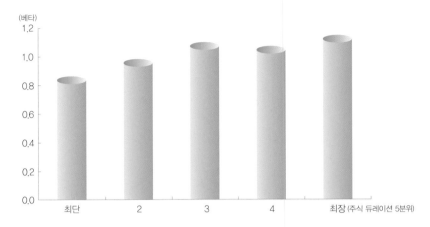

• 자료 : 메릴린치 정량분석팀(1993년 12월 31일)

◎ 그림 6-8 어닝 서프라이즈 확률별 베타 현황

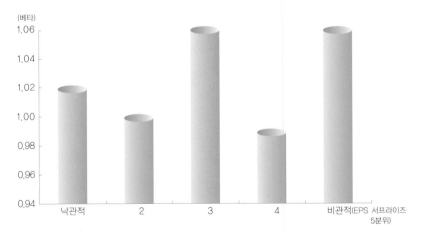

• 자료 : 메릴린치 정량분석팀(1993년 12월 31일)

정량분석팀의 어닝 서프라이즈 모델로 선정된 주식 포트폴리오의 베타를 나타낸 것인데, 이때 베타는 긍정적 또는 부정적 어닝 서프라이즈 후보군 사이에서 특정한 패턴을 보여주지 않는다.

5장에서 기업의 퀄리티에 대해 설명하며, S&P 보통주 등급이 낮은 기업이 탁월한 성과를 기록한 것을 베타(주식의 위험)만으로 설명하기 어렵다고 지적했었다. 왜냐하면 베타가 비슷한 기업을 대상으로 비교해봐도 1993년에는 로우 퀄리티 주식이 하이 퀄리티 주식보다 뛰어난 성과를 거두었기 때문이다. 이제 관점을 돌려 기업의 S&P 보통주 등급별로 베타값을 살펴보면 베타가 상당히 다르다는 것을 알 수 있다. **그림 6-9**에 나타난 것처럼 퀄리티가 낮은 기업일수록 베타가 높았다. 로우 퀄리티 기업은 현금흐름에 여유가 없어 배당금을 지급하지 않기 때문에 C·D등급 기업의 평균 배당수

○ **그림 6-9** S&P 보통주 등급별 베타 현황

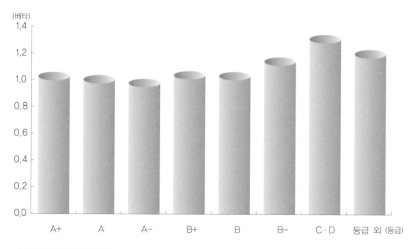

• 자료 : 메릴린치 정량분석팀(1993년 12월 31일)

익률은 0에 가까웠다. 따라서 이익을 재투자하지 않는 일부 경우를 제외하면 로우 퀄리티 기업의 베타가 더 크다. 로우 퀄리티 기업의 수익 흐름이 불안정하기 때문이다.

소형주 중에서도 거의 모든 이익을 재투자하는 신흥 성장주와, 이전에는 대형주였다가 지금은 뜻하지 않게 소형주로 전락하며 배당을 삭감했거나 혹은 배당을 중단한 소형 가치주 사이에는 큰 차이가 있다(소형주 투자에 대해서 8장에서 좀더 자세히 논의할 것이다).

전통적인 재무 이론은 하이 베타 주식으로 포트폴리오를 구성하는 투자자들은 추가 위험을 보상받아야 하므로 앞에서 설명한 베타 계산식으로 표현된 선(종종 증권시장선으로 불림)이 우상향해야 한다고 주장한다. 증권시장선이 우상향한다는 것은 더 높은 베타가 더 높은 기대수익률과 연관을 맺고 있어 투자자들이 추가 위험에 대해 보상받아야 한다는 사실을 나타낸다. 1980년대 중 이런 관계가 사라지면서 증권시장선이 수평에서 우하향하는 모양으로 변했다.

증권시장선이 수평이라는 것은 위험 수준에 관계없이 예상수익률이 일정하다는 것이다. 이런 경우라면 위험을 부담하든지 하지 않든지 간에 동일한 수익률을 거둘 것이므로 합리적인 투자자는 무위험자산을 보유하려고 할 것이다. 즉, 투자자들은 **그림 6-2**에서 본 위험·수익 매트릭스에서 서쪽으로 가려 할 것이다.

**그림 6-10**과 **그림 6-11**은 1983년 12월과 1993년 12월의 베타 5분위별 증권시장선을 비교한 것이다. 이 그림에 사용된 베타는 개별 종목과 S&P500지수의 60개월 월간 수익률을 이용해 계산한 것이다. 베타값은 블룸(Blume,

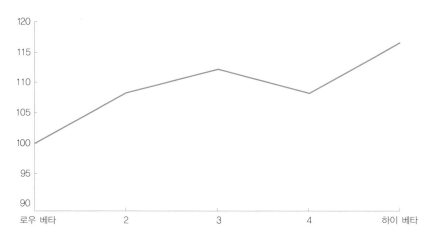

◐ 그림 6-10 베타별 기대수익으로 본 증권시장선(1993년 12월)

• 로우 베타 주식의 수익을 기준으로 지수화함
• 자료 : 메릴린치 정량분석팀

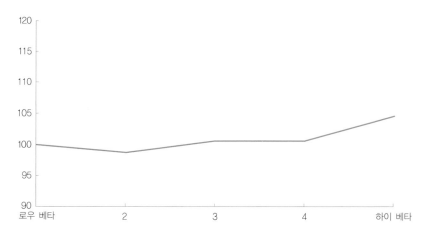

◐ 그림 6-11 베타별 기대수익으로 본 증권시장선(1983년 12월)

• 로우 베타 주식의 수익을 기준으로 지수화함
• 자료 : 메릴린치 정량분석팀

1975년)이 제안한 것과 비슷한 방법을 사용해 좀더 미래 지향적 또는 예측 지향적으로 조정되었고, 각 시점에 베타 크기에 따라 5개 그룹으로 분류되었다. 기업의 예상 수익률은 약 600개 종목에 대한 추정치를 메릴린치 정량분석팀 DDM에 적용해 구한 것이다.

그림 6-11의 1983년 증권시장선은 완전히 우하향하지는 않았지만 1993년보다는 덜 가파른 것을 알 수 있으며, 증권시장선은 로우 베타를 기준(100)으로 작성되었다. 이렇게 한 것은 1983년 애널리스트 추정치에는 인플레이션이 반영된 반면, 1993년 애널리스트 추정치에는 디스인플레이션이 반영되어 1983년 모든 5분위의 예상 수익이 1993년보다 높았기 때문이다. 1983년과 1993년의 베타를 지수화함으로써 증권시장선의 기울기 차이와 위험·수익 상황을 쉽게 비교해볼 수 있다.

1980년대에는 위험을 감수한 데 따른 인센티브가 거의 없거나 아예 없었다. 베타가 작은 안전한 주식을 갖고도 월등하거나 최소한 경쟁력 있는 수익률을 올릴 수 있었기 때문에 투자자들이 추가 위험을 지더라도 얻는 이득은 없었다. 가파른 증권시장선은 투자자들이 추가 위험을 부담하도록 유인하지만, 1980년대에는 상당 기간 동안 증권시장선이 너무 평평해 투자자들이 추가 위험에 따른 수익률 증가를 경험하지 못했다.

표 6-3에 나타난 것처럼 지난 9년 동안 재무 이론과 반대로 로우 베타 주식이 하이 베타 주식보다 성과가 좋았던 적이 종종 있었다. 챈과 래코니쇼크(Chan & Lakonishok, 1993년)는 베타의 수익 예측력이 떨어진다고 지적했지만, 1980년대에는 베타의 예측력이 비정상적으로 떨어졌을 뿐이다. 베타의 수익 예측력은 1980년 이전의 연구에서는 강력한 것으로 나타났지

● 표 6-3 하이 베타 주식과 로우 베타 주식의 연간 수익률

| 연도(년) | 하이 베타 포트폴리오 | 로우 베타 포트폴리오 |
|---|---|---|
| 1985 | 12.7 | 13.6 |
| 1986 | 5.3 | 6.7 |
| 1987 | 16.1 | 1.2 |
| 1988 | 13.0 | 5.6 |
| 1989 | 8.8 | 14.9 |
| 1990 | -7.1 | -2.5 |
| 1991 | 23.2 | 6.0 |
| 1992 | 6.7 | -2.0 |
| 1993 | 6.6 | 6.1 |

• 자료 : 메릴린치 정량분석팀

만, 1980년대 데이터를 포함하면 좋지 않은 것으로 나타나기 때문이다. 소급해서 살펴보면 증권시장선이 투자자가 추가적인 위험을 부담할 수 있을 정도로 충분히 가파르지 않았던 것은 분명하다.

효율적 시장 가설은 위험은 덜 부담하면서도 우월한 수익률을 올릴 수 있는 기회는 차익거래 속에 재빨리 사라져버린다고 본다. 이 가설은 모든 투자자들이 위험과 수익의 기회를 동시에 인식한다고 주장하지만, 이익예상 라이프사이클에서 과도한 낙관이나 비관에 빠지지 않는 탁월한 투자자는 극히 드물며 대부분의 투자자들이 긍정 또는 부정 양쪽으로 과잉 반응하려는 경향이 있음을 확인한 바 있다. 따라서 모든 투자자들이 투자 기회를 동일하게 인식한다면 효율적 시장 가설이 이야기하는 차익거래가 빨리 발생해야 할 것이다. 하지만 **표 6-3**의 연간수익률을 보면 차익 거래가 시

장의 불균형을 시정하는 데 5~10년 정도 걸렸음을 알 수 있다.

## ⦁베타를 조정하는 이유와 방법

좀더 미래를 정확하게 예상하기 위해 종종 베타를 조정하게 되는데, 이렇게 하는 것은 베타값이 1.0 쪽으로 접근하려는 관성을 갖고 있기 때문이다. 베타가 큰 주식일수록 베타가 작아지려고 하고, 베타가 작은 주식일수록 커지려고 한다.

**그림 6-12**는 1980년부터 1993년까지의 필수소비재와 에너지 섹터의 베타다. 이들 두 섹터는 비즈니스가 전혀 달라서 그들의 성공이 서로 반대로 움직이고 있다. 에너지 가격이 오를 경우 인플레이션이 심해져서 필수소비재 섹터의 이익이 줄어드는 것이다.

1980년대 초반 석유위기 영향으로 유가가 오르자 에너지 섹터는 뛰어난 성과를 거둔 반면, 필수소비재 섹터는 1970년대의 인플레이션 때문에 일종의 '쓰레기'로 간주되었다. 하지만 1980년대 초반 이후 에너지 가격이 하락하면서 디스인플레이션의 영향으로 필수소비재 섹터는 1980년대 10년 동안 성장 분야가 되었다. 반면에 에너지 섹터는 장기 침체를 겪었다. 이 결과 필수소비재 부문의 베타가 10년 동안 상승(0.80에서 1.06으로)한 반면, 에너지 섹터의 베타는 하락했다(최고 1.20에서 1992년에 최저 0.68로). 이들 두 섹터의 베타 상관계수는 −0.93에 이르렀다.

1980년 에너지 섹터의 배당수익률은 전체 S&P500에 비해 낮아졌지만

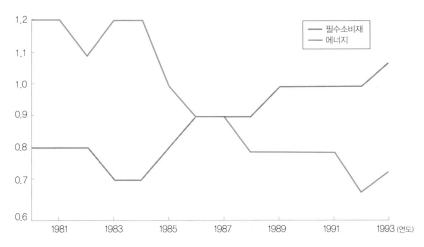

**○ 그림 6-12 필수소비재와 에너지 섹터 주식의 연간 베타 변화**

• 자료 : 메릴린치 정량분석팀

(1980년 12월 기준 3.6%, S&P500은 4.8%), 미래 성장 전망에 의문이 제기되었던 1993년에는 전체 시장에 비해 배당수익률이 약 50% 높아졌다. 1980년 필수소비재 섹터의 배당수익률은 에너지 섹터와 S&P500보다 높았지만 (5.8%), 1993년 말에는 S&P500보다 배당수익률이 낮아졌다. 이와 같은 배당수익률의 변화는 인플레이션 압력이 약화될 때 필수소비재 섹터가 내적인 성장을 달성할 수 있으나 에너지 섹터는 성장할 수 없다는 인식이 확산되었기 때문이다.

좀더 예측력을 높이기 위해 베타를 조정하는데, 이 가운데 가장 널리 받아들여지는 블룸의 기법은 베타가 1.0을 향해 이동하는 관성에 기반하고 있다. 블룸은 각기 다른 기간 동안의 베타를 조사한 후 다음과 같이 1.0으로 회귀하는 식을 고안했다.

$$예상\ 베타 = 0.677(역사적\ 베타) + 0.343*$$

바시세크(Vasicek, 1973년)는 베타를 예측하는 비슷한 방법을 제시했는데, '0.677'처럼 동일한 값으로 모든 베타를 조정하기보다는 역사적 베타값 전후의 확률적 불확실성으로 조정해야 한다고 주장했다. 통계학자들은 이런 형태의 조정을 베이지안(Bayesian) 조정이라고 부른다. 엘튼과 그루버 (Elton & Gruber, 1984년)는 몇몇 연구에서 블룸과 베이지안의 조정이 단순한 베타보다 미래 베타의 더 나은 예측치라고 지적했다.

## 증권시장선 기울기 변화의 원인

베타로 정의된 시장 세그먼트에 관심을 갖고 있는 펀드매니저들은 왜 1980년대에 증권시장선이 우하향 혹은 평평했으며, 미래에는 어떤 요인이 기울기에 영향을 미치는지 의문을 가졌다. 즉, 어떤 요인이 증권시장선의 기울기를 변하게 만드는지에 대해 큰 관심을 가진 것이다.

---

\* 블룸은 베타의 예측 오차를 줄이기 위해 t-1기간의 베타 추정치와 다음 t기간의 베타 추정치 사이에 체계적인 관계가 성립한다고 보고, 연속적인 기간에서의 베타계수의 관계식을 구해 미래 일정 기간의 베타 추정에 이용하는 방법을 제안했다.

만일 이 선이 앞으로도 우하향 모양을 유지한다면 잠재적으로 공매도용 포트폴리오를 제외하고는 하이 베타 주식으로 포트폴리오를 구성할 이유가 없다. 하지만 기울기가 반대로 되어 전통적인 위험·수익 관계를 반영하게 된다면, 사람들은 하이 베타 포트폴리오를 보유하려고 할 것이다.

지금까지 퀄리티, 기업 규모, 배당수익률 등과 같은 요인들과 베타 사이의 연관성에 대해 살펴봤다. 지금까지 살펴본 다양한 시장 세그먼트의 성과에 영향을 미친 요인은 베타와 증권시장선 기울기에 대해 1980년대 동안 일어난 일의 대부분을 설명해준다.

2장에서 주식시장에서 매매되는 상품은 명목이익 성장률이며, 명목이익 성장의 희소성 여부에 따라 성장 및 가치, 그리고 로우 퀄리티와 하이 퀄리티 세그먼트의 사이클이 결정된다고 강조했었다. 하이 베타 및 로우 베타 기업에도 비슷한 관계가 존재한다. 즉, 베타가 큰 종목은 명목이익 성장에 대한 예상이 점점 낙관적으로 변해갈 때 시장 성과를 웃도는 경향이 나타난다. 따라서 증권시장선의 기울기는 명목이익 성장에 크게 의존하게 될 것이다. 만일 명목이익 성장이 개선될 것으로 예상되는 경우, 증권시장선이 더 가팔라지기 시작할 것이다. 반면에 명목이익 성장이 희소해지면 증권시장선이 평평해지거나 우하향하는 모습으로 변해갈 것이다.

베타가 낮은 종목의 수익률은 다른 종목에 비해 성장 기회가 적기 때문에 1980년의 유틸리티나 필수소비재 섹터처럼 보다 안정적인 모습을 보이는 경향이 있다. 따라서 로우 베타 기업들은 이익 중 많은 부분을 주주에게 (베타가 0인) 현금 배당으로 지급하려는 경향이 있다.

만일 명목성장률이 개선될 것으로 예상되면 덜 안정적이고 경기에 민감한 종목이 뚜렷한 성장 증가세를 나타낼 것이다. 명목성장에 대한 예상이 달라짐에 따라 한계 성장의 기회가 사라지거나 혹은 나타나는 것이다. 단순하게 안정적인 종목은 늘 안정적인 반면, 베타가 높고 덜 안정적인 종목은 명목이익 성장 및 그에 대한 투자자들의 예상 변화에 따라 긍정적으로 혹은 부정적으로 반응하는 것이다.

이런 논리가 사실이라면 안정적인 종목이 성장주처럼 뛰어난 성과를 기록한 1980년대를 어떻게 설명할 수 있을까? 그 해답은 필수소비재와 에너지 섹터의 베타가 표시된 **그림 6-12**에 있다. 인플레이션이 약화되기 시작하자 인플레이션 때문에 성장할 기회를 잡지 못했던 많은 기업의 마진이 갑자기 증가했다. 반면에 인플레이션을 명목이익 성장의 원천으로 삼았던 기업들은 더 이상 성장할 기회가 있다는 점을 입증하기 어려워졌음을 깨달았던 것이다.

1980년 당시 S&P500보다 필수소비재 섹터의 배당수익률(성장 기회가 없었으므로 역으로 반영함)이 높고 에너지 섹터의 배당수익률이 낮았지만, 배당수익률은 1993년에 반대로 되었다. 필수소비재 종목은 높은 ROE를 제공할 것으로 기대되는 프로젝트 수가 증가한 반면, 에너지 섹터는 그렇지 못했기에 배당수익률이 역전되었던 것이다. 사실 에너지 섹터에 속한 기업들은 기존에 수행하던 유전 개발 등의 많은 프로젝트가 마이너스 ROE를 기록하는 등 큰 문제를 안고 있었다.

따라서 1980년대에 증권시장선이 평평했던 가장 큰 원인은 바로 디스인플레이션에 있었다고 볼 수 있다. 물론 당시 미국 경제가 생산성 향상을 통해 명목성장률을 높게 유지했다면 증권시장선은 우상향했을 것이다. 하지만 1980년대 미국 경제의 생산성 증가율은 하락했다.

이상의 분석을 통해 볼 때 1970년대에 발생한 강력한 인플레이션으로 인해 하이 베타 주식에 대한 투자자의 기대가 지나치게 낙관적이었던 탓에 하이 베타 주식이 1980년대에는 부진한 성과를 거두었다고 할 수 있다. 하지만 이는 다시 상대적으로 로우 베타 주식은 과도하게 비관적인 전망 속에 1980년대에 진입했음을 시사한다. 다시 말해 1980년대 초에 하이 베타 주식은 이익예상 라이프사이클의 자정 부분*에 있었던 반면, 로우 베타 주식들은 6시 지점에 있었다.

이렇게 보면 1980년대 로우 베타 주식이 하이 베타 주식보다 성과가 좋았던 이유가 명확해진다. 투자자들은 천천히 그렇지만 확신을 가지고 보다 안정적인 기업에 성장과 수익의 기회가 있다는 사실을 알아차린 것이다.

하지만 필수소비재와 에너지 섹터의 베타를 비교한 **그림 6-12**에서 지적했듯이, 과거에 상당히 안정적이었던 종목들 가운데 일부는 더 이상 그렇게 안정적이지 못하다. 최근 1980년대 초반 이래로 디스인플레이션 환경이 변화하면서 시장은 좀더 전통적인 위험·수익 관계로 복귀하는 듯하다. 소위 말하는 '안정적인 종목'에 대한 예상이 과도하게 낙관적이었지만, 1980년대 중·후반에 이미 이들 종목(필수소비재 기업 등)은 더 이상 그렇게 안정적이지 못했다. 이런 주식은 이익예상 라이프사이클의 자정 부분에 위치하고 있다고 할 수 있다. 1990년대 초반부터 미국 경제의 실질 및 명목 성장률이 증가했고, 이것은 성장의 기회가 '전통적인' 하이 베타 주식

---

* 과도한 이익예상에 빠져 주가가 과대평가 수준에 도달한 상태임을 의미한다.

쪽으로 다시 이동하고 있다는 것을 의미한다.

표 6-4는 여러 주요 시장 세그먼트의 베타값을 보여준다. 특기할 만한 점은 다양한 사업체를 보유한 복합 기업의 베타가 1에 가장 근접해 있다는 것이다. 복합 기업의 자산 포트폴리오가 일반 기업의 자산 분산화보다 훨씬 광범위해 복합 기업의 베타가 1에 근접한 것이다. 신용경기민감주나 운송·자본재·기술주와 같이 경기에 민감한 하이 베타 섹터는 증권시장선이 다시 가팔라질 때 아마 뛰어난 성과를 거둘 것이다.

◑ 표 6-4 시장의 주요 세그먼트·섹터별 베타값

| 세그먼트·섹터 | 베타 |
| --- | --- |
| 신용경기민감주 | 1.33 |
| 금융 | 1.22 |
| 운송 | 1.17 |
| 자본재 | 1.15 |
| 필수소비재 성장주 | 1.13 |
| 기술 | 1.13 |
| 산업재 | 1.06 |
| 경기민감소비재 | 1.06 |
| 필수소비재 | 1.06 |
| 복합 기업 | 1.01 |
| 유틸리티 | 0.80 |
| 에너지 | 0.74 |

• 자료 : 메릴린치 정량분석팀(1993년 12월 31일)

- 베타는 잘 분산된 포트폴리오 범주 안에 있는 주식의 위험을 계산하는 전통적인 위험 계산 방법이다.
- 주식의 총위험은 기업 고유 위험과 분산 불가능(베타) 위험으로 나뉜다. 고유 위험은 포트폴리오 내에서 상쇄되는 경향이 있다.
- 배당수익률이 높고, 기업 규모가 크고, 자산이 안정적인 종목일수록 베타가 낮다. 반면에 배당수익률이 낮고, 기업 규모가 작고, 추정 이익 성장률이 높고, 퀄리티가 낮은 종목일수록 베타가 높은 경향이 있다.
- 전통적인 재무 이론은 투자자들이 추가로 감수하는 위험에 대해 보상을 받아야 하기 때문에 베타가 수익률을 예측하는 훌륭한 수단이 된다고 주장한다. 1980년대에는 전통적인 재무 이론에 배치되는 현상이 나타났으나, 1990년대에 접어들어 전통적인 위험·수익 관계로 복귀하는 것으로 나타났다.
- 명목이익 성장에 대한 예상이 개선되면 베타가 큰 종목의 수익률도 개선되는 경향이 있다. 이익 성장이 개선될 때 그 이익 성장의 개선은 보다 위험한 종목에서 시작되는 반면, 안전한 종목의 이익 성장은 안정적으로 유지되려는 경향이 있다.
- 1980년대 미국 경제는 인플레이션 압력이 약화되며 명목성장률이 떨어졌는데, 이것이 베타가 큰 주식이 1980년대에 부진한 성과를 거둔 원인이 된다.
- 베타는 안정적이지 않고 1.0 쪽으로 향하려는 관성이 있다. 어느 기간 동안 베타가 컸던 종목이 다른 기간에도 베타가 반드시 크리라는 보장은 없다. 비슷하게 베타가 작은 주식이 시간이 지날수록 베타가 커질 수 있다.
- 투자자들은 주식 투자의 성과, 이익예상 및 과도한 반응이 어떻게 기업의 베타에 영향을 미치는지를 알아야 한다.

# : 로우 베타 종목, 한국에서 어떤 성과 올렸나?

　　전통적인 재무학계에서 개별 종목의 성과는 변동성, 즉 베타에 의해 좌우된다고 보았다. 그러나 연구가 거듭됨에 따라 베타가 큰 기업(하이 베타)이 오히려 시장보다 성과가 부진한 반면, 베타가 낮은 기업(로우 베타)이 더 뛰어난 성과를 기록한다는 사실이 밝혀졌다.

　직관적으로 보면 '높은 위험'을 지닌 기업들이 '높은 성과'를 기록할 것 같은데 왜 이런 현상이 벌어졌을까? 이에 대해 《메트릭 스튜디오》의 저자 문병로 교수는 다음과 같은 이야기를 들려준다.

> 12년간 코스피와 코스닥을 합한 MKF2000 지수는 64.7% 올랐다. 수치상으로는 이렇게 상승했기에 대부분의 독자는 이 기간 중 주가가 오른 날이 내린 날보다 더 많다고 생각할 것이다. 그러나 그 반대다. 한국 증시에서 주가는 내릴 확률이 오를 확률이 높다.
> 하루의 주가를 보면 오른 경우가 42%, 내린 경우가 46%이다. 나머지 12%는 보합이다. 내린 경우가 더 많지만 하루의 등락을 평균 내 보면 0.05% 상승했다. 평균 오름폭이 내림폭보다 컸기 때문에 상승 빈도는 더 낮았지만, 평균 등락은 플러스가 된 것이다.

일주일간의 등락을 보면 오른 경우는 46%, 한 달의 등락을 보면 오른 경우는 46%, 6개월의 등락을 보면 45%로 오히려 떨어진다. 그런데도 6개월 평균 상승률은 6.67%로 나타난다. 단순히 생각해서 이 기간 중에 모든 종목을 사놓았으면 6개월마다 6.67% 벌었을 것이라고 생각하기 쉽다. 그렇게 되었다면 지난 12년간 371%의 수익을 내었을 것이다. 하지만 실제 수익률은 64.7%에 불과했다. 6개월마다 2.1%씩 수익이 난 셈이다. (《메트릭 스튜디오》 28~29쪽)

이런 기현상이 벌어진 것은 바로 '변동성' 때문이다. 예를 들어 어떤 주식 가격이 1만 원인데, 첫 6개월간 −50%를 기록하고 그다음 6개월간 100% 상승했다면 이 주식 투자의 성과는?

산술평균이야 간단하다. (−50+100)/2 = 25%다. 그런데 손에 들고 있는 돈은 1만 원으로, 투자 시작할 때와 마찬가지여서 실제 수익률은 0%다.

이게 바로 변동성의 효과다. 주가가 꾸준히 움직이는 게 아니라 오르고 내림을 반복하기 때문에, 산술평균 수익이 높더라도 실제 수익률은 오히려 마이너스가 날 수 있다. 따라서 산술평균으로 아무리 성과가 날지라도 변동성이 높은 주식, 다시 말해 하이 베타 기업은 오히려 저조한 성과를 경험하게 된다.

이런 현상을 가장 잘 보여주는 사례가 바로 '로우 볼' 주식의 강세 현상이다. 로우 볼은 주식시장에서 월간 변동성이 가장 낮은 기업들을 의미한다. 특히 오늘 소개하는 MKF500 로우 볼 지수는 유가증권시장 시가총액 상위 200위 종목 중 과거 5년 월간 수익률 변동성이 낮은 종목 40종목을

## ◯ MKF500 vs 로우 볼 지수

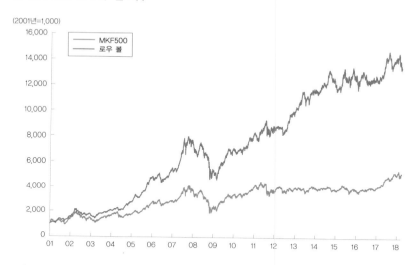

(2001년=1,000)

• 자료 : FnGuide

선별해 지수를 산출한다.

 2001년을 기준(1000)으로 작성되었는데, 2018년 3월까지 MKF500지수는 5,130포인트를 기록한 반면 로우 볼 지수는 무려 1만 3,370포인트를 기록했다. 이상과 같은 로우 볼 주식의 강세 현상은 리처드 번스타인의 예측과 일치한다. 한국 투자자들도 로우 볼 주식의 강세 현상에 주목해 장기 투자의 대상으로 삼았으면 하는 바람이다.

CHAPTER

# 07

# 배당수익률 vs 주식 듀레이션

대부분의 투자자들은 주식시장이 금리 변화에 민감하게 반응한다는 것을 알고 있다. 금리가 오르면 주가는 내려가고, 금리가 내리면 주가는 올라간다. 학계의 연구자들은 주식시장의 과도한 변동성이 비정상적이면서 일시적인 투기적 거품의 원인으로 작용하게 된다고 주장하나(쉴러, Shiller, 1989년), 일부 시장 참가자들은(3장에서 논의된 이유로) 주식시장의 과도한 변동성이 금리 변화에 기인한 것이라고 주장한다(스피로, Spiro, 1990년). 이 책은 투자자의 행동에 많은 부분 기반을 두고 있긴 하지만, 금리가 주식시장의 변동성에 미치는 영향에 대해서도 무시하지 않을 것이다.

　　모든 스타일들은 개별 세그먼트와 섹터, 그리고 종목의 금리민감도에 관심을 가질 필요가 있다. 이는 세그먼트가 금리 변화에 서로 다르게 반응하기 때문이다. 주식시장의 어떤 섹터는 금리의 움직임에 따라 수익률이 거의 결정되는 반면, 다른 섹터의 금리민감도는 더 강력한 다른 요인 때문에 큰 영향을 미치지 못한다. 따라서 금리 때문에 주식시장이 등락할 때 투자스타일별로 매우 큰 수익률 격차를 보이게 된다.

이 장에서는 금리민감도를 측정하는 수단을 살펴보고, 금리가 서로 다른 스타일의 투자에 어떻게 영향을 미치는지, 그리고 특정 투자 스타일의 금리민감도를 약화할 완충 요소는 무엇인지 알아볼 것이다. 또한 8장에서 논의할 대형주 및 소형주 투자와 관련해서 몇 가지 주제를 간단하게 살펴볼 것이다.

## ·듀레이션에 영향을 미치는 요인

배당수익률은 시장 세그먼트를 정의할 때 흔히 사용되는 지표로, 일부 포트폴리오 매니저는 배당수익률이 일정 수준을 넘어야 투자 대상 종목 후보에 놓는 경우도 있다. 배당수익률이 높은 주식은 채권처럼 움직이기 때문에 배당수익률과 금리민감도가 밀접한 연관을 맺고 있는 것으로 종종 간주된다. 이 장의 목표 중 하나는 이런 잘못된 상식을 바로잡는 것이다. 배당수익률이 높은 주식이 배당수익률이 낮은 주식보다 반드시 금리에 더 민감할 필요는 없다.

금리민감도는 일반적으로 듀레이션이라고 부른다. 듀레이션이라는 용어는 대개 채권 투자와 관련해서 사용되는데, 1%포인트 금리 변화에 대한 증권 가격의 변화를 측정한 것이다. 금리민감도를 계산하면 투자자가 금리 변화로 얼마나 많은 수익을 올릴 수 있는지를 예측할 수 있을 뿐만 아니라, 언제 수익을 얻게 되는지도 알 수 있다.

듀레이션으로 언제 수익을 얻을 수 있는지 알 수 있다고 이야기하는 것은 듀레이션이 채권의 가중평균 만기이며, 또 연 단위로 측정되기 때문이다. 듀레이션이 긴 자산은 금리에 더 민감한 경향이 있으며, 듀레이션이 짧은 자산은 금리 변화에 덜 민감하다. 또한 채권의 만기수익률은 미래에 받게 될 이자 및 원금을 현재 채권가치와 동일하게 만드는 내부수익률이다.

30년 만기 국채 2개의 만기수익률이 거의 같지만 하나는 제로쿠폰 할인채이고 다른 하나는 이표채(coupon bearing bond)라고 가정하면, 두 채권의 만기와 만기수익률이 같더라도 금리가 변하면 두 채권의 가격은 달라진다. 이표채의 경우 30년 동안 정해진 기간에 투자자에게 이자가 계속 지급되지만, 제로쿠폰 할인채의 경우 발행될 때 이미 할인되므로 30년이 되는 만기일에 원금이 지급된다. 이표채는 제로쿠폰 할인채보다 현금흐름의 가중평균만기(듀레이션)가 더 짧다(이렇게 되는 이유를 곧 자세하게 살펴볼 것이다).

많은 요소가 채권의 듀레이션에 영향을 미친다. 만기, 쿠폰이자, 만기수익률, 신용 등급 등 모두 듀레이션에 영향을 줄 수 있다. 영향을 미치는 요소 중 중요한 것을 **표 7-1**에 정리해놓았다.

앞의 예에서 언급했듯이 다른 모든 요인이 동일한 경우 쿠폰이자가 많은 이표채가 쿠폰이자가 적은 이표채보다 듀레이션이 짧다. 쿠폰이자율이 높

| 요인 | 요인의 변화 | 듀레이션의 변화 |
|---|---|---|
| 쿠폰이자 | 높아짐 | 짧아짐 |
| 만기수익률 | 높아짐 | 짧아짐 |
| 만기 | 길어짐 | 길어짐 |
| 신용 등급 | 낮아짐 | 짧아짐 |

은 채권에 투자한 투자자는 쿠폰이자율이 낮거나 쿠폰이자가 아예 없는 채권에 투자한 사람보다 더 많은 돈을 더 빨리 높은 이자로 지급받는다. 따라서 가까운 시기에 더 많은 현금을 받을수록 듀레이션은 짧아진다.

현재의 만기수익률이 높은 경우, 앞에서 설명한 쿠폰이자율이 높은 채권과 비슷한 이유로 듀레이션이 짧아진다. 하지만 현재의 만기수익률은 특정 채권에 대한 투자자의 태도를 더욱더 잘 반영한다. 예를 들어 투자자들이 채권 가격에 대한 매수 가격을 올리거나 낮춤에 따라 7%의 쿠폰이자를 지급하는 채권의 만기수익률은 6% 또는 8%가 될 수 있다. 다른 모든 것이 동일하다고 할 때, 더 높은 이표금리를 지급하는 채권이 단기간 내에 많은 현금흐름을 투자자들에게 지불하기 때문에 듀레이션이 짧다.

쿠폰이자, 만기수익률과 신용 등급이 비슷할 경우에는 만기가 긴 채권이 만기가 짧은 채권에 비해 듀레이션이 길다. 왜냐하면 이들 3가지 요소가 비슷하다고 해도 만기가 긴 채권은 더 긴 기간에 걸쳐 현금흐름이 형성되기 때문이다. 다시 말해 현금흐름은 비슷하지만 만기가 짧은 채권에 비해 만기가 긴 채권의 현금흐름이 더 늦게 발생하기 때문에 듀레이션이 길어지는 것이다.

마지막으로 다른 모든 조건이 동일한 경우라면 신용 등급이 낮은 채권의 듀레이션이 일반적으로 짧다. 왜냐하면 투자자들이 퀄리티가 낮은 채권의 채무 불이행 위험(default risk)에 대해 높은 쿠폰이자 혹은 높은 만기수익률로 보상을 받아야 하기 때문이다.

6장에서 설명했던 내용과 마찬가지로 높은 쿠폰이자는 위험과 수익의 함수로 볼 수 있다. 채권의 특성이 동일한 두 채권이 있지만 한 채권은 신용 등급이 AAA이고 다른 하나는 B인 경우, B등급 채권에 잠재되어 있는 채무 불이행 위험에 대한 보상이 없기 때문에 현명한 투자자라면 당연히 AAA등급인 채권을 선택할 것이다. 만일 B등급 채권이 채무 불이행 위험을 높은 쿠폰이자로 보상하면 이로 인해 현금을 더 빨리 많이 지급받기 때문에 이 채권의 듀레이션은 짧아질 것이다.

더 나아가 쿠폰이자율이 높은 채권은 쿠폰이자율이 낮은 채권보다 금리 상승의 영향을 덜 받는다. 이는 쿠폰이자율이 높은 채권은 경기에 민감한 섹터에 속한 경우가 많아 명목경제성장률이 상승하며 금리가 높아지는 경우에 파산 위험이 크게 낮아지기 때문이다. 따라서 쿠폰이자율이 높은 채권과 관련된 채무 불이행 및 경제적 위험은 금리가 상승함에 따라 사라지는 경향이 있다. 투자자들은 경기사이클이 개선되는 순간 쿠폰이자율이 높은 채권이 제공하는 위험·수익 혜택을 이용해 차익을 거두며, 금리가 상승하는 환경 속에서 이 채권은 다른 채권보다 더 뛰어난 성과를 거두는 것이다.

수의 상환일(call date), 감채기금(sinking fund) 조항, 변동이자율, 조기상환 및 볼록성(convexity)과 같이 듀레이션 외에 채권의 총수익에 영향을 미칠 수 있는 다른 요인도 많다. 하지만 이런 주제는 이 책의 범위를 벗어나므로, 관심 있는 독자는 참고문헌에 나오는 채권수학 관련 도서 및 논문을 참조하길 바란다.

## ﹕주식 듀레이션을 계산하는 3가지 방법

듀레이션 계산식은 만기수익률 공식에서 유도된 것으로, 개별 쿠폰의 현재 가치를 시간 흐름에 따라 가중평균 할인한다. 채권의 만기수익률 공식은 다음과 같다.

---

**채권 가격 = $C_1/(1+YTM)+C_2/(1+YTM)^2+\cdots+(C_n+P)/(1+YTM)^n$**

- C = 매년 지급하는 쿠폰이자
- P = 원금
- n = 만기까지의 잔존 기간
- YTM = 만기수익률(Yield-to-maturity)

---

맥컬리(Macaulay, 1938년)의 표준적인 듀레이션 공식[*]은 만기수익률 공식에서 각각의 쿠폰이자의 현재 가치를 기간별로 가중해서 계산한 것이다.

---

[*] 맥컬리 듀레이션은 채권의 실질적 만기를 파악하기 위해 만들어졌다. 채권과 같이 미래의 현금 지급이 확정된 자산은 마지막 현금이 지급되는 만기일을 가지고 있다. 만기일에 마지막 현금 지급이 완결되어야 그 자산의 가치가 완전히 소멸되지만, 쿠폰이자의 지급 등으로 인해 만기일 이전에도 그 자산의 대부분 가치가 소멸될 수도 있다. 따라서 중도에 이자 지급이 없는 할인채의 듀레이션은 그 채권의 만기와 동일한 반면, 중도에 쿠폰이자를 지급하는 이표채의 듀레이션은 만기보다 짧아진다.

$$D = ((C_1 \times 1)/(1+YTM))/(C_1/(1+YTM))$$
$$+((C_2 \times 2)/(1+YTM)^2)/(C_2/(1+YTM)^2)+$$
$$\cdots +(((C_n+P) \times n)/(1+YTM)^n)/(C_n/(1+YTM)^n)$$

- C = 매년 지급하는 쿠폰이자
- P = 원금
- n = 만기까지의 잔존 기간
- YTM = 만기수익률(Yield-to-maturity)

듀레이션 공식을 보면 중간에 쿠폰이자를 지급하지 않는 제로쿠폰 할인채의 듀레이션은 채권의 만기와 같은 반면, 중간에 이자를 많이 지급하는 경우에는 듀레이션이 짧아짐을 알 수 있다.

지난 10년 동안 듀레이션은 주식과 더 밀접한 연관을 맺게 되었다. 1980년 대에는 금리 변동이 심했기 때문에 많은 주식 투자자들이 금리가 주식 투자 성과에 얼마나 큰 영향을 미칠 수 있는지를 깨닫기 시작했다. 금리가 크게 하락함에 따라 연금운용관리자들은 자산과 부채의 종합 관리 체제를 재평가해야만 했다.

회계사들은 시장 금리 수준이 하락함에 따라 더 낮은 할인율을 사용하기 시작했는데, 더 낮은 할인율을 사용함으로써 연금이 미래에 지불해야 할 부채의 현재 가치를 높이는 결과를 가져왔다. 따라서 이와 같은 예상 부채의 증가와 함께 연금 과소 적립에 대한 미국 재무회계기준위원회의 새 회계 규정으로 공적 기관과 기업 들은 그들의 연금을 주식과 같은 고수익자산 쪽으로 배분하기 시작했다. 듀레이션 분석은 주식이 자산과 부채의 균형에 기여했는지 아니면 손상시켰는지를 판단하는 한 가지 방법이다. 주식 듀레이션을 계산하는 방법은 3가지가 있는데, 가장 간단한 것부터 살펴보자.

첫 번째 방법은 주식 듀레이션을 배당수익률의 역수로 간편하게 정의하는 것이다. 따라서 배당수익률이 높은 주식은 듀레이션이 짧은 반면, 배당수익률이 거의 없거나 아예 없는 주식의 듀레이션은 길어진다. 이 정의가 근거로 삼고 있는 이론은 간단한데, 기업이 중간에 지급하는 현금흐름(즉, 주식의 배당)이 마치 영구 채권*처럼 영원히 현재 수준을 유지한다고 가정한다는 것이다. 이는 지극히 단순하게 들릴 수 있지만, 앞으로 살펴볼 더 복잡한 주식 듀레이션 계산 방법을 이해하는 기초로 삼기에는 꽤 괜찮은 직관적 접근 방식이라 할 수 있다.

영구 채권의 듀레이션은 만기수익률의 역수이며, 이를 식으로 나타내면 아래와 같다.

$$D = (1+YTM)/YTM$$

- D = 듀레이션
- YTM = 만기수익률

이와 비슷하게 영원히 존속하는 주식의 듀레이션은 배당수익률(DPS÷주가)의 역수라고 말할 수 있다. 주식의 배당수익률은 DPS를 주가로 나눠서

---

* 만기가 없이 영원히 일정한 이자를 지급하는 채권을 의미한다. 대표적인 예로는 영국의 브리티시 콘솔과 미국의 TVA 공채가 있다.

(DPS÷주가) 계산하지만, 듀레이션은 주가를 DPS로 나눠서(주가÷DPS) 계산한다.

배당수익률의 역수를 주식 듀레이션 계산 방법으로 채택함에 따라 PER이 크고 배당수익률이 낮은 회사는 듀레이션이 긴 반면, PER이 작고 배당수익률이 큰 경우는 듀레이션이 짧다. 기업의 이익과 배당수익률이 변하지 않고 일정하게 유지된다고 가정하면, PER은 투자자가 매입한 주가를 EPS로 회수하는 데 걸리는 기간(년)이다. 예를 들어 투자자가 주당 25달러를 주고 매입했고 EPS가 5달러인 경우, 초기 투자비 25달러를 회수하려면 5년이 걸린다. 따라서 PER이 아주 높은 주식의 경우 이익으로 보상받는 데 오랜 시간이 걸리는 반면, PER이 낮은 경우에는 몇 년 걸리지 않는다.

그런데 기업들은 이익의 일부를 배당하기 때문에 PER이 높은 기업의 배당수익률이 낮아질 수밖에 없다. 따라서 PER이 낮고 배당수익률이 높은 종목은 쿠폰이자율이 높은 단기 채권으로 생각할 수 있지만, PER이 높고 배당을 지급하지 않는 주식은 만기가 긴 일종의 할인채로 생각할 수 있다.

배당수익률의 역수로 듀레이션을 계산할 때 발생하는 문제는 미래의 현금흐름이 현재와 동일할 것이라고 가정하는 데 있다. 따라서 두 번째 방법인 주식 평가 모형으로 널리 사용되고 있는 DDM을 사용하면 시간에 걸친 미래 이익과 현금흐름의 변화를 계산할 수 있다. 이 모형은 채권의 만기수익률 공식의 기초가 되는 현금흐름 할인 분석에서 유도된다.

DDM은 채권 만기수익률 공식의 쿠폰이자 대신 추정 배당금을 넣고 예상수익률로 할인한 미래의 총배당금을 기업의 가치로 놓은 것이다. 채권 투자자들은 미래 현금흐름을 할인하는 내부수익률을 만기수익률이라고 부르지만, 주식 투자자들은 이를 기대수익률이라고 부른다.

DDM 공식은 만기수익률 공식과 아주 흡사한데, 다음과 같다.

$$주가 = D_1/(1+r)+D_2/(1+r)^2+D_3/(1+r)^3+\cdots$$

- D = 각 연도에 지불될 것으로 예상되는 DPS
- r = 기대수익률

만기수익률과 DDM을 구하는 공식은 아주 비슷하기 때문에, 채권 만기수익률 공식을 바꿔서 채권 듀레이션을 계산한 것처럼 DDM을 변경해 주식 듀레이션을 계산할 수 있다.

배당수익률의 역수를 이용해 듀레이션을 계산하는 대신 DDM을 사용하면 미래 현금흐름이 일정하다고 가정할 필요가 없으므로 보다 다이내믹한 기업 내재가치 분석이 가능해지는 장점이 있다. 이미 성숙 단계에 진입해 성장 전망이 어두운 기업은 앞의 2가지 듀레이션 계산 방법의 차이가 크지 않은데, 미래 현금흐름이 영구 채권과 실제로 비슷하기 때문이다[*]. 예를 들어 대부분의 유틸리티 종목은 미래 배당의 추정치가 상당히 일정하다.

하지만 미래 성장 전망이 상당히 밝은 소형주나 경기 확장기에 성장 전망이 호전될 수 있는 경기민감주들의 경우, 2가지 듀레이션 계산의 결과값

---

[*] 영구 채권은 영원히 일정한 쿠폰이자를 지급하는 채권이므로, 안정적으로 배당금을 지급하는 기업의 가치는 영구채와 비슷한 방식으로 계산할 수 있다.

에 큰 차이가 생길 수 있다. DDM 방법을 사용하면 성숙 단계 기업의 듀레이션이 증가하는 반면, 신생 기업의 듀레이션은 감소하는 경향이 있기 때문이다.

그림 7-1은 DDM에서 가정하는 전형적인 이익 성장률을 보여준다. 이런 전형적인 기업과 달리 유틸리티 기업의 추정이익 성장률은 보통 다른 종목에 비해 훨씬 안정적인데, 이는 유틸리티 종목의 배당 또한 안정적임을 의미한다. 반대로 성장주의 추정이익 성장은 설립 초기 국면에는 대단히 가파른 상승세를 보이지만, 이후 긴 성숙 국면으로의 이행기에는 완만하게 감소하는 패턴을 보인다.

4장에서 이미 살펴봤던 표 7-2는 2가지 듀레이션 계산 방법 간의 차이

⊙ 그림 7-1 DDM에서 이익 성장률*

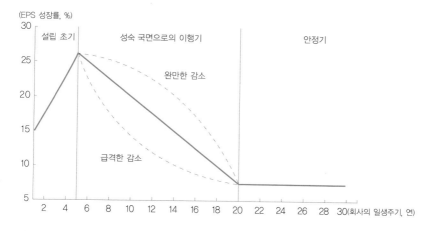

*이와 같은 DDM을 흔히 다단계 DDM이라고 부름. 기업 성립 초기에는 DPS가 이익 성장과 함께 빠르게 늘어나며, 성숙 국면으로의 이행기에는 이익 성장률이 점진적으로 떨어지는 대신 배당 성향이 증가하면서 DPS가 완만하게 늘어남
• 자료 : 메릴린치 정량분석팀(3단계 DDM)

를 더 자세히 보여준다. 유틸리티 기업의 경우 2가지 방법 간에 거의 차이가 없는 반면, 소형주와 성장주는 상당히 많은 차이가 나는 점에 주목할 필요가 있다.

○ 표 7-2 주식 섹터·세그먼트별 듀레이션 현황

| 섹터·세그먼트 | DDM으로 계산한 듀레이션 | 배당수익률의 역수로 계산한 듀레이션 |
|---|---|---|
| 운송 | 38.9 | 71.4 |
| 고평가 기업 | 38.9 | 52.6 |
| 신용 경기민감주 | 35.9 | 66.7 |
| 기술주 | 35.6 | 90.9 |
| 경기민감 소비재 | 32.8 | 55.6 |
| 기초산업재 | 32.6 | 40.0 |
| 소형주 | 32.1 | 90.9 |
| 중형주 | 30.8 | 45.4 |
| 복합 기업 | 30.1 | 38.5 |
| 금융주 | 29.8 | 38.5 |
| 필수 소비재성장주 | 29.7 | 71.4 |
| 성장주 | 29.3 | 66.7 |
| S&P500 지수 | 28.5 | 40.0 |
| 대형주 | 28.2 | 38.5 |
| 자본재 | 28.2 | 47.6 |
| 필수소비재 | 25.0 | 47.6 |
| 에너지 | 24.9 | 27.8 |
| 저평가 기업 | 23.2 | 33.3 |
| 경기방어주 | 22.3 | 21.7 |
| 유틸리티 | 22.0 | 21.7 |

• 자료 : S&P, 메릴린치 정량분석팀(1993년 12월 31일 기준)

어떤 방법으로 듀레이션을 계산했는지와 상관없이 듀레이션과 PER의 관계는 비슷하다. **그림 7-2**와 **그림 7-3**은 **표 7-2**에 표시된 각 세그먼트·섹터의 듀레이션과 PER 간의 관계를 보여준다. 2가지 듀레이션 계산 방법 모두 듀레이션과 PER 사이의 선형 회귀선이 우상향함으로써 PER이 높아 질수록 듀레이션이 길어진다는 사실을 보여준다.

듀레이션을 계산하는 세 번째 방법은 레보위츠 등에 의해 제시된 것으로(Leibowitz, 1978·1986·1989·1993년), 이들은 금리민감도를 좀더 순수하게 계산하려고 시도했다. DDM을 이용해 계산한 듀레이션값이 주로 20~30년에 집중되었던 반면, 과거 금리 변화에 따른 주식수익률의 변화를 의미하는 역사적 듀레이션은 5~10년 수준에 불과했다. 레보위츠 등이 제시한 세 번째 듀레이션 계산 방법은 인플레이션과 같은 다른 요인들을 통제함으로써[*] 관찰된 역사적인 듀레이션과 DDM 듀레이션 간의 차이를 설명한다.

레보위츠 등(1989년)은 기존의 DDM에 따른 듀레이션 계산에는 할인율과 다른 변수 사이의 상호작용이 고려되어 있지 않다고 주장했다. 예를 들어 인플레이션이 상승할수록 배당금도 올라가겠지만, 인플레이션 때문에 할인율도 또한 오르게 된다는 것이다. 즉, DDM을 이용한 듀레이션 계산은 단일한 할인율만을 가지고 있다고 지적했다. DDM을 이용한 듀레이션 계산은 전통적인 채권 가격 계산 방법에 기초를 두고 있지만, 채권 가격 계

---

[*] '통제한다'는 말은 조건이 비슷한 관찰치를 대상으로 여러 가지 분석을 수행하는 것을 가리킨다. 여기에서는 인플레이션 수준이 비슷한 해를 대상으로 관찰된 듀레이션과 DDM 듀레이션을 계산한 것으로 볼 수 있다.

○ 그림 7-2 DDM으로 계산한 듀레이션 vs PER

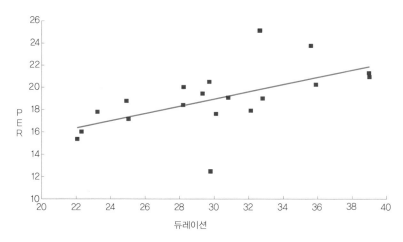

• 자료 : 메릴린치 정량분석팀

○ 그림 7-3 배당수익률의 역수로 계산한 듀레이션 vs PER

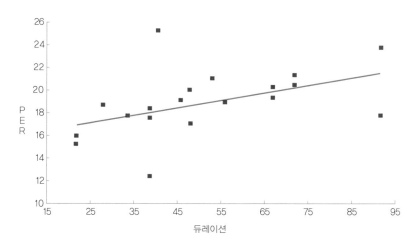

• 자료 : 메릴린치 정량분석팀

산은 미래의 현금흐름(쿠폰이자 등)이 고정된 경우를 대상으로 하고 있으므로 DDM 내의 각 변수의 상호작용에 대해서는 논의할 부분이 남아 있다는 것이다. 다양한 종류의 변동금리부 채권 등을 제외하면 대부분의 채권에서 현금흐름과 할인율 사이에는 상호작용이 없다. 만일 경기의 확장과 수축으로 금리가 크게 오르거나 내리면 투자자들은 기업의 성공과 잠재적 파산 위험에 대해 의문을 가질 것이다. 이런 상황은 각 기업의 미래 현금흐름에 큰 변화를 가져오지만, 채권의 현금흐름은 채권 발행 당시의 조건에 따라 고정된다. 하지만 기업의 배당 지급은 상당히 유동적이다.

**그림 7-4**는 배당성장률과 인플레이션 사이의 역사적 관계를 보여주고 있다(두 변수 사이의 관계를 더 분명하게 보여주기 위해 각 데이터를 단순 이동평균했다). 인플레이션 압력이 높아지면 배당성장률도 오르고 반대로 인플레이션이 약화되면 배당성장률도 떨어졌음을 확인할 수 있다.

**표 7-3**은 다양한 산업그룹과 금리 사이의 역사적인 관계(즉, 관찰된 듀레이션)를 보여준다. 이 표를 통해 금리 변화가 전체 주식시장에 미치는 영향을 통제했을 때 금리 1%포인트 상승이 각 산업그룹의 자본가치에 미치는 효과도 알 수 있다.

이 표에는 금리 상승으로 가장 부정적으로 영향을 받은 산업과 가장 적게 영향을 받은 산업이 정리되어 있다. 가장 금리에 민감하지 않은 그룹의 경우 실제로는 금리와 정의 상관관계가 있음에 주목할 필요가 있다. 금리 변화에 영향을 적게 받았다는 것은 금리가 오를 때 전체 주식시장 대비 상대 성과가 평균적으로 개선되었음을 의미한다.

**표 7-3**은 안정적이면서 경기 변동에 덜 민감한 산업(가정용품, 청량음료,

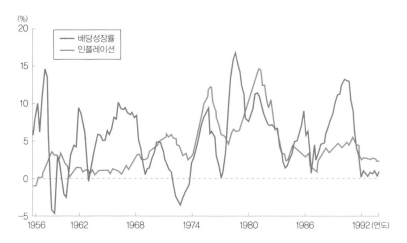

● 그림 7-4 배당성장률과 인플레이션의 관계

- 배당성장률은 S&P500지수를, 인플레이션은 소비자물가지수를 기준으로 함
- 자료 : 메릴린치 정량분석팀

식품 등)이 경기에 민감한 산업(철강, 기계장비, 금속 등)보다 금리에 더 민감한 경향이 있음을 보여주고 있다. 연구 기간(1973~1993년) 동안 금리에 결정적인 영향을 미친 요인은 유가의 상승과 하락이었다. 따라서 석유 관련 산업이 표의 아랫부분에 위치한다. 인플레이션에 대한 전통적인 헤지 (hedge) 수단인 금 관련 주식은 금리 상승에 가장 강한 정의 관계를 보여주는 산업으로 나타났는데, 장기 금리가 오름에 따라 금 가격도 상승했기 때문이다.

## ◎ 표 7-3 S&P 산업그룹지수의 듀레이션 현황

| S&P 산업그룹지수 | 듀레이션 |
|---|---|
| 저축대부조합 | −13.0 |
| 일반 소매업 | −7.5 |
| 가정용품 | −5.7 |
| 상업은행 | −5.6 |
| 전력산업 | −5.5 |
| 생명보험 | −5.3 |
| 자동차 | −5.1 |
| 식품 | −5.0 |
| 주류 | −5.0 |
| S&P500지수 | −4.7 |
| 청량음료 | −4.5 |
| 백화점 | −4.4 |
| S&P 금융지수(화장품) | −3.9 |
| 건자재 | −3.6 |
| 화물운송 | −3.5 |
| 생명공학* | −3.4 |
| 손해보험 | −2.9 |
| S&P 소비재지수 | −2.8 |
| 지방은행 | −2.7 |
| 화학 | −1.4 |
| 제약 | −1.2 |
| 담배 | −1.1 |
| S&P 자본재지수 | −0.1 |
| 복합 기업 | +2.0 |
| 철도 | +3.3 |
| 해외 석유기업 | +3.9 |
| 알루미늄 | +4.1 |
| 철강 | +4.4 |
| 기계 | +5.3 |
| 국내 석유기업 | +5.7 |
| 기타 금속 | +9.3 |
| 기계 장비 | +9.9 |
| 유정 장비 및 서비스 | +11.5 |
| 금 | +13.1 |

* 메릴린치 생명공학지수의 듀레이션은 1986년부터 1993년까지의 데이터를 기준으로 함
• 관찰된 듀레이션은 1974년부터 1993년까지 장기 금리(만기 10년 이상의 재무성 증권)가 12개월간 1%포인트 변화한 데 대한 각 산업그룹의 역사적 성과를 12개월 상승률(%) 변화로 나타낸 것임
• 자료 : 메릴린치 정량분석팀

## ⦙ 거의 관계가 없는 배당수익률과 듀레이션

금리민감도와 배당수익률은 일반적인 생각과 달리 관계가 그리 밀접하지 않다. **그림 7-5**는 주요 산업의 배당수익률이 실제 각 산업의 듀레이션과 이렇다 할 상관관계가 없음을 보여주고 있다. **그림 7-5**에 가로로 그어진 선은 실제로 관찰된 듀레이션과 배당수익률 사이의 회귀선인데, 이 선이 수평이라는 점은 배당수익률이 관찰된 듀레이션과 거의 관계가 없다는 것을 의미한다\*. 이 분석 결과는 배당수익률이 높은 주식이 금리에 더 민감하다는 일반적인 생각을 반박하는 것으로 볼 수 있다.

**○ 그림 7-5 관찰된 듀레이션과 배당수익률**

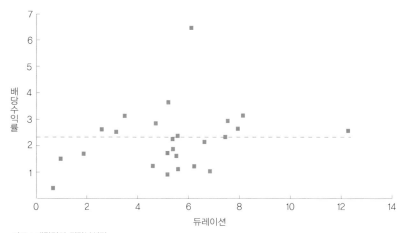

• 자료 : 메릴린치 정량분석팀

---

\* 회귀선의 기울기가 '0'이라는 뜻이며, '배당수익률 = $\alpha + \beta \times$ 관찰된 듀레이션'에서의 $\beta$ 계수가 '0'의 값을 가진 것으로 해석할 수 있다.

## ⋮ 인플레이션 전가도의 영향력

책의 앞부분에서 언급했듯이 인플레이션은 회사의 명목이익 성장에 중요한 자극제가 될 수 있지만, 인플레이션이 회사마다 동일한 영향을 미치지는 않는다. 일부 회사의 경우 제품 가격의 인상에 따라 회사의 이익이 결정되기 때문에 인플레이션으로 큰 혜택을 받게 된다. 인플레이션 압력이 약해지면 인기가 높아 수요가 많은 제품을 보유하고 있는 회사만 가격을 올릴 수 있다. 특별한 생산 공정이 필요 없고 쉽게 생산할 수 있는 한계 제품이나 원자재를 생산하는 회사는 가격을 올리지 못할 것이다.

그렇지만 경제 전반에서 인플레이션 압력이 높아지면 한계 제품이나 원자재 가격도 더 쉽게 올릴 수 있다. 일반적으로 인플레이션은 한계 제품 혹은 원자재 생산자를 도와주는 반면, 원자재 가격 상승에도 불구하고 고객에게 가격을 전가[*]할 수 없는 일부 회사의 마진을 악화시키기도 한다.

원가 상승 압력을 최종 소비자에게 전가하는 산업의 능력, 그리고 각 산업 내 주식이 인플레이션의 위험을 헤지할 수 있느냐는 문제에 대해 많은 연구가 이루어졌다. 아시코글루와 에르칸(Asikoglu & Ercan, 1992년), 그리고 마와 엘리스(Ma & Ellis, 1989년)의 연구도 그 예가 될 수 있을 것이다.

두 연구 모두 실증분석 데이터를 통해 어떤 회사나 산업이 인플레이션 압력을 전가할 수 있었던 반면, 다른 회사는 그렇지 못하는 등 상당히 큰

---

[*] 가격 전가란 원자재 가격 상승 혹은 환율 상승으로 인한 원가 상승을 가격 인상을 통해 소비자에게 떠넘기는 것을 말한다. 일반적으로 경쟁이 치열한 산업에서는 가격 전가가 쉽지 않다.

차이가 있음을 보여준다. 즉, 자본 구조와 효율성은 인플레이션의 영향력에 영향을 미칠 수 있다. 예를 들어 어떤 산업은 병목현상을 일으켜 인플레이션 원인이 되기도 한다. 일련의 연구자들은 인플레이션 기간 동안 일반적으로 금융자산의 성과가 그리 좋지 않았던 반면, 인플레이션 압력을 고객에게 전가하거나 혹은 인플레이션을 주도한 기업의 주가는 반대의 효과를 누렸음을 밝혀냈다.

레보위츠의 주식 듀레이션 측정 방법은 다른 주식 듀레이션 측정 방법에 비해 주식의 금리민감도를 낮추고, 인플레이션 전가 효과를 반영한다. 레보위츠 등의 연구는 인플레이션은 금리를 상승시키는 경향이 있으나, 일부 회사는 인플레이션에서 혜택을 받을 수 있으므로 이런 기업의 이익 증가는 금리 상승의 충격을 상쇄해서 DDM으로 측정된 듀레이션을 낮출 수 있음을 보여준다. 레보위츠의 듀레이션 계산 공식은 오른쪽과 같이 실질금리*와 DDM으로 계산된 듀레이션, 그리고 인플레이션 전가도에 대한 주식의 민감도로 제시된다.

DDM으로 계산한 듀레이션은 미래 현금흐름이 인플레이션 변화에 동일한 것으로 가정하지만, 레보위츠 듀레이션은 인플레이션에 따라 현금흐름이 바뀔 수 있다고 본다. 따라서 가격 전가가 쉬운 산업은 인플레이션 압력이 높아지며 금리가 오를 때 듀레이션이 짧아진다. 레보위츠의 듀레이션 공식에서 인플레이션 전가도의 영향력을 설명해주는 예로 생명공학주 및 알루미늄주를 들 수 있다.

---

$$가격\ 변화 = -D_{DDM}(1-\gamma+dh/dr)dr-D_{DDM}(1-\lambda+dh/dI)dI^{\bullet}$$

- $D_{DDM}$ = DDM으로 계산한 듀레이션
- $\gamma$ = 실질금리에 대한 성장률 민감도
- h = 주식시장의 위험 프리미엄[**]
- r = 명목성장률 중 실질성장률의 값
- $\lambda$ = 인플레이션 전가도의 값
- I = 명목성장률 중 인플레이션의 값

경기 저점에서는 생명공학주 및 알루미늄주 모두 듀레이션이 매우 길 것이다. 생명공학회사는 눈으로 확인 가능한 제품이 없고 이에 따라 가까운 미래의 현금흐름이 없기 때문에 긴 듀레이션을 가진다. 이익과 현금흐름에 대한 생명공학주의 주가배수(PER, PCR 등)는 무한대에 가깝게 커질 수 있다. 알루미늄회사도 불황기에는 가까운 미래의 사업 전망이 상당히 어두워지고, 손실을 본 채 운영될 것이므로 긴 듀레이션을 가질 것이다. 따라서 알루미늄주의 PER은 생명공학주와 비슷하게 무한대일 수 있다.

이들 두 종목 간의 차이는 경기가 좋아질 때 확연해진다. 알루미늄회사는 경기에 상당히 민감하기 때문에 현금흐름이 신속하게 호전될 수 있을 것이다. 반면에 생명공학회사는 경기에 민감하지 않아, 경기가 좋아져도

---

[*] dh 혹은 dr, dI에서의 d는 각 변수값의 매우 작은 증가를 의미한다. 예를 들어 dh는 주식시장의 위험 프리미엄이 아주 미미하게 증가한 것으로 볼 수 있다.

[**] 위험 프리미엄이란 적정 가치에 비해 얼마나 할인되어 있는지를 측정한 지표로, 일반적으로 '위험 프리미엄 = 1/PER (주식수익률)- 채권금리'로 계산한다.

현금흐름은 전혀 변하지 않을 가능성이 높다. 따라서 경기가 성숙 국면에 진입하고 금리가 올라가기 시작하면 알루미늄회사는 현금흐름 개선 영향으로 듀레이션이 짧아지기 때문에 금리 상승의 악영향을 덜 받을 것이다.

더 나아가 레보위츠 듀레이션 공식은 금리(더 정확하게는 실질금리) 상승에 반대 영향을 받는 회사에 대해서도 조정을 실시한다. 금융주 혹은 부채 수준이 높은 회사들은 DDM으로 측정한 듀레이션 수준을 넘는 강한 금리 민감도를 가질 수 있다. **표 7-4**는 지금까지 논의된 레보위츠 듀레이션의 효과를 정리한 것이다.

번스타인(1992년)은 레보위츠 듀레이션 측정 방법이 이자율 민감도를 측정할 때뿐만 아니라 경기사이클의 특정 지점에서 발생할 어닝 서프라이즈 확률을 더 정확하게 측정하는 방법이 될 수 있다고 주장한다. 경기에 민감한 주식 듀레이션은 경기 저점 근처에서 종종 극단적으로 길어지는데, 이

**○ 표 7-4 레보위츠의 주식 듀레이션 변수와 내용**

| 변수 | 내용 |
|---|---|
| $D_{DDM}$ | DDM으로 작성한 듀레이션이 길수록 레보위츠 듀레이션도 길어짐 |
| $\gamma$ | $\gamma$가 클수록 추정 성장률이 실질금리에 더 민감하게 반응한다는 것을 의미하며, 레보위츠 듀레이션도 길어짐 |
| $dh/dr$ | 금리에 비해 주식 위험 프리미엄이 높으면 레보위츠 듀레이션이 더 길어짐 |
| $\lambda$ | 기업이 인플레이션 압력을 소비자에게 전가할 수 있으면 레보위츠 듀레이션은 더 짧아짐 |
| $dh/dI$ | 인플레이션에 비해 주식 위험 프리미엄이 높으면 레보위츠 듀레이션도 더 길어지게 됨 |

• 자료 : 메릴린치 정량분석팀

는 경기 저점을 전후해 그 기업의 현재 이익이 극히 부진한 데다 미래 성장에 대한 애널리스트 이익예상이 극단적으로 비관적이기 때문이다.

경기가 회복되고 명목성장률이 개선되면 아무도 거들떠보지 않았던 주식들 가운데 긍정적인 어닝 서프라이즈가 일어날 확률이 가장 높다. 물론 앞의 상황과 정확하게 반대의 경우는 경기사이클이 정점에 있을 때일 것이다. 따라서 인플레이션 전가도를 중시하는 레보위츠의 듀레이션 측정 방법은 경기사이클의 어떤 지점에서 긍정적인 서프라이즈를 보일 잠재적인 후보군을 찾는 좋은 방법이 될 수 있을 것이다.


## · 가치주와 성장주의 듀레이션

미래 명목성장을 할인하는 기준이 금리이기 때문에, 듀레이션과 배당수익률은 스타일 투자에서 중요한 역할을 한다. 금리가 떨어지면 듀레이션이 긴 자산의 성과가 좋아진다. 이 말은 주식시장에서 금리가 하락할 때 PER이 높은 저배당 주식이 뛰어난 성과를 낸다는 것을 의미한다. 반면에 금리가 상승하면 듀레이션이 짧은 자산이 더 나은 성과를 낼 것이다. 즉, PER이 낮고 잠재적 이익이 많은 고배당 주식이 나은 성과를 기록할 것으로 예상할 수 있다.

금리, 듀레이션, 그리고 주식 성과 사이의 관계는 성장주 및 가치주 투자의 성과에 중요한 영향을 미친다. 번스타인의 논문(1992년)에서 인용한 **표 7-5**는 여러 개의 성장주 및 가치주 포트폴리오의 DDM으로 계산된 듀

**○ 표 7-5 성장주 및 가치주 포트폴리오의 듀레이션**

(단위 : 년)

| 투자 전략 | | DDM으로 작성한 듀레이션 |
|---|---|---|
| 가치주 | 높은 주식수익률 | 21.0 |
| | 높은 DDM 알파 | 23.0 |
| | 낮은 PSR | 26.7 |
| | 낮은 PCR | 26.8 |
| | 낮은 PBR | 27.1 |
| 성장주 | 긍정적인 EPS 서프라이즈 | 27.7 |
| | 높은 EPS 모멘텀 | 28.2 |
| | 향후 5년간 추정이익 성장률 상위 | 31.1 |
| | 이익 컨센서스 상향 조정 | 32.7 |
| 동일비중 S&P500 | | 27.8 |

• 자료 : 메릴린치 정량분석팀(1992년 8월 31일 기준)

레이션값을 보여준다. 일반적으로 가치주 포트폴리오의 듀레이션이 짧고, 따라서 성장주 투자 전략보다 금리에 덜 민감하다.

가치주 투자 전략을 채택한 포트폴리오의 듀레이션은 **표 7-5**의 값과 비슷할 것이다. 대다수 성장주 및 가치주 펀드의 포트폴리오 듀레이션값은 이런 생각을 뒷받침한다.

**표 7-6**은 4장에서 이미 다루었던 성장주 및 가치주 펀드의 실제 관찰된 듀레이션값이다. 대상 기간 동안 성장주 스타일의 뮤추얼 펀드는 가치주 스타일의 뮤추얼 펀드보다 금리에 더 민감했다.

| 펀드 형태 | 1982년 1월~1992년 7월 | 1987년 1월~1992년 7월 |
|---|---|---|
| 성장주 펀드(A) | 525bp | 558bp |
| 가치주 펀드(B) | 371bp | 318bp |
| 차이(A−B) | 154bp | 240bp |

• 표에 있는 숫자는 장기 금리(만기 10년 이상)의 1%포인트 변화에 따른 펀드 순자산가치 변화를 베이시스포인트(basis point : bp)로 나타낸 것임
• 자료 : 메릴린치 정량분석팀

## ⋮ 소형주 부진의 원인은 금리

6장에서 살펴본 것처럼, 소형주는 1980년대에 상당히 부진한 성과를 기록했었다. 소형주의 베타가 일반적으로 높다는 것을 감안하면 하이 베타 주식의 수익률이 높다는 자본자산 가격결정 모형(CAPM)의 가치에 대해 몇 가지 의문을 제기할 수도 있을 것이다. 하지만 듀레이션 분석은 1980년대의 소형주 성과 부진의 이유를 설명해준다.

번스타인과 튜(Tew, 1991년)는 1980년대 소형주의 성과가 좋지 않았던 것은 듀레이션 위험에 비해 성장률이 낮았기 때문이라고 주장했다. 이들은 듀레이션이 짧은 주식의 명목성장이 듀레이션이 긴 주식에 비해 경쟁력 있는(혹은 우월한) 현상이 나타났다고 주장한다. 투자자들이 듀레이션 위험을 감수할지 또는 감수하지 않을지 선택할 수 있다면, 명목성장이 잠재적으로 동일한 경우에는 보다 안전한, 듀레이션이 짧은 주식 쪽으로 쏠릴 것이다.

이들은 또한 듀레이션이 수익의 확실성을 측정하는 척도라고 제시한다.

주식의 총수익은 배당 수익과 자본 차익의 2가지로 구성된다. 투자자들은 배당금을 받는 날짜와 배당금 액수를 대체로 알기 때문에 배당수익률이 총 수익에 기여하는 것을 비교적 잘 알고 있다. 그렇지만 자본 차익은 상대적으로 확실하지 않다. 따라서 투자자들은 주가가 오를 것이라고 예상하면서 주식을 매수하지만, 언제 주식을 매도해 얼마만큼의 자본 차익을 거둘지는 알 수 없다.

## ⦁ 주식 수익률 곡선

번스타인과 튜는 주식시장에도 단기채 및 장기채와 비슷한 성격을 갖는 주식이 있다고 주장했다. 만일 단기채가 장기채와 동일한 수익률을 내는 것처럼 듀레이션이 짧은 주식이 듀레이션이 긴 주식처럼 경쟁력 있는 명목이익 성장률을 제공한다고 하자. 이 경우 짧은 듀레이션을 가진 기업이 동일한 수익률을 제공하면서도 상대적으로 더 이익 안정성이 높으므로 합리적인 투자자들은 듀레이션이 짧은 주식을 선호할 것이다.

또한 번스타인과 튜는 예상성장과 듀레이션 위험 간의 상충 관계*를 나타내는 것으로 주식시장의 '수익률 곡선'을 제시했다. 이들은 주식 수익률 곡선에서도 일반적으로 우상향하는 모습이 나타나야 한다고 가정했다. 채

---

* 상충 관계(trade-off)란 위험과 수익의 관계처럼, 하나의 이익을 얻는 동시에 다른 손실이 발생하는 것을 의미한다.

권 수익률 곡선처럼 투자자들이 듀레이션 위험을 감수하도록 유도하기 위해서다. 이들은 1980년대에 주식 수익률 곡선이 상대적으로 평평했음을 입증하고, 비정상적인 상충 관계로 인해 소형주가 부진했다고 추측했다. 1980년대에 주식 수익률 곡선이 좀더 우상향하는 모양을 보였다면 소형주의 성과가 좋았을 것이라고 설명했다.

그림 7-6은 1989년 6월과 1990년 5월의 주식 수익률 곡선을 비교한 것이다. 이를 통해 1990년 말 소형주 랠리가 시작되기 전에 주식 수익률 곡선이 좀더 가팔라지기 시작했음을 알 수 있다. 8장에서는 듀레이션과 명목이익 성장에 대한 투자자들의 예상이 소형주 성과를 결정하는 주된 요소라는 점에 대해 알아볼 것이다.

● 그림 7-6 주식 수익률 곡선

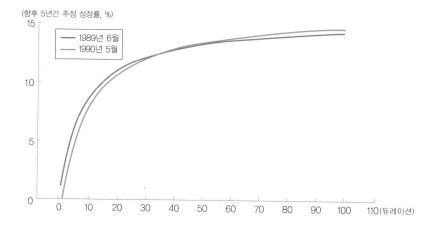

# CHAPTER 07 핵심 내용

- 듀레이션은 금리민감도를 측정하는 지표로, 금리민감도는 주로 채권에 사용되었지만 최근에는 주식에도 적용되고 있다.

- 듀레이션으로는 금리가 1%포인트 변하는 것에 대한 가격의 변화 정도를 측정할 수 있다.

- 주식 듀레이션을 계산하는 방법에는 3가지가 있다. 첫째는 배당수익률의 역수를 취하는 것이고, 둘째는 DDM을 이용하는 것이며, 셋째는 레보위츠의 듀레이션 계산을 이용하는 것이다.

- 배당수익률의 역수는 직관적으로 상당히 매력 있는 방법이지만, 미래의 기업 이익과 배당금이 일정하다고 가정하는 데에는 한계가 있다.

- DDM을 이용해 듀레이션을 계산하는 방법은 채권 가격 계산법과 가장 흡사하며, 향후 수익이 일정하지 않다고 가정하고 계산하기 때문에 배당수익률의 역수로 구하는 듀레이션 계산법보다 정확하다.

- DDM을 이용한 듀레이션 계산의 문제점은 이 방법으로 계산한 주식 듀레이션값이 일반적으로 20~30년 사이라는 것이다. 하지만 주식시장에서 관찰된 듀레이션은 보통 5~10년이다.

- 레보위츠 듀레이션 계산법은 명목성장과 실질금리에 대한 다양한 민감도를 측정해 DDM을 이용한 듀레이션과 관찰된 듀레이션을 융합한 것이다. 경기가 좋아지면 금리가 오르는 경향이 있지만, 경기 확장기에 일부 회사는 다른 회사보다 경제 성장의 혜택을 더 많이 받기 때문에 이들 회사의 듀레이션은 짧아진다.

- 일반적인 생각과는 달리 배당수익률이 높은 주식이 반드시 금리 변화에 더 민감한 것은 아니다.

- 성장주 투자 전략이 가치주 투자 전략보다 듀레이션이 더 길다.

- 듀레이션 분석을 하면 1980년대에 소형주의 성과가 좋지 않았던 것을 설명하는 데 도움이 되는데, 이 기간 동안 듀레이션이 짧은 주식이 듀레이션이 긴 주식과 비슷한 잠재성장을 투자자에게 제공했기 때문이다.

- 듀레이션은 '수익의 안정성'을 측정하는 수단으로 생각할 수도 있다. 예상수익이 비슷한 경우라면 현명한 투자자는 수익이 더 확실한 듀레이션이 짧은 자산에 투자하려 들 것이다.

- 듀레이션과 명목이익 성장을 함께 고찰하는 방법으로는 주식 수익률 곡선이 있다. 수익률 곡선의 모양과 기울기는 투자자들의 위험에 대한 성향을 파악하도록 도와준다.

## ˙배당? 배당!!!

　사실 2009년 이 책을 처음 번역할 때만 해도 배당을 다룬 부분에 대한 관심은 크지 않았다. 당시 한국 기업들은 배당에 별다른 열의가 없었으며, 투자자들도 배당주에 대한 관심이 크지 않았기 때문이다.

　그러나 최근 한국 주식시장에서 가장 뜨거운 투자 유형이 바로 배당주다. 아래 그래프는 MKF500지수와 고배당주지수의 추이를 보여준다. 2001년을 기준(1000)으로 작성되었다. 2018년 3월까지 MKF500지수는 5,130포인트를 기록

◐ **MKF500 vs 고배당주 지수**

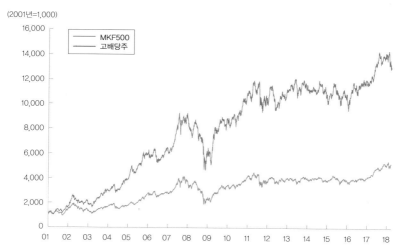

(2001년=1,000)

• 자료 : FnGuide

한 반면 고배당주지수는 무려 1만 3,030포인트를 기록했다.

　이런 현상이 나타난 것은 바로 한국 기업들의 배당이 무시할 수 없는 수준으로 늘어났기 때문이다. 다음 그래프가 보여주듯이 한국 기업들은 꾸준히 이익을 내고, 또 배당을 지급하고 있을 뿐만 아니라 나날이 배당금 지급 규모가 늘어나고 있다. 1990년에는 상장기업의 순이익은 6조 원, 배당금은 1조 원대에 그쳤던 반면 2005년에는 순이익 60조, 배당금 11조 원 수준으로 늘어난 데 이어 2017년에는 순이익이 124조 원, 배당금 22조 원을 기록하기에 이르렀다.

◉ 코스피 순이익 vs 배당금

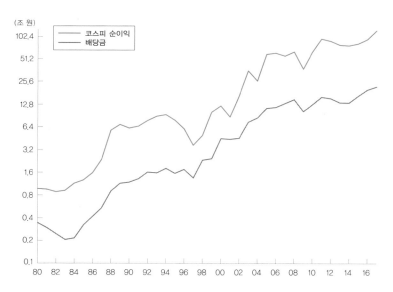

• 자료 : 한국은행

이에 따라 자연스럽게 배당이 늘어날 가능성이 높은 데다, 최근의 저금리 국면에서는 배당주에 대한 투자자들의 선호도 이어질 것으로 보인다. 최근 연기금을 중심으로 한 장기 투자자가 육성된 것도 배당주 강세 현상을 뒷받침하는 요인으로 작용할 수 있다. 한국 주식시장에서 배당주는 매우 중요한 투자 스타일로 부각될 것으로 예상된다.

● 고배당주지수 초과수익률과 회사채 금리 추이

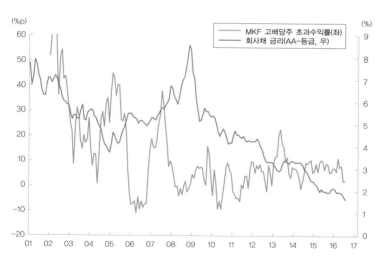

• 자료 : FnGuide, 한국은행

# 대형주 vs 소형주

시장 세분화에 대한 다양한 연구 가운데 대중에게 가장 잘 알려진 것 중의 하나는 기업 규모를 기준으로 주식을 분류하는 것이다. 심지어 평범한 투자자들조차 소형주가 대형주에 비해 오랫동안 더 나은 성과를 기록했음을 알고 있다. 또한 소형주의 성과가 오랜 기간 동안 좋긴 했으나 상승과 하락의 급격한 주기를 가지고 있다는 사실도 대부분의 투자자들이 알고 있다.

이렇게 널리 잘 알려져 있음에도 불구하고 소형주 효과*에 대해서는 여

---

*소형주가 장기에 걸쳐 시장 전체 성과를 뛰어넘는 현상을 말하는데, 한국에서는 이 현상이 그리 뚜렷하게 나타나지 않았다.

전히 논쟁의 여지가 남아 있는데, 일부 연구자들은 소형주 효과는 단지 이론적으로만 존재하는 것으로, 투자자들이 실제 시장에서 투자 성과를 올리는 데 이용할 수 없다고 주장했다[파우스(Fouse, 1989년)].

그렇지만 소형주 효과를 불신하는 사람들조차 '왜 소형주가 강한 수익률의 순환을 가지고 있느냐?'라는 의문에 대해 답하지 못하고 있다. 그 순환을 투자에 활용할 수 있느냐는 문제는 잠시 제쳐두더라도 소형주와 대형주 사이의 관계는 대단히 불안정하므로 스타일 투자자들이 소형주와 대형주의 사이클이 발생하는 원인이 무엇인지를 잘 이해한다면 큰 이득을 볼 수 있다.

또한 이전의 장들에서 언급했던 시장 세그먼트 방법의 일부를 이용하면 소형주도 더 잘게 구분된다. 예를 들어 소형성장주와 소형가치주가 있을 수 있다. 소형주에 월가의 애널리스트들이 이용하는 다양한 기업 내재가치 분석 기법을 적용하면 값에 큰 편차가 나타날 뿐만 아니라, 기간에 따라 아주 다른 성과를 나타낸다. 이들의 유일한 공통점은 모두 소형주라는 점뿐이다. 앞에서 논의되었던 듀레이션, 무시(애널리스트 분석 커버리지에서 제외되는 일), 가치평가 기법, 이익예상, 위험 감수 등의 주제가 소형주 투자 성과에 영향을 미칠 수 있다.

이 장에서는 주식 규모에 따른 투자와 관련된 개념과 정의를 우선 검토할 것이다. 그다음에는 소형주 투자 유니버스 안에 존재하는 세그먼트에 대해 분석하고, 소형주가 시장의 성과를 압도하는 사이클이 나타나는 이유에 대해 살펴볼 것이다.

## · 소형주 투자 성과의 사이클

**그림 8-1**은 S&P500지수 대비 이봇슨 소형주지수(Ibbotson small stock index)의 상대 성과를 나타낸 것이다. 이봇슨과 싱크필드(1976년), 반즈 (1981년) 등의 연구에 힘입어 투자자들은 소형주가 CAPM으로 설명되는 것 이상의 수익률을 역사적으로 기록했음을 알기 시작했다. 이를 통해 소형주 투자의 위험(즉, 하이 베타 주식에 투자한 데 따른 높은 수익률)을 감안하더라 도 소형주가 기대 이상의 월등한 수익을 냈다는 사실이 밝혀졌다.

　여기서 한 가지 알아두어야 할 점이 있는데, 반즈의 연구는 1981년에 발표 되었고 소형주의 성과는 1983년에 정점에 도달했다는 사실이다. 1980년대

◎ 그림 8-1 S&P500지수 대비 이봇슨 소형주지수의 상대 성과 추이

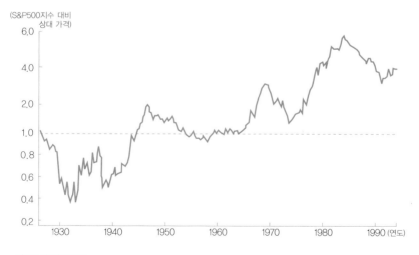

• 자료 : 이봇슨(시카고)

소형주가 부진한 성과를 기록함에 따라 일부에서는 일단 소형주 효과가 발견되고 투자자들에게 수용된 이후에는 소형주 가격이 적정 가치 이상으로 상승해 소형주 효과가 없어졌다고 지적하기 시작했다. 즉, 소형주의 탁월한 성과는 소형주 투자의 효과를 대중이 모를 때만 유효하다는 것이다.

이런 비판은 이 책에서 언급된 이익예상 라이프사이클 개념과는 잘 맞긴 하나, 1980년대의 소형주 부진 현상은 투자자들의 인식 변화뿐만 아니라 경제적인 여건 변화로도 설명될 수 있다. 물론 거시경제적 충격에도 원인이 있는 것이 사실이지만, 일부의 비판처럼 1983년에 소형주의 성과가 정점에 도달하고, 소형주 투자가 대중에게 큰 유행을 일으킨 점은 미래의 부진을 시사한 것으로 볼 수 있다. 이는 1990년 초의 베타계수를 둘러싼 논란과 이후 하이 베타 주식의 강세 현상과도 일치되는 현상이다.

예를 들어 대공황 직전이었던 1926년에 이봇슨 소형주지수에 1달러를 투자했다면 1993년 말에는 2,757달러의 성과를 올렸겠지만, 같은 1달러를 S&P500지수에 투자했다면 800달러에 불과했을 것이다. 분명한 것은 1929년의 대공황과 그에 이은 1930년대의 약세장과 데이터의 제약 등으로 인해 소형주 투자의 성과가 왜곡되었다는 점이다. 하지만 **표 8-1**을 보면 투자의 시작 시점과는 상관없이 투자 기간이 길수록 소형주가 대형주보다 좋은 성과를 낼 확률이 높다는 사실을 알 수 있다. **표 8-1**은 1926년부터 1993년까지의 기간을 대상으로 소형주와 대형주를 평균 6·12·36·60·120개월 동안 보유할 경우 소형주가 우월한 성과를 기록할 확률을 조사한 것이다.

그렇지만 소형주가 뛰어난 성과를 거두었다고 해서 소형주 투자 성과의 사이클을 무시해서는 안 된다. 어떤 투자자가 소형주 사이클이 정점일 때 투자를 시작했다면 소형주 매수 후 보유 전략보다 낮은 성과를 거두었을 것이며, 또한 S&P500지수와 비슷한 성과를 올렸을 것이다.

표 8-2는 소형주 사이클이 정점에 도달했을 때 소형주와 S&P500지수에 각각 장기 투자했다고 가정해, 소형주가 S&P500의 성과를 따라잡는 데 얼마나 많은 시간이 걸리는지를 나타낸 것이다. 표에 나타난 것처럼 소형주 매수 후 보유 전략이 S&P500지수의 성과를 따라잡는 데 적게는 6년, 길게는 21년이라는 긴 시간이 필요했다.

이 표는 장기적으로 소형주가 시장보다 높은 성과를 기록하게 된다는 생각이 잘못된 투자를 낳을 수 있음을 보여준다. 소형주가 장기간(1926년에서 1993년까지) 시장의 성과를 뛰어넘긴 했지만, 소형주 사이클을 판단하는 것이 성공적인 소형주 투자의 핵심이라 할 수 있다. 그러지 못한 경우에는 차라리 대형주 투자를 지속하는 것이 더 나을 것이다.

◐ 표 8-1 소형주가 대형주보다 뛰어난 성과를 보일 역사적 확률

(단위 : %)

| 보유 기간 | 소형주가 대형주보다 나은 성과를 기록한 비율 |
| --- | --- |
| 6개월 | 51.5 |
| 12개월 | 53.9 |
| 36개월 | 52.3 |
| 60개월 | 54.9 |
| 120개월 | 70.0 |

• 1926년부터 1993년까지의 다양한 주식 보유 기간을 대상으로 소형주가 대형주에 비해 나은 성과를 기록한 비율을 표시한 것이며, 이 표를 작성하는 데 사용된 데이터는 월간 기준임

○ 표 8-2 소형주가 역사적 정점일 때 소형주와 S&P500지수에 투자한 경우 '수입 중립화'까지 걸린 시간*

| 소형주의 역사적 정점 | 두 투자 전략의 성과가 동일해질 때까지 걸린 기간 |
|---|---|
| 1926년 | 18년 |
| 1937년 | 6년 |
| 1947년 | 21년 |
| 1969년 | 9년 |
| 1983년 | ? |

* 소형주가 역사적 고점에 도달했을 때 각각 소형주지수와 S&P500지수에 투자한 것으로 가정할 경우 소형주지수는 S&P500지수보다 크게 부진할 가능성이 높다. 소형주가 아무리 높은 수익을 제공한다 해도 역사적인 급등 후 다시 시장수익률을 따라잡는 데는 짧게는 6년, 길게는 21년이 소요되었다.

## ∶소형주의 정의와 소형주 투자의 성공 요인

소형주를 정의하는 데는 많은 방법이 있지만, 대부분의 투자자들은 주식의 시가총액에 초점을 맞춘다. 매출이나 수익, 총자산이나 종업원 수를 이용하는 경우도 있지만, 대부분의 기관투자가들은 시가총액을 선호한다. 왜냐하면 시가총액이 주식 거래의 유동성을 잘 설명하기 때문이다. 회사의 매출이나 총자산이 아무리 크더라도 명목이익 성장률이 낮다면 주가와 시가총액은 아주 작을 수 있다.

시가총액이 작으면 거래하기가 어렵기 때문에 기관투자가들은 기업의 규모를 분류할 때 시가총액을 기준으로 하는 것을 선호한다. **그림 8-2와 그림 8-3**은 시가총액과 매출액, 시가총액과 종업원 수 사이의 관계를 회귀선을 통해 보여주는데, 이 산포도(scatter diagram)는 거래 유동성에 대해 너무

신경 쓸 필요 없이 매출액이나 종업원 수 같은 다양한 정의를 이용해도 큰
문제가 없음을 보여준다.

**○ 그림 8-2 시가총액과 매출액의 회귀선**

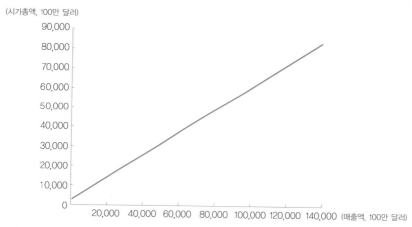

(시가총액, 100만 달러)

• 자료 : 메릴린치 정량분석팀

**○ 그림 8-3 시가총액과 종업원 수의 회귀선**

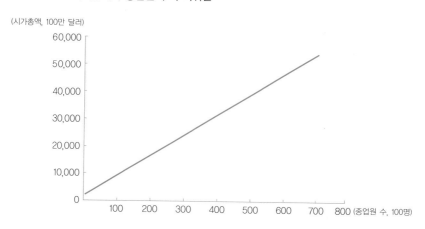

(시가총액, 100만 달러)

• 자료 : 메릴린치 정량분석팀

페롤드(Perold, 1988년) 및 페롤드와 시리(Sirri, 1994년)는 포트폴리오의 총거래비용은 수수료, 세금, 시장 충격 및 기회비용의 조합으로 구성된다고 주장했다. 수수료와 세금은 쉽게 계산이 가능하지만 시장 충격과 기회비용은 쉽게 계량화하기 어렵다.

여기서 시장 충격이란 평상시보다 훨씬 많은 거래가 발생하며 주가가 크게 변한 것을 말한다. 주문을 처리하기 어려울 정도로 과도한 매수·매도 주문은 매수호가와 매도호가의 차이를 벌어지게 만들며, 포트폴리오 매니저는 주문을 체결하기 위해 더 고가로 매수하고 더 저가로 매도해야 하기 때문에 운용의 성과가 훼손된다. 기회비용은 포트폴리오 매니저가 원하는 시간 안에 거래를 체결하지 못함으로써 발생하는 숨겨진 거래비용이라 할 수 있다.

예를 들어 펀드매니저가 주식 1만 주를 사길 원하지만 대상 주식이 하루 평균에 1천 주만 거래된다고 가정하자. 포트폴리오 운용자의 트레이더가 하루에 1천 주 이상을 매수해 시장 충격 비용을 증가시키거나 주식 브로커가 가격 변동의 위험을 안고 특정 가격으로 즉시 거래를 하는 경우를 고려하지 않는다면* 앞의 거래를 마치는 데 모두 10일이 걸린다. 그렇지만 10일 동안 여러 기업 내재가치와 관련된 뉴스로 인해 해당 주식의 주가가 오를 수도 있다. 1만 주를 매입하기까지 걸린 10일 동안 놓친 성과, 즉 그동안의 손해를 기회비용이라고 부른다. 소형주는 자주 거래되지 않고 대형주

---

* 이때 브로커는 먼저 주식을 빌려 펀드매니저의 매수 주문을 체결시킨 후 시간을 두고 다시 주식을 매입해 정산할 것이다. 물론 이 과정에서 이 브로커는 손실이나 이익을 볼 수 있을 것이다.

에 비해 거래량도 작기 때문에, 소형주 투자자들은 그들의 거래가 가져올 시장 충격과 기회비용을 항상 알고 있어야 한다.

바스(Barth, 1994년)가 제시한 주식의 거래 유동성을 판단하는 직관적인 방법은 100만 달러의 주식을 거래하는 데 걸리는 역사적인 평균 기간(일)으로 해당 주식의 유동성을 측정하는 것이다. 이때 거래대금은 주어진 기간 동안의 주가에 거래량을 곱해 계산한다.

그림 8-4는 1993년 2월부터 1994년 2월까지의 거래량과 주가에 관한 자료를 근거로 해 시가총액 그룹별로 100만 달러 거래에 필요한 평균 기간(일)을 나타낸 것이다. 나스닥(NASDAQ)시장의 거래 자료는 실제로 거래된 주식 수의 2배로 기록되기 때문에, 그림 8-4에 사용된 자료는 뉴욕증권거래소(NYSE)와 아메리카증권거래소(AMEX)에 상장된 주식으로 제한했다(나스닥

○ 그림 8-4 시가총액 그룹별 100만 달러 거래에 걸리는 시간

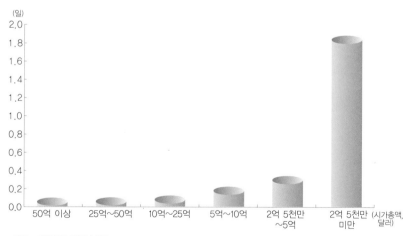

• 자료 : 메릴린치 정량분석팀

시장에서는 시장 조성인 2명 모두 각각 거래를 기록하기 때문에 시장 조성인 1과 시장 조성인 2 사이에 실제로 100주가 거래된 경우 200주로 기록된다. 증권거래소에서는 스페셜리스트 한 명이 거래를 맡기 때문에 이런 일이 발생하지 않는다).

이 그림을 보면 대다수 주식은 100만 달러를 쉽게 거래 체결하지만, 시가총액이 감소함에 따라 거래를 끝내는 데 걸리는 시간이 증가한다는 점을 알 수 있다. 시가총액이 2억 5,000만 달러 미만인 초소형주들은 100만 달러가 거래되는 데 평균적으로 거의 이틀 걸렸다. 소형주 중에는 100만 달러 거래에 걸리는 시간이 일주일이 넘는 경우도 있다.

프레드휴먼과 번스타인(1994년)은 주식을 시가총액으로 나눠 그 역사적 성과를 분석했다. 그들은 약 6,000개의 주식을 시가총액을 기준으로 4개 그룹으로 분류해 1974년부터 1993년까지 연도별 투자 성과를 측정했다. 이들 그룹의 역사적 위험 및 수익의 특성은 **표 8-3**에 정리되어 있다.

수익이 증가할수록 위험도 커지는데 샤프비율(혹은 위험 대비 수익률)이 가장 좋은 것은 중형주다. 중형주는 소형주처럼 높은 수익을 거두면서(즉,

● 표 8-3 시가총액 그룹별 위험 대비 수익 특성

| 규모 | 연간 수익(%) | 표준편차(%) | 샤프비율* |
|---|---|---|---|
| 대형주 | 11.0 | 15.9 | 0.691 |
| 중형주 | 14.3 | 17.3 | 0.827 |
| 소형주 | 15.4 | 19.1 | 0.806 |
| 초소형주** | 19.0 | 23.4 | 0.812 |

* 샤프비율은 주식 투자의 수익을 표준편차로 나눠 구하며 단위 위험당 수익으로 볼 수 있음
** 초소형주는 이봇슨 소형주지수에 편입된 종목과 매우 유사함
• 자료 : 메릴린치 정량분석팀(1974~1993년)

소형주는 아니지만 주식 규모는 적당히 작기에) 적절한 거래 유동성을 제공해 주기 때문에, 중형주가 위험 대비 수익률이 뛰어나다는 사실은 기관투자가에게 더 중요한 영향을 미칠 것이다.

높은 거래비용으로 인해 잠재적인 소형주 효과가 효력을 발휘할 수 없다는 파우스의 연구가 현실에 부합한다면, 기관투자가에는 중형주 투자 유니버스가 소형주 투자 유니버스의 대안이 될 것이다. 게다가 중형주는 단위 위험당 수익이 소형주보다 높으면서, 소형주에서 문제가 되었던 높은 거래 비용 문제도 없다.

투자자들이 소형주 투자를 고려할 때에는 독점적인 제품이나 기술을 갖고 있는 기업, 최근에 기업공개를 한 기업 등 상대적으로 새로운 기업을 주된 대상으로 한다. 이런 주식은 PSR, PBR, PER, PCR이 아주 높은 상태에서 매매가 이루어지며 종종 신흥성장주로 불린다.

성공적인 신흥성장주 펀드매니저는 이익예상 라이프사이클에서의 성공적인 성장주 펀드매니저와 마찬가지로 역발상 매도자로 행동할 때 성과를 낼 것이다. 독점적인 제품도 언젠가는 경쟁자에 맞닥뜨리게 된다. 성공적인 신흥성장주 펀드매니저는 제품의 강점을 판단하고 경쟁의 가능성을 고려한 후, 이 기업의 주가 수준을 다른 기업과 비교해 언제 매도할지를 결정한다. 따라서 성공적인 신흥성장주 펀드매니저는 그 기업이 강세를 보일 때에 종종 매도한다.

소형주 투자를 할 때는 누구나 신흥성장주에 투자하기를 바라지만, 이런 투자 전략의 대상은 전체 소형주 투자 유니버스의 아주 일부분에 불과하다. 신흥성장주 이외의 다른 소형주는 더 성숙한 회사로, 신흥성장주보다는 시가총액이 크지만 일반적으로 매력적이거나 흥분을 자아내는 주식은 아니다. 다시 말해 이런 회사는 오래된 성숙한 기업으로, 주기적인 혹은 추세적인 부진 영향으로 시가총액이 줄어든 것이다.

이런 기업들의 시가총액 규모가 크게 줄어든 것은 생산 제품의 인기 하락이나 경기 불황 때문이다. 일반적으로 이런 유형의 주식을 소형가치주라고 부른다. 소형가치주 투자의 핵심 성공 요인은 과거에 큰 회사였던 이런 주식이 언제 시가총액 규모가 가장 작아지는지를 판별해내는 것이다.

## ⦁소형주 효과는 곧 소형가치주 효과

이 책에서는 일반적으로 받아들여지고 있는 스타일 투자에 대한 몇 가지 선입견, 특히 이 장에서는 그 핵심이라 할 수 있는 소형주 투자에 대한 일반의 잘못된 판단을 없애려 한다.

역사적으로 소형주가 뛰어난 성과를 기록했음을 보여주는 **그림 8-1**은 신흥성장주에 대한 투자를 뒷받침해주는 자료로 종종 활용된다. 하지만 불행하게도 소형주지수의 중심은 신흥성장주가 아니라 소형가치주다. 뮤추얼 펀드 평가회사인 모닝스타(Morningstar, Inc.)는 이런 생각에 동의하는 듯하다.

뮤추얼 펀드 회사인 DFA(Dimensional Fund Advisors)는 **그림 8-1**에 표시된 이봇슨 소형주지수를 추종하는 인덱스 펀드를 시장에 출시하고 있다. 모닝스타는 DFA 펀드를 소형가치주 펀드로 분류했는데, 이 펀드의 투자 유니버스가 이익과 현금흐름에 비해 주가가 아주 낮은 수준에 거래되는 기업으로 구성되어 있기 때문이다. 따라서 많은 신흥성장주 펀드매니저들이 이봇슨 사의 자료를 근거로 소형주에 투자하는 것을 정당화하고 있지만, 이봇슨지수를 추종하는 인덱스 펀드가 소형가치주 펀드로 분류된다는 것은 이상한 일이다. 이러한 점에서 볼 때 자주 언급되는 소형주 효과는 실제로는 소형가치주 효과로 판단할 수 있다.

소형주 투자 유니버스에서 소형가치주의 영향력을 살펴보는 방법에는 몇 가지가 있다. 소형가치주는 어려운 시기 동안에 주가가 하락한 오래된 종목으로 구분할 수 있는데, 이런 종목의 S&P 보통주 등급은 낮을 수밖에 없다. 다시 말해 이 등급은 10년에 걸친 안정성과 이익 성장 및 배당에 기초해 결정되는데, 어려움을 겪는 회사는 이익이 늘기 어려우며 배당도 정체된다. 따라서 소형주 투자 유니버스 안에서 존재하는 로우 퀄리티 편향*은 소형가치주의 영향 때문이라고 볼 수 있다. 신흥성장주는 '등급 외'로 분류되는 것이 타당한데, 비교적 신생 종목이어서 S&P 보통주 등급을 매기는 데 필요한 10년간의 이익 및 배당 자료가 없기 때문이다.

그림 8-5는 메릴린치의 리서치 유니버스(약 1,500개 회사) 중 시가총액 10억 달러 미만인 그룹(750개 회사), 5억 달러 미만인 그룹(485개 회사), 그리고 마지막으로 2억 5,000만 달러 미만인 그룹(279개 회사)의 S&P 보통주 등급의 구성이다. 메릴린치 리서치 유니버스에 이미 로우 퀄리티 기업이

---

* 편향(bias)은 통계 변수 내에 어떤 경향이 존재한다는 뜻이다. 여기서는 상당수의 소형주가 내재가치 대비 극단적인 저평가를 받으며, 신용평가회사와 애널리스트의 분석에서 낮은 등급을 받는 현상을 의미한다.

상당수 제외되었음에도 불구하고, B등급 이하의 로우 퀄리티 주식이 소형주에서 가장 큰 부분을 차지했다. 시가총액 10억 달러 미만인 주식 가운데 약 43%, 5억 달러 미만인 주식 가운데 약 47%, 그리고 2억 5,000만 달러 미만인 주식 가운데 약 57%가 S&P 보통주 B등급 이하였다.

또한 소형주 그룹으로 구분하는 시가총액 기준이 작아질수록 B등급 이하 기업의 비율이 커진 것을 알 수 있다. 그래프의 가운데에 있는 막대는 각 소형주 그룹에서 S&P 보통주 등급이 B 이하인 기업을 나타낸다. 이를 통해 시가총액 분류 기준이 낮아질수록 가운데 막대가 커지는 것을 확인할 수 있다.

1,500개 메릴린치 리서치 유니버스에서 C·D등급을 받은 기업의 평균

○ 그림 8-5 시가총액별 소형주 투자 유니버스의 퀄리티 구성

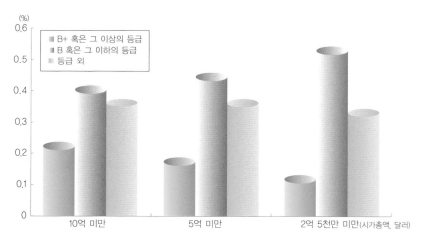

• 메릴린치 리서치 유니버스의 1,500개 회사에 대한 S&P 보통주 등급의 구성비임

272

시가총액은 6억 7,000만 달러인 반면, '등급 외' 주식의 평균 시가총액은 약 17억 달러였다. 물론 극단값*이 영향을 미쳐 앞의 평균 수치가 잘못된 것이라고 생각할 수 있다. 하지만 평균 대신 중간값을 이용해도 결과는 마찬가지다. C·D등급 주식의 시가총액 중간값은 겨우 1억 9,000만 달러인데 반해, '등급 외' 주식의 중간값은 5억 7,500만 달러에 이른다. 따라서 두 그룹의 시가총액 중간값은 평균보다 작지만, '등급 외' 주식의 시가총액 중간값이 C·D등급의 시가총액 중간값보다 여전히 3배가량 컸다.

S&P500지수에 포함된 소형주들은 일반적으로 소형가치주다. S&P500지수 구성 종목을 결정할 때 S&P는 거래 유동성, 기관투자가 관심도, S&P500지수 내 이미 편입된 종목의 산업 대표성** 등을 고려한다. S&P는 신규 기업공개 주식을 S&P500지수에 편입하는 것을 꺼리는데, 이는 신생 기업이 앞으로 오랫동안 생존할 수 있는지 여부를 판단하기가 어렵기 때문이다(지수에 편입했다가 그 기업이 1년 뒤 파산해 지수에서 빼야 하는 것을 원하지 않기 때문이다). 또한 신규 발행 주식은 인기가 높거나 '열기가 뜨거운' 산업에 집중되어 있어 특정 산업의 비중이 지나치게 커질 수 있기 때문이기도 하다. 따라서 S&P500지수에 편입되는 종목은 일반적인 소형주가 아니다. S&P500지수에 편입된 소형주는 사실 이전에는 대형주였다.

---

* 극단값이란 보통 범위 내에 있지 않고 아주 크거나 작은 값을 가지는 것을 의미한다. 예를 들어 어떤 술집 고객의 평균소득을 측정하는데, 손님 중 빌 게이츠 마이크로소프트 회장이 있다면 그 술집 고객의 평균 소득은 수천만 달러에 이를 것이다. 빌 게이츠 회장처럼 평균적인 통계값에 비해 지나치게 크거나 작은 데이터를 극단값이라 한다.

** 산업 대표성이란 어떤 종목이 S&P500에 편입될 때, 이 종목이 특정 산업의 동향을 대변하는지 살펴보는 것을 의미한다. 2000년 S&P가 야후 사를 S&P500지수에 신규 편입하면서 인터넷 산업 내의 영향력을 함께 고려했다고 밝힌 것은 좋은 예가 될 것이다.

그림 8-6과 그림 8-7은 S&P500 종목 가운데 시가총액이 가장 작은 50개 종목을 동일비중 S&P500지수와 비교한 상대 성과이며, 50개 소형주의 S&P 보통주 등급을 보여준다. 1990년 말부터 이 포트폴리오는 전체 S&P500지수에 비해 나은 성과를 보였는데, 이 포트폴리오 중 70%는 S&P 보통주 등급 B등급 이하였다.

50개의 소형주 종목을 고를 때의 시가총액 상한은 약 8억 5,000만 달러인데, 앞에서 메릴린치 유니버스 1,500개 종목의 소형주 분류에 시가총액 상한을 2억 5,000만 달러로 제한했을 때에 비해 로우 퀄리티 주식이 더 많은 것을 발견할 수 있다. 이런 현상은 S&P500지수에 가치주 특성을 가진 소형주가 많기 때문이다. 이들 주식은 전에는 대형주였지만 이제는 소형주로 전락했으며, 이런 주식들 가운데 시가총액 정점에서 75% 이상 하락한 경우도 드물지 않다.

프래드휴먼과 번스타인(1994년)은 최근 산업재 섹터에 속한 종목들이 소형주 지수의 수익에 큰 영향을 미치고 있다고 지적했다. 이들은 약 6,000개 종목을 대형, 중형, 소형 그리고 초소형주로 분류했는데, 1993년 말 기준으로 경기민감 및 자본재 섹터에서는 대형주 이외의 종목이 큰 비중을 차지했다. 반면에 소비재성장주, 필수소비재 및 유틸리티와 같은 경기방어 섹터에서는 대형주의 비중이 높다는 것을 발견했다.

이는 1980년대에는 소비재성장 및 필수소비재 섹터의 성과가 좋아서 시가총액이 상대적으로 성장했기 때문일 것이다. 이들은 신용경기민감주, 소비재경기민감주와 소재 산업을 경기민감주로 정의하고 자본재, 기술 및 복합 기업을 자본재 섹터로 정의했다. 과거 이익의 변동성이 컸기 때문에 경

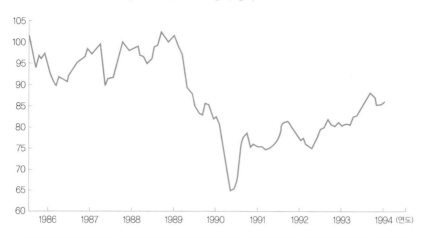

**○ 그림 8-6 S&P500 소형주 포트폴리오의 상대 성과**

• 1989년 6월 30일의 성과를 100으로 지수화함. S&P500 종목 중 시가총액 하위 50개 종목의 상대 누적 성과를
  동일비중 S&P500지수와 비교함
• 자료 : 메릴린치 정량분석팀

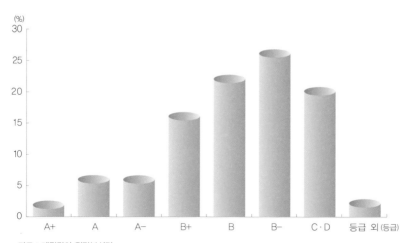

**○ 그림 8-7 S&P500 소형주 포트폴리오의 S&P 보통주 등급 구성비**

• 자료 : 메릴린치 정량분석팀

기민감 및 자본재 섹터의 보통주 등급 평균은 아주 낮았다.

소형주 효과가 소형가치주에 의해 크게 영향을 받는다는 주장을 지지하는 또 다른 연구로 파마·프렌치·부스·싱크필드(Fama & French & Booth & Sinquefield, 1993년)의 연구가 있다. 이들은 뉴욕증권거래소에서 거래되는 소형주의 성과를 나스닥에서 거래되는 소형주와 비교했는데, 뉴욕증권거래소의 소형주가 나스닥의 소형주보다 투자수익이 월등히 높다는 것을 발견했다. 그들은 뉴욕증권거래소의 소형주 성과가 좋았던 것은 이들이 큰 경영 위기를 겪은 탓에 나스닥 소형주에 비해 PBR이 낮았기 때문이라고 결론을 내렸다. 즉, 뉴욕증권거래소의 소형주는 소형가치주로 분류될 수 있는 반면, 나스닥 소형주는 신흥성장주의 성향을 띠고 있는 것이다.

이봇슨 소형주지수는 원래 뉴욕증권거래소 주식을 시가총액 크기에 따라 10개로 나눈 다음, 시가총액이 작은 아홉 번째와 열 번째 부분의 주식으로 구성되었다. 따라서 뉴욕증권거래소와 나스닥에 있는 소형주 간의 성과 차이에 대한 파마 등의 연구는 소형주 효과는 소형가치주 효과일 뿐, 신흥성장주와는 상관없다는 가설을 입증했다고 볼 수 있다.


## ː 명목경제성장률과 소형주 효과의 관계

만일 소형주 효과가 신흥성장주 효과보다 소형가치주 효과에 기인하고 소형가치주 내의 로우 퀄리티 기업에 편중되어 있다면, '성장주와 가치주', 그리고 '하이 퀄리티 주식과 로우 퀄리티 주식'의 관계처럼 소형주의 상대적인 성과 사이클도 명목경제성장에 영향을 받을 수 있다. 명목성장과 스타일 투자의 성과에 대한 지금까지의 논의를 적용하면 경제의 명목성장률이 높아질 때 소형주가 대형주보다 나은 성과를 거두고, 반대로 명목성장률이 떨어지면 소형주가 상대적으로 부진한 성과를 기록할 것이다.

그림 8-8은 소형주 효과와 명목성장률 사이의 관계를 보여준다. 앞에서 언급한 대로 명목경제성장률은 역사적으로 인플레이션에 크게 영향을 받았는데, 그림 8-8은 S&P500지수에 대한 이봇슨 소형주지수의 상대 성과와 장기 인플레이션(secular inflation) 사이의 관계를 보여준다. 여기서 장기 인플레이션은 CPI 전년 동기 대비 변화율을 5년 이동평균한 것이다.

장기 인플레이션을 사용하는 것은 인플레이션의 단기 변동성을 순화해서 인플레이션의 추세를 보다 확실하게 보여주기 위해서다. 인플레이션 압력이 장기적으로 높아지면 소형주의 성과가 좋아지는 반면, 인플레이션 압력이 낮아지면 소형주 투자의 성과가 나빠진다. 5장에서 살펴본 로우 퀄리티 주식과 명목경제성장률의 관계가 사실이라면, 명목경제성장률을 구성하는 한 요소인 인플레이션이 소형주의 투자 성과를 개선하는 강한 자극을 줄 수 있을 것이다.

혹자는 1990년대 초 인플레이션 압력이 약했음에도 불구하고 왜 소형주의 성과가 좋았느냐고 반문할 수 있다. 이미 언급했듯이 명목경제성장률은 실질경제성장률과 인플레이션의 합인데, 그 구성 비율은 생산성 개선 정도에 따라 결정된다. 그림 8-9처럼 1990년대 초에 생산성이 상당히 개선되었기 때문에 인플레이션이 낮았지만 전체 명목경제성장률이 개선될 것이라는 예상이 부각되며 소형주도 뛰어난 성과를 거두었다. 지난 1980년대

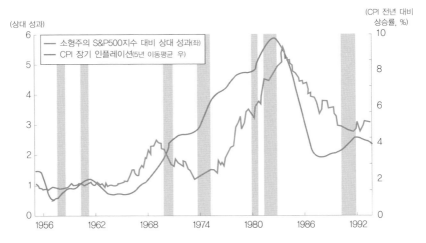

● 그림 8-8 소형주 상대 성과와 장기 인플레이션의 관계

- ▊ 부분은 NBER에서 발표한 경기침체 기간을 나타냄
- 자료 : 메릴린치 정량분석팀, 이봇슨 어소시에이트

초반과 달리 인플레이션 압력이 떨어졌음에도 불구하고 명목경제성장률이 증가했기 때문에 소형주가 성과를 내는 다소 특별한 현상이 나타났던 것이다.

**그림 8-9**는 비농업 부문의 단위 노동 시간당 생산 변화율(전통적인)을 통해 1990년 미국 경제의 생산성이 개선되는 과정을 보여준다.

프래드휴먼과 번스타인(1994년)은 소형주의 주가 변동과 몇 가지 경제 및 재무 변수의 관계를 분석했다. 이들은 1982년과 1993년 사이에 소형주와 대형주 사이의 상대성과 변화를 설명해주는 변수로 산업 생산, 인플레이션 및 채권의 신용 스프레드*를 지목했다. 인플레이션 압력이 강화되고 산업 생산이 증가하며 채권의 신용 스프레드가 축소될 때 소형주의 성과가 대형주를 앞서는 경향이 있는데, 이들은 이런 결과가 소형주의 경기민감도가

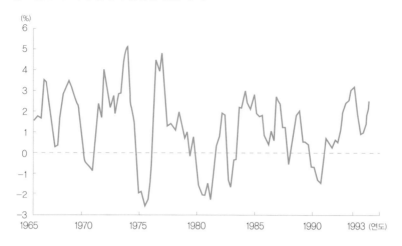

**○ 그림 8-9 미국 경제의 생산성 변동 추이**

- 비농업 부문의 단위 노동 시간당 생산을 전년 같은 기간에 비교한 것임
- 자료 : 메릴린치 정량분석팀

높기 때문이라고 분석했다. 산업 생산과 인플레이션 압력이 높아질 때 일반적으로 명목경제성장률이 높아지고, 신용 스프레드도 경기가 회복되며 축소된다는 것이다.

　그림 8-10은 채권의 신용 스프레드와 소형주 상대 성과 사이의 관계를 보여준다. 채권의 신용 스프레드가 줄어들면 소형주는 대형주에 비해 성과가 좋아지고, 채권의 신용 스프레드가 늘어나면 소형주의 상대 성과가 나빠진다. 투자자들이 경제 여건과 미래의 명목성장률 기대, 한계기업의 생존 능력에 대해 회의적인 생각을 가지면 채권의 신용 스프레드는 확대된

---

* 신용 스프레드는 만기가 같은 회사채 금리와 국채 금리의 차이를 의미한다. 일반적으로 경기가 나빠지고 기업 실적 전망이 어두워질 때 신용 스프레드가 확대되는 경향이 있다.

다. 이런 여러 종류의 우려가 부각될 때 투자자들은 위험한 로우 퀄리티 채권으로부터 보다 안전한 하이 퀄리티 회사채 혹은 국채 등으로 이동한다.

투자자들이 재무성 증권 등 안전자산으로 이동하면서 신용 등급이 높은 채권 가격에 비해 신용 등급이 낮은 채권 가격을 더 크게 떨어뜨리기 때문에 신용 스프레드가 더욱 확대되는 것이다. 소형주의 상대 성과와 채권 신용 스프레드 간의 반비례 관계는 투자자들이 미래의 명목경제성장률이 떨어질 것이라는 예상이 높아질 때 로우 퀄리티 채권 비중을 줄일 뿐만 아니라, 소형주와 같은 로우 퀄리티 주식을 멀리한다는 것을 시사한다.

채권의 신용 스프레드와 소형주 상대 성과의 역관계는 투자자들이 위험한 자산과 덜 위험한 자산 사이에서 합리적인 선택을 하고 있으며, 투자자

○ 그림 8-10 소형주의 상대 성과와 채권의 신용 스프레드 추이

• 소형주의 상대 성과는 '소형주/S&P500지수', 'BBB등급 회사채 금리/재무성 증권 금리'를 기준으로 함
• 자료 : 메릴린치 정량분석팀

들이 어떤 유인이 있어야 위험한 자산에 투자한다는 것을 보여준다. 만일 대형주가 소형주와 비슷한 이익 성장성 및 주가 상승 잠재력을 가지고 있다면, 투자자들은 더 안전한 대형주 쪽으로 움직일 것이다. 또한 투자자들은 소형주가 우월한 이익 성장률과 주가상승률로 위험을 보장해줄 것이라고 예상될 때에만 소형주를 보유하려 들 것이며, 대형주와 소형주의 모든 조건이 동일하다면 당연히 대형주를 선호할 것이다.

6장에서 다루었던 위험과 수익의 관계는 투자자들의 위험에 대한 인식과 소형주 매수의 이유를 설명하는 데 도움이 될 것이다. 앞의 여러 장에서 성장주와 가치주, 하이 퀄리티와 로우 퀄리티, 하이 베타와 로우 베타, 그리고 듀레이션의 길고 짧음에 대해 설명하면서 명목경제성장률이 개선될 것이라고 생각할 때 투자자들이 보다 위험한 자산을 보유하기 위해 행동한다는 것을 살펴봤다. 이전 장들에서 설명한 이상의 개념(가치와 성장주, 로우 퀄리티와 하이 퀄리티 등)이 소형주의 성과에 주기가 발생하는 것을 설명하는 데 도움이 된다.


## 주식 수익률 곡선에 따른 소형주의 성과

예를 들어 주식 듀레이션을 다루었던 7장에서 소개한 주식 수익률 곡선에서는 성장과 듀레이션 위험 측면에서의 주식시장에서의 위험·수익 관계를 측정하려고 시도했다. 만일 기대 수익이 다양한 위험 스펙트럼에 걸쳐 비슷하다면, 투자자들은 가장 덜 위험한 자산을 보유하려고 할 것이다. 추가로 감수하는 위험에 대한 인센티브가 전혀 없다면, 다시 말해 위험이 커져도 성장률이 증가하지 않는다면 투자자들은 안전자산 쪽으로 움직인다.

번스타인과 튜(1991년)는 주식 수익률 곡선의 기울기는 투자자들이 소형주의 추가 위험을 수용하고 매수할 가능성을 판단하는 잣대가 될 수 있다고 주장했다. 만일 주식 수익률 곡선이 우상향하면 듀레이션이 긴 주식의 이익 성장률 상승을 시사하는 것으로 볼 수 있다. 이들은 소형주의 배당수익률이 대체로 낮기 때문에 듀레이션이 길 것이라고 생각했다. 따라서 만일 듀레이션이 긴 주식의 이익 성장률이 듀레이션이 짧은 주식보다 높아지면, 투자자들이 수익률 곡선의 바깥쪽으로 이동하며 소형주의 성과가 좋아진다. 반면에 주식 수익률 곡선이 평평해 소형주 보유에 따른 이익이 없다면, 투자자들은 소형주를 보유하지 않을 것이다. 번스타인과 튜는 1980년대의 일부 구간 동안 주식 수익률 곡선이 평평하면서도 또 전 구간에 걸쳐 높은 수준에 형성되어 기대수익률도 대체로 높았음을 보여주었다. 이렇게 주식 수익률 곡선이 평평하고 또 수준마저 높은 경우, 투자자들은 듀레이션이 짧은 자산에서도 상당한 높은 수익을 올릴 수 있다.

많은 요인들이 소형주 포트폴리오에 내재해 있는 위험 대비 수익의 보상 혹은 손실에 대한 투자자의 인식에 영향을 미친다. 번스타인과 클로(Clough, 1989년)는 자본이득세율의 변화가 소형주와 관련된 위험·수익 관계에 역사적으로 큰 영향을 미쳤다고 주장한다. 소형주는 배당을 덜 지급하는 경향이 있기 때문에 투자자들의 유일한 수익의 원천은 자본 차익이다. 따라서 자본이득세율이 인상되면 소형주의 세후 예상 수익에도 변화가 생긴다. 번스타인은 자본이득세율이 내려갈 때 이봇슨 소형주지수가 대형주에 비해 좋은 성과를 내고, 반대로 자본이득세율이 올라가면 성과가 좋지 않다는 사실을 발견했다.

그림 8-11은 소형주의 S&P500지수 대비 상대 성과와 자본이득세율의 관계를 나타낸 것이다. 자본이득세율이 내려갈수록 소형주가 대형주보다 성과가 좋았던 반면, 자본이득세율이 올라가면 소형주가 부진했다.

주식 수익률 곡선을 분석하면 자본이득세율의 변화가 주식시장 내 위험·수익 관계에 미치는 영향도 설명할 수 있다. 세후 주식 수익률 곡선은 자본이득세율이 증가할수록 평평해지는 경향이 있다. 자본이득세율의 인상은 배당 지급 등으로 인해 듀레이션이 짧은 자산에 비해 배당이 없어 주가 변동에 총수익이 좌우되는 듀레이션이 긴 자산의 예상수익을 떨어뜨리

● 그림 8-11 소형주 상대 성과와 자본이득세율 추이

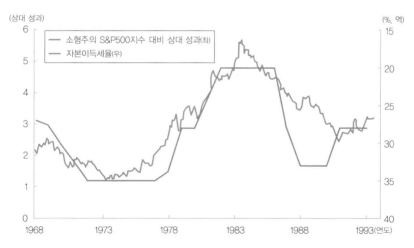

• 자료 : 메릴린치 정량분석팀, 이봇슨 어소시에이트

므로, 듀레이션이 긴 자산인 소형주는 상대적으로 투자 매력이 떨어진다.


## ﹕무시된 주식 효과와 소형주

대형주에 비해 소형주에 대한 투자가 대체로 적기 때문에, 소형주 투자자들은 정보의 비대칭성으로부터 이익을 볼 수 있다. '무시된 주식 효과'란 월가 애널리스트가 분석하지 않았던 종목이 오랫동안 좋은 성과를 기록하는 현상을 말한다. 이런 현상은 리서치 부족이 소형주 효과의 일부 원인으로 작용했음을 시사한다. **그림 8-12**는 S&P500 종목의 시가총액과 그 종목을 분석하는 애널리스트 평균 수다.

프래드휴먼과 번스타인(1994년)은 어닝 서프라이즈를 일으킬 것으로 예상되는 기업을 추적해 미리 투자하는 어닝 서프라이즈 전략은 기업의 규모가 작을수록 더 효과적이라는 사실을 지적했다. 이들은 S&P500지수와 중형주와 소형주 투자 전략의 성과를 비교해본 결과, 시가총액이 감소할수록 긍정적인 어닝 서프라이즈 모델의 예측 능력이 개선된다는 사실을 발견했다. S&P500 기업에서 고른 동일비중 어닝 서프라이즈 모델 포트폴리오는 동일비중 S&P500지수에 비해 지난 8년에 걸쳐 뛰어난 성과를 보였으며, 특히 소형주와 중형주를 대상으로 구성된 어닝 서프라이즈 모델 포트폴리오가 훨씬 뛰어난 성과를 거둔 것으로 나타났다.

이들은 또한 S&P500 종목과 중형주를 대상으로 구성된 부정적인 어닝 서프라이즈 모델 포트폴리오에서도 비슷한 결과가 나타났지만(중형주가 대형주의 성과를 밑돌았다), 소형주를 대상으로 선정된 부정적인 어닝 서프라이즈 포트폴리오가 시장보다 좋은 성과를 기록했음을 발견했다. 이들은 소형주를 대상으로 작성된 부정적인 어닝 서프라이즈 포트폴리오가 큰 성과를 기록할 수 있었던 것은 포트폴리오 작성에 이용된 애널리스트의 예측치가 탁월했던 데다, 월가 리서치의 한계(소형주와 '나쁜' 기업은 제때 매도하기 어렵기 때문에 월가에서는 이들을 분석하지 않는 경향이 있다) 때문이라고 설명했다.

이들은 시가총액이 줄어들수록 어닝 서프라이즈 예측이 더 힘을 발휘하는 이유가 정보의 비대칭성에 있다고 생각했다. 예를 들어 20명의 애널리스트가 이미 한 종목을 분석하고 있다면, 스물한 번째 애널리스트가 추가

○ 그림 8-12 S&P500 종목의 시가총액과 그 종목을 분석하는 애널리스트의 수

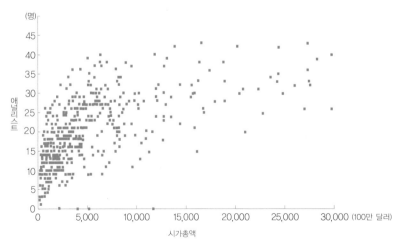

• 자료 : 메릴린치 정량분석팀

로 분석할 수 있는 가치는 얼마나 되겠는가? 그렇지만 단지 4명의 애널리스트가 한 종목을 분석하고 있다면, 다섯 번째 애널리스트는 다른 4명이 분석하지 못한 새로운 사실을 밝혀낼 확률이 더 높다.


## ⋮소형주 투자, 지역 경제의 영향을 많이 받는다

소형주의 경우 기업의 사업이 주로 지역 경제와 연관되어 있기 때문에 소형주의 투자 성과는 그 지역 경제의 상황에 자주 영향을 받는다. 반면에 세계적인 규모로 사업을 펼치는 대형주의 경영 여건은 국가나 글로벌 경제와 관련된 변수에 영향을 받는다. 다른 한편으로 소형 기업은 사업 지역이 덜 다변화되어 있기 때문에, 지역 경제가 어려움을 겪을 때 해당 지역 경제에 속한 소형 기업은 같은 지역에서 사업을 하고 있는 대형 기업보다 고통을 더 많이 받는다.

번스타인과 클로(1990년)는 소형주를 지역별로 분류했을 때 수익률에 큰 차이가 있음을 발견했다. 이들은 시가총액이 1억 달러에서 4억 달러 사이인 500개 이상의 종목을 대상으로 미국의 8개 주요 지역별로 지수를 만들어서 1985년부터 1990년까지 지역 지수의 위험·수익 관계를 조사했으며, 이는 **표 8-4**에 정리되어 있다. 더 나아가 이 표는 각 지수와 나스닥지수 사이의 상관계수와 베타도 보여준다.

지역별 소형주지수의 투자수익은 상당한 차이를 보인다. 예를 들어 남서부 지역의 지수는 아주 부진한데, 북서부 지역 지수에 비해 분기별 수익률

| 구분 | 분기당 평균 수익(%) | 표준편차(%) | 나스닥과의 상관계수 | 나스닥 베타 |
|---|---|---|---|---|
| 북서부 | 4.5 | 11.8 | 0.88 | 0.93 |
| 평원 지대 | 4.1 | 9.7 | 0.94 | 0.83 |
| 남부 | 3.2 | 10.9 | 0.98 | 0.97 |
| 중앙 대서양 | 3.0 | 10.5 | 0.96 | 0.92 |
| 서부 | 2.8 | 11.2 | 0.97 | 0.99 |
| 중서부 | 2.5 | 8.0 | 0.95 | 0.68 |
| 뉴잉글랜드 | 1.5 | 10.8 | 0.92 | 0.90 |
| 남서부 | -0.5 | 9.8 | 0.73 | 0.65 |
| 나스닥 | 3.7 | 11.0 | 1.00 | 1.00 |

• 자료 : 메릴린치 정량분석팀(1985~1990년)

이 5% 정도 떨어진다. 이는 연구 기간 중 유가 하락의 영향으로 이 지역의 경기가 굉장히 어려웠기 때문이다. 뉴잉글랜드 지수도 남서부 지역의 지수처럼 부진했는데 이 역시 뉴잉글랜드 지역 경제가 나빴던 것을 반영한 것으로 보인다.

번스타인(1993년)은 국제적인 위험 분산 효과를 노리고 미국에 투자한 사람들이 원래의 목적을 달성하려면 잘 알려진 대형주보다 소형주에 투자해야 한다고 제안했다. 그는 미국의 소형주는 지역 경제 여건에 의존하는 반면, 미국 대형주는 외국에서 상당한 비중의 매출을 올린다고 결론을 내렸다. 실제로 1993년 당시 S&P500 종목 매출의 22% 이상이 외국에서 발생했다.

따라서 미국 외부에서 발생한 악재가 미국 밖의 금융시장뿐만 아니라 미국 대형주의 매출과 투자수익에도 영향을 미칠 수 있다. 반면에 미국 소형주는 미국 외부의 위험에 노출되어 있지 않기 때문에 미국 밖에서 발생한 악재로부터 보호받을 수 있다. 결과적으로 미국 이외 지역 투자자의 경우 미국 소형주를 포트폴리오에 포함하면 위험을 분산하는 데 더 적절하다.

미국 이외 국가의 주식으로 구성된 MSCI-EAFE*지수와 미국 대형주의 포트폴리오가 MSCI-EAFE지수와 미국 소형주와의 포트폴리오에 비해 열등한 위험 대비 수익을 보였다. 이런 연구 결과를 통해 볼 때 외국 투자자들이 외국 경기 변동에 민감한 유명 주식을 선호하기 때문에 국제 분산 투자의 이점을 잃어버리는 것으로 보인다. 아직 연구가 제대로 되어 있지는 않지만, 미국 투자자들도 미국 이외 지역의 소형주에 투자하지 않아 분산화의 이점을 포기하고 있을 것으로 추정된다.

---

*MSCI는 모건스탠리 캐피털 인터내셔널지수의 약자로, 국제적인 투자를 하는 기관투자가의 투자 성과를 평가하는 데 이용되는 벤치마크를 제공한다. EAFE는 유럽 호주 및 극동아시아 지역의 약자로, MSCI-EAFE는 미국을 제외한 여타 선진국 주식시장을 종합한 주가지수라 할 수 있다.

- 대형주와 소형주 간의 성과 차이는 시장 세분화를 통해 가장 잘 알려져 있지만, 소형주와 대형주 투자수익률의 변동성은 일반적으로 잘 알려져 있지 않다. 그럼에도 불구하고 스타일 투자자들은 대형주와 소형주의 순환에 어떤 요인이 영향을 미치는지 이해하는 것이 중요하다. 흔히 말하는 소형주 효과가 유효하지 않다고 해도 스타일 투자자들은 한계 이익을 얻기 위해 소형주 쪽으로 포트폴리오를 변경할 수 있다.

- 소형주가 실제로 대형주에 비해 오랜 기간 동안 좋은 성과를 냈음에도 불구하고, 소형주의 상대 성과가 정점일 때 투자하는 것은 종종 장기적으로 나쁜 결과를 가져왔다.

- 투자자들은 시가총액이 거래 유동성을 나타내는 지표라고 생각하기 때문에, 시가총액별로 주식의 크기를 정의하려는 경향이 있다. 하지만 매출이나 종업원 수와 같은 몇 가지 다른 변수를 이용해 기업의 크기를 분류한 것과 결과에는 큰 차이가 없었다.

- 소형주는 거래비용이 더 든다. 흔히 말하는 소형주 효과는 논문에서만 존재할 뿐, 현실에서는 투자자들이 절대 신속하게 대량으로 거래할 수 없고 소형주의 전체 성과를 체감할 수 없다는 비판이 있다.

- '역사적 수익률의 변동성'으로 정의되는 위험은 시가총액이 감소할수록 증가하는 경향이 있지만, 중형주는 다른 시가총액 세그먼트에 비해 단위 위험당 수익이 가장 높았다.

- 신흥성장주와 소형가치주는 둘 다 소형주지만, 성과는 상당히 다르다.

- 소형주 효과는 소형가치주 효과지만, 일반적으로 신흥성장주 투자를 권고하기 위해 소형주 효과를 잘못 거론하는 경우가 잦다.

- 로우 퀄리티 주식 투자와 가치주 투자처럼, 소형주 투자는 명목경제성장률과 긴밀한 관계를 맺고 있다. 소형주 투자의 성과는 인플레이션과 생산성 등의 경제 변수에 역사적으로 많은 영향을 받았다.

- 소형주 투자의 성과가 좋은 것은 추가적인 위험을 감수하려는 투자자의 자발성을 반영한 것이다. 소형주 투자의 위험 프리미엄이 제공되지 않는다면 투자자들은 대형주 쪽으로 움직일 것이다. 주식 수익률 곡선의 모양과 기울기는 이러한 위험 대비 수익의 상충 관계를 보여준다.

- 자본이득세율은 대형주보다 소형주의 세후 예상수익에 더 큰 영향을 미치는데, 이는 소형주의 상당수가 배당금을 지급하지 않기 때문이다.

- 소형주를 분석하는 애널리스트가 더 적기 때문에, 소형주와 대형주 사이에는 정보의 비대칭성이 발생한다. 하지만 이러한 정보의 흐름 부족은 통찰력 있는 투자자에게 추가 수익의 기회를 제공한다.

- 소형주는 국가나 글로벌 경제의 상태보다는 지역 경제의 상태에 더 영향을 받을 수 있다. 그렇기 때문에 미국의 지역별 소형주 성과는 크게 다를 수 있다.

- 소형주는 대형주보다 외국의 투자자에게 월등한 위험 분산의 이익을 제공한다. 외국 투자자들이 미국 주식시장에 투자할 때 잘 알려진 대형주를 선호한다면, 위험 분산의 기회를 잃어버리는 셈이 된다.

## ⦁ 한국에서 소형주 효과는?

　　소형주 효과에 대해서는 많은 논쟁이 있지만, 대체로 대부분의 나라에서 소형주에 투자하면 시장보다 초과 성과를 거두는 것으로 나타난다. 그러나 세계 주요 주식시장 중 한국이 유일한 예외에 해당한다.

　　아래 그래프는 MKF500지수와 중소형주지수의 추이를 보여준다. 2001년을 기준(1000)으로 작성되었다. 2018년 3월까지 MKF500지수는 5,130포인트를 기록한 반면 중소형주지수는 3,980포인트에 그쳤다.

**○ MKF500 vs 중소형주 지수**

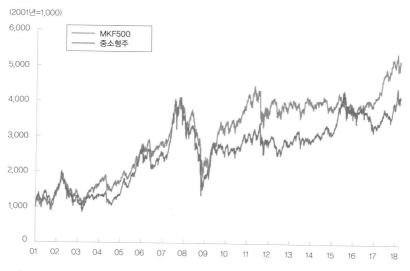

(2001년=1,000)

• 자료 : FnGuide

이처럼 중소형주가 한국 주식시장에서 부진한 성과를 거둔 이유는 어디에 있을까? 가장 직접적인 이유는 '수출 비중'의 차이에 있는 것으로 판단된다. 앞에서도 몇 번 언급했듯이 한국 경제의 성장 엔진은 수출이며, 수출기업들 대부분은 대기업이다.

이런 관계가 형성된 것은 수출을 위해서는 많은 투자가 필요하기 때문이다. 외국에 지사를 만들어야 하고, 대대적인 광고와 마케팅도 필요하다. 그뿐만 아니라 세계 시장을 무대로 제품을 판매하려면 무엇보다 생산 시설을 대규모로 갖춰 '규모의 경제'를 달성해야 한다. 따라서 한국의 대기업 매출 구성을 살펴보면 수출 비중이 높은 반면, 중소기업의 매출 구성은 내수 비중이 압도적으로 높은 것을 발견할 수 있다. 결국 한국의 대형주는 수출이 호조를 보이는 국면에 강세를 보이며, 반대로 중소형주는 수출이 부진할 때 상대적인 강세를 보이는 경향이 있다.

반면 미국과 일본 등 선진국 대부분은 내수시장이 크고 매우 안정적이라는 특성을 지니고 있다. 이 영향으로 선진국 시장의 대기업들은 내수시장을 장악한 매우 가치 높은 '브랜드'를 가진 기업들이 대부분이다. 따라서 이들은 매출이 매우 안정적이며, 주가수익배수(PER) 등 밸류에이션지표도 매우 고평가된 상황이다. 반면 중소형주는 과거에 전성기를 누리다가 몰락한 대기업들 또는 한창 성장 중인 기업들로 구성된다.

이런 상황에서 중소형주는 두 가지의 이점을 누린다. 첫째, 2000년처럼 강력한 성장주 장세가 출현할 때 시장 대비 높은 성과를 기록할 수 있다. 둘째, 부진했던 과거의 대형주가 턴어라운드, 다시 말해 바닥을 치고 회복되기 시작하면 '잊혔던 기업의 부활'이라는 부분에서 시장 참가자들의 관심

**○ 한국 수출 증가율 vs 소형주 상대 강도**

• 자료 : FnGuide, 한국 관세청

을 한 몸에 받게 된다.

결국 한국의 산업 구조가 달라지거나 소형주 관련한 수급 여건이 크게 개선되지 않는 한, 소형주의 추세적인 상승이 출현하기는 쉽지 않은 상황이다. 여기서 수급은 한국 내의 수요 기반이 약한 가운데 외국인 투자자의 매매에 의해 주식시장의 추세가 결정되는 현실을 감안한 표현이다. 2000년대 중반처럼 국내 투자자들이 다시 주식 비중을 확대하고 적극적으로 '사자'에 나서는 경우에는 소형주의 상승세가 '추세'를 형성할 수 있음에 주목할 필요가 있다.

# 3

순 환 장 세 의
주 도 주 를 잡아라

09 연금운용관리자를 위한 중요 사항
10 준비된 장기 투자자를 위한 중요 사항

# 자산 관리와
# 배분의 원칙

# 연금운용관리자를
# 위한 중요 사항

1989~1990년 일간지와 경제신문 지상을 통해 성장주 펀드매니저의 괄목할 만한 성과와 가치주 펀드매니저의 심각한 부진에 대해 뜨거운 논쟁이 펼쳐졌다. 심지어 어떤 기사는 특정 가치주 펀드매니저의 포트폴리오를 추적 조사한 후, 부진한 성과를 이유로 이 펀드매니저를 해고하라고 다수의 고객에게 조언하기에 이르렀다.

물론 어떤 특정 스타일 투자를 하는 펀드매니저의 벤치마크 대비 상대 성과를 측정하는 것은 정상적인 일이라고 할 수 있다. 그렇지만 지금까지 이 책에서 지적했던 것처럼 주식시장의 투자 스타일 및 시장 세그먼트의 투자 성과는 일시적 순환과 장기적 추세 속에서 계속 변화한다.

주식시장에서 여러 투자 스타일의 인기가 올라가고 또 추락하는 여러 단계가 나타나기 때문에, 연금운용관리자들은 펀드매니저를 고용하고 해고하기보다는 전략적 또는 전술적으로 펀드매니저들에게 자금을 재분배하거나 특정 스타일로 자신의 전체 연금 운용의 무게중심을 옮기는 것을 선호하곤 한다. 펀드매니저들을 고용하고 해고하는 과정에 시간과 비용이 많이 소모될 뿐만 아니라, 이미 운용 성과가 크게 나빠진 후 막판에 해고하면 해당 스타일의 성과가 개선될 경우 오히려 큰 위험에 노출되기 때문이다. 따라서 잘 설계된 투자 스타일별 분배 전략과 펀드매니저의 운용 평가 과정은 연금 내 주식 투자의 성과를 크게 개선할 수 있다.


## ᛫피하기 힘든 스타일 로테이션의 덫

연금운용관리자들은 설사 위험조정수익률을 펀드매니저 평가의 기준대로 사용한다 해도, 가장 성과가 뛰어난 펀드매니저를 선택하려는 유혹에서 벗어나야 한다(3장에서 이익예상 라이프사이클은 어떤 투자 스타일의 인기와 뛰어난 성과가 언제든지 역전될 수 있음을 보여주었다). 따라서 어느 주식 투자 스타일이 유행하고 이를 따르는 펀드매니저가 너무 많아지면 미래 성과가 부진할 것임을 예고하는 강력한 신호로 볼 수 있다. 표 9-1은 성장주·가치주 펀드지수의 성과가 가장 좋았던 다섯 해와 그다음 해의 가치주·성장주 펀드지수 수익률이다. 표에 잘 나와 있는 것처럼, 대단히 이례적인 성과를 기록한 투자 스타일이더라도 그다음 해에는 성과가 좋지 못한 경우가 많았다.

만일 연금운용관리자들이 직전 1년간의 뛰어난 성과 때문에 성장주 펀드 매니저를 고용하기로 결정했다면 그다음 해 그 성장주 펀드매니저가 보여 준 성과에 아마 실망했을 것이다. **표 9-1**에 나타난 것처럼 성장주가 최고의 성과를 기록했던 5년의 다음 해에는 약 80%의 확률로 가치주 펀드가 성장 주 펀드의 성과를 앞섰고, 평균 수익률 격차는 350베이시스 포인트에 이르 렀다. 이 경우 가치주가 최고의 성과를 기록했던 해에 가치주 펀드매니저를 고용한 연금운용관리자들이 실망할 확률은 앞의 성장주 사례보다 약간 줄어 든다. 가치주 성과가 가장 좋았던 5개 연도 이후 2개 연도에서 성장주 펀드매 니저의 성과가 가치주 펀드매니저의 성과를 앞섰기 때문이다. 따라서 단순히

**○ 표 9-1 투자 스타일별 최상의 수익을 올린 5년과 그다음 1년의 성과**

(단위 : %)

| 연도(년) | 성장주 성과 | 가치주 성과 | 후속 연도 | 성장주 성과 | 가치주 성과 |
|---|---|---|---|---|---|
| 성장주가 최고 성과를 올린 시기 | | | | | |
| 1975 | 40.2 | 39.5 | 1976 | 24.0 | **37.5** |
| 1979 | 35.2 | 25.5 | 1980 | **33.6** | 25.4 |
| 1991 | 33.7 | 23.8 | 1992 | 4.9 | **11.1** |
| 1980 | 33.6 | 25.4 | 1981 | 2.5 | **5.8** |
| 1982 | 31.0 | 23.8 | 1983 | 23.7 | **26.2** |
| 가치주가 최고 성과를 올린 시기 | | | | | |
| 1975 | 40.2 | 39.5 | 1976 | 24.0 | **37.5** |
| 1976 | 24.0 | 37.5 | 1977 | **10.7** | 3.0 |
| 1985 | 28.8 | 29.1 | 1986 | 16.5 | **19.1** |
| 1983 | 23.7 | 26.2 | 1984 | 0.5 | **7.5** |
| 1979 | 36.2 | 25.5 | 1980 | **33.6** | 25.4 |

- 성과는 메릴린치 정량분석팀이 작성한 성장주 및 가치주 펀드지수의 연간 총수익률을 근거로 했으며, 후속 연도의 굵은 글씨는 성과가 더 좋은 스타일을 강조하기 위한 것임
- 자료 : 메릴린치 정량분석팀

특정 스타일 투자 전략의 성과를 근거로 펀드매니저를 고용하거나 해고하는 것은 연금 내 주식 부분의 성과를 떨어뜨리는 결과만 낳을 뿐이다.

일반적으로 연금컨설턴트가 운용관리자들에게 절대 수익률 대신 위험이 조정된 수익률을 이용해야 한다고 추천하므로 표 9-2에는 표 9-1과 달리 위험조정수익률 기준으로 성과가 가장 좋은 연도를 표시했다. 위험조정수익률은 특정 스타일 펀드 지수의 연간 총수익률을 해당 연도 월간 수익의 표준편차(변동성)로 나눠 구했다. 하지만 위험조정수익률을 이용해도 스타일 로테이션의 덫을 피하기 어려우며, 특히 가치주 성향의 투자 전략에 비해 성장주 성향의 투자 전략에서 이런 위험이 더 두드러짐을 알 수 있다.

◯ 표 9-2 위험조정수익률이 가장 좋은 5년과 그다음 1년의 성과

(단위 : %)

| 연도(년) | 성장주 성과 | 가치주 성과 | 후속 연도 | 성장주 성과 | 가치주 성과 |
|---|---|---|---|---|---|
| 성장주가 최고 성과를 올린 시기 | | | | | |
| 1975 | 40.2 | 39.5 | 1976 | 24.0 | **37.5** |
| 1991 | 33.7 | 23.8 | 1992 | 4.9 | **11.1** |
| 1985 | 28.8 | 29.1 | 1986 | 16.5 | **19.1** |
| 1989 | 27.6 | 22.5 | 1990 | **-2.9** | -5.4 |
| 1983 | 23.7 | 26.2 | 1984 | 0.5 | **7.5** |
| 가치주가 최고 성과를 올린 시기 | | | | | |
| 1975 | 40.2 | 39.5 | 1976 | 24.0 | **37.5** |
| 1976 | 24.0 | 37.5 | 1977 | **10.7** | 3.0 |
| 1985 | 28.8 | 29.1 | 1986 | 16.5 | **19.1** |
| 1983 | 23.7 | 26.2 | 1984 | 0.5 | **7.5** |
| 1993 | 11.6 | 14.7 | 1994 | – | – |

• 성과는 메릴린치 정량분석팀이 작성한 성장주 및 가치주 펀드지수의 연간 총수익률을 근거로 위험조정수익률(총수익률÷표준편차)을 계산했으며, 후속 연도의 굵은 글씨는 성과가 더 좋은 스타일을 강조하기 위한 것임
• 자료 : 메릴린치 정량분석팀

표 9-2는 매우 탁월한 위험조정수익률을 기록한 성장주 펀드들이 그다음 해에는 80%의 확률로 부진한 성과를 기록했음을 보여준다. 반면에 가치주 펀드가 탁월한 위험조정수익을 기록한 해의 경우 80%의 확률로 다음 해에도 좋은 수익을 보였다. 그렇다면 성장주 및 가치주 투자의 역사적 위험에 대해 보다 자세히 살펴보자.

연금운용관리자들은 성과가 좋지 못한 펀드매니저를 단순히 해고하기보다는 연금의 미래 지급 수요에 부응하면서도 월등한 잠재적 위험과 수익을 제공하는 방향으로 전체 주식의 스타일 전략을 수립해야 한다. 주식 스타일 전략을 수립할 때에는 다음과 같은 2가지 사항을 고려하는 것이 바람직하다.

## 스타일의 과거 성과를 충분히 숙지하라

첫째, 연금운용관리자들은 스타일의 과거 성과에 대해 충분히 인지해야 한다. 이 책에서 언급된 거시 및 미시경제적 변수가 어떻게 스타일 성과에 영향을 미치며, 더 중요하게는 해당 기업연금에 대한 기업의 적립 능력에 어떤 영향을 미치는지도 이해해야 한다. 각 기업연금의 자산은 해당 기업의 경영위기 속에서도 연금 플랜이 존속되도록 분산되어야 한다.

철강이나 화학처럼 성숙 단계에 접어들고 경기에 민감한 산업에 속한 회사의 기업연금이 가치주 성향의 펀드매니저를 고용하는 것은 적절한 선택으로 보기 어렵다. 왜냐하면 이들 회사의 매출 및 수익성이 악화되면 기업

연금 적립 능력이 나빠지며, 가치주 투자의 성과도 이들 가치주 펀드매니저가 주로 투자하는 기업의 실적 부진 영향으로 덩달아 부진해질 수 있기 때문이다.

반대로 성장 기업의 경우 연금운용 시 해당 산업에 대한 투자 한도를 제한해야 한다*. 이렇게 한도를 제한해야 회사의 실패가 상당한 수준에 이르더라도 연금자산이 다른 기업 자산에 잘 분산되었기 때문에 연금의 자금 상태가 좋게 유지되고, 기업의 연금 플랜에 대한 기여 능력도 유지될 수 있을 것이다.

물론 일부에서는 기업 파산 시에 연금 수령자가 연금을 지급받을 수 있도록 보장해주는 정부 보증기관인 연금지급보증공사(Pension Benefit Guarantee Corporation ; PBGC)가 있기 때문에, 기업들이 다른 기업자산에 연금을 분산해야 할 이유가 크지 않다고 주장한다. 이들은 연금지급보증공사가 기업이 파산할 때 행사하기 위해 회사의 연금에 풋옵션**을 걸어둔 상황이라고 주장한다. 다시 말해 연금지급보증공사라는 풋옵션으로 보호받기 때문에 연금자산을 다른 기업 자산에 분산하는 것에 대해 신경을 덜 써도 된다는 것이다.

하지만 다른 측면에서 볼 때 이러한 풋옵션은 연금운용관리자가 연금 지급을 충족하기 위해 필요한 수준 이상의 추가 위험을 지도록 허용하게 한

---

* 이 조언은 굉장히 중요한데, 2002년 파산한 에너지 기업 엔론(Enron)의 사례가 이를 뒷받침한다. 엔론은 기업연금자산의 대부분을 엔론 주식에 투자했는데, 엔론의 파산으로 엔론 임직원의 기업연금도 허공으로 사라져버렸다.
** 풋옵션(put option)이란 미래의 어느 때 특정 가격으로 해당 자산을 매각할 권리증서라 할 수 있다. 풋옵션을 보유하면 자산가격 하락의 위험을 회피(hedge)할 수 있다.

다는 논란이 있다. 더욱이 이 장에서 언급되는 내용은 회사가 신의를 지키며 성실하게 연금을 운용하고 있다는 믿음을 전제하고 있다는 것을 인식해야 한다.

연고 지역에 대한 투자를 우선시하는 것이 인기 있는 정책임에는 분명하나, 공적연금은 연고 지역 내 기업의 주식에 대한 투자를 최소화해야 한다. 공적연금은 종종 지역 경제 활성화를 위해 연고 지역 안에 투자하도록 정치적인 입김을 받을 때가 있다. 이는 겉으로는 그럴듯해 보이지만 그야말로 '계란을 한 바구니에 담는' 어리석음을 저지르는 경우에 속한다. 8장에서 언급했듯이 소형 기업들의 경우 지역 경제에 영향을 받아 지역별로 소형주의 투자수익률이 크게 차이 날 수 있기 때문이다.

어떤 지역이 국지적인 경기침체를 보인다면 해당 지역의 소형 기업에 대한 투자 성과도 좋지 않을 수 있다. 예를 들어 석유 산업의 비중이 높은 지역의 정부는 연금에 석유 관련 주식에 대한 투자를 줄여야 할 것이다. 만일 유가가 떨어지면 지역 경제가 침체할 뿐만 아니라 해당 연금자산도 크게 줄어들 것이기 때문이다. 개인 및 기업 소득이 줄어들며 세수 감소의 고통을 겪는 시기에 그 지역 연금자산의 가치마저 하락한다면, 연금 지급 의무를 수행하는 데 필요한 자금 수준을 맞추는 데 이중고를 겪을 수 있다. 공적연금자산의 상당 부분을 연고 지역 내 기업에 투자하는 것은 경기침체에 대한 단기 처방은 될 수 있지만, 이것은 전체 공적연금의 장기 성장성을 희생시킬 수 있다.

## ⦁비교 대상 집단 분석이 합리적

둘째, 연금운용관리자들은 주식 스타일 펀드매니저를 고르거나 기존 펀드매니저 성과를 판단할 때 절대 수익률보다는 비교 대상 집단에 대한 펀드매니저의 상대 수익률을 살펴보는 것이 중요하다. 어떤 특정 스타일의 인기가 크게 올라갈 때에는 최악의 펀드매니저조차 이 스타일을 따르고 있다면 S&P500지수 같은 시장 벤치마크보다 더 나은 절대 수익률과 상대 수익률을 기록할 수 있다.

종종 연금운용관리자는 S&P500지수에 대한 상대적인 성과를 근거로 펀드매니저를 평가하는데, 이렇게 하면 무능한 펀드매니저들이 자신의 능력을 감출 수도 있다. 따라서 대표할 만한 비교 대상 집단을 통해 펀드매니저를 평가해야 한다. 어떤 스타일 펀드매니저가 시장 벤치마크보다 나은 성과를 내더라도 그가 스타일 내의 비교 대상 집단에서 비교해 중간 이하에 속해 있다면, 그를 '좋은' 펀드매니저로 판단해서는 안 된다.

연금컨설턴트들은 펀드매니저를 동일한 스타일의 경쟁자들과 비교해 평가해야 한다는 의견에 동의하지 않는 듯하다. 베일리(Bailey, 1992년)는 비교 대상 집단과의 비교에는 다음의 몇 가지 문제점이 있다고 밝혔다. 즉, 생존 편향('나쁜' 펀드매니저는 실적이 나빠 업계에서 퇴출되므로 분석 대상에서 미리 배제됨), 개념적인 결함(비교 대상 집단에 속한 펀드매니저가 일관되게 특정 투자 스타일을 고수했는지 여부), 그의 성과를 측정한 스타일 벤치마크지수의 퀄리티 검증 문제 등이 있다.

또한 연금컨설턴트와 펀드매니저 모두 비교 대상 집단 분석을 시도하지 않는 연금운용관리자들에게 심정적으로 동조하는 경향이 있다. 연금컨설턴트들은 비교 대상 집단 분석으로 펀드매니저 선정 과정에서 그들의 역할이 줄어들기 때문에 이 분석을 좋아하지 않는다. 펀드매니저도 자신이 선호하는 투자 유니버스를 고객에게 제시하며 마케팅해왔지만, 비교 대상 집단 분석을 통해 그들의 투자 유니버스가 부진해 비교 집단에 비해 뒤처지는 결과를 초래했음이 밝혀질 수도 있기에 비교 대상 집단 분석을 선호하지 않는다.

이런 집단 심리 외에, 비교 대상 집단 분석에 대한 비판 중에서도 가장 큰 호응을 얻고 있는 점은 변화무쌍한 투자 유니버스를 가지고 있는 펀드매니저들을 비교 대상 집단 분석으로 평가하기 어렵다는 것이다. 즉, 비교 대상 집단 분석은 성장주가 가치주에 대해 좋은 성과를 올릴 때에는 성장주 펀드매니저의 옷을 걸친 가치주 펀드매니저만 걸러낸다는 것이다. 이런 문제를 고려하더라도 대표성을 갖는 비교 대상 집단과 스타일 펀드매니저들을 비교하는 것은 펀드매니저의 진정한 능력을 판단하는 유일한 방법으로 볼 수 있다.

합리적인 비교 대상 집단 분석 방법은 특정 스타일을 따르는 모든 펀드매니저들을 미리 협의된 새로운 벤치마크 혹은 정규화된 스타일 포트폴리오에 따라 순서를 매기는 것이다. 예를 들어 1번 가치주 펀드매니저는 배당을 지급하지 않는 주식을 매수할 수 없고, 2번 가치주 펀드매니저는 이런 제한이 없다고 하자. 이 경우 1번 펀드매니저는 배당을 지급하는 가치주로만 구성된 벤치마크를 기준으로 평가하고, 2번 펀드매니저는 더 범위가 넓은 가치주 벤치마크로 평가하는 게 타당할 것이다.

그런데 1번 펀드매니저의 절대 수익률이 −10%지만 그의 벤치마크지수
가 15% 하락했다면, 1번 펀드매니저는 벤치마크보다 5%포인트 좋은 성과
를 낸 것으로 봐야 할 것이다. 반대로 2번 펀드매니저의 절대 수익률이
10%지만 그의 벤치마크지수가 15% 상승했다면, 2번 펀드매니저는 벤치
마크에 비해 5%포인트 떨어지는 성과를 낸 것이다. 비교 대상 집단 순위로
보면 1번 매니저가 2번보다 더 우수한 펀드매니저라고 판단할 수 있다. 이
방법은 포트폴리오 펀드매니저가 자신들의 경쟁에 대해 공정하게 평가받
고 있다고 느끼게 하고, 연금운용관리자들은 펀드매니저의 능력을 제대로
평가할 수 있게 해준다.


## ¦ 경제 전망을 스타일 로테이션에 활용하라

앞에서 설명한 스타일 투자 성과의 사이클은 스타일 투자를 지향하는 운용
사의 비즈니스에 상당한 압력을 가할 수 있다. 전에 언급했듯이
1989~1990년 가치주 펀드매니저의 성과 부진은 이런 압력에 대한 최근의
예다. 1988~1990년의 성과 부진으로 인해 가치주 펀드매니저들의 연금계
좌에 있던 자금이 다른 펀드매니저로 이탈함으로써 이들의 운용자산 규모
가 크게 감소했다. 운용하고 있는 자산의 규모는 운용회사의 수익성에 큰
영향을 미치는데, 대부분의 펀드매니저들의 소득 또한 운용자산의 규모에
비례해 결정된다. 또한 운용자산이 감소하면 회사의 매출도 일반적으로
줄어든다.

매출의 변동을 줄이기 위해 전통적인 스타일 펀드매니저들은 몇 가지 방법을 취할 수 있다. 대부분 확실하게 효과를 보는 방법은 더 폭넓은 범위의 투자 펀드를 제공하는 것이다. 즉, 대형가치주 펀드매니저가 소형가치주 펀드의 운용을 시작하거나, 혹은 신흥성장주 펀드매니저가 중형·대형성장주 펀드의 운용을 제시하는 것이다. 이런 노력을 통해 운용사들은 대형주와 소형주의 순환에 따라 생기는 매출의 변동성을 완화할 수 있다. 좀더 최근에는 일부 운용회사들이 운용자산 규모를 확대할 목적으로 외국 투자의 상대적 호조 현상을 이용해 미국 투자 비중이 높은 국제적 포트폴리오(인터내셔널 성장주 등을 포함)를 출시한 경쟁자들의 뒤를 따라 비슷한 인터내셔널 펀드*상품을 판매하기 시작했다.

연금운용관리자들은 특정 시장 세그먼트나 스타일 투자 경력이 얼마 되지 않은 자산운용회사들의 신종 투자 상품을 경계해야 한다. 펀드매니저 중에는 상상할 수 있는 거의 모든 투자 스타일을 운용할 수 있다고 말하는 이들이 매우 많다. 하지만 이익예상 라이프사이클 이론은 확고부동하게 한 가지 투자 방식만을 고집했던 회사가 결국 실패를 인정하고 이 회사의 전통적인 접근 방식이나 전문 분야가 아닌 다른 상품을 제공하기 시작할 때 그 스타일의 성과가 곧 악화된 경우가 많다는 것을 알려준다.

스타일의 순환은 연금운용관리자들로 하여금 매우 적극적으로 자산을 분배하게끔 유혹한다. 앞에서 언급했듯이 이런 적극적 운용을 즐겨 하는

---

* 인터내셔널 펀드는 미국 비중이 높은(55~60%) 외국 투자 펀드로, 한국 등 개발도상국 시장의 비중은 대부분 10% 미만이다.

연금운용관리자들은 펀드매니저를 고용했다 다시 해고하고 있음을 인식하지 못할 수도 있다. 보다 나은 자산관리 방법은 스타일 펀드매니저들을 대상으로 전략적·전술적으로 자금을 재분배하는 것이다(주식 파생상품을 활용하면 재분배 시 도움을 받을 수 있지만, 여기에서는 주식시장에 초점을 맞춰 설명한다).

연금 펀드는 수익과 연금 지급에 대한 전망에 근거해 주식 및 채권 펀드매니저에게 자금을 배분하지만, 어떤 자산이 부진할 것으로 예상된다고 해서 해당되는 펀드매니저들이 무더기로 해고되지는 않는다. 연금운용관리자들도 채권이 주식에 비해 성과가 좋지 않다고 해서 채권 펀드매니저를 해고하지는 않는다. 그렇다면 왜 주식과 채권에 자산을 분배하는 것과 마찬가지로 스타일의 예상수익과 연금 지급에 따라 주식자산을 재분배해서는 안 되는 것일까?

일부 연금운용관리자들은 스타일 투자에 따른 수익을 적극적으로 예측하는 것을 주저하지만, 이미 대부분의 기업들은 수익을 예측하는 인프라를 이미 구축해놓고 있다. 기업의 이코노미스트는 회사 전략 계획 수립에 필요한 경제지표의 아웃라인을 제공한다. 따라서 기업 이코노미스트가 제시한 일련의 경기 시나리오를 통해 스타일 성과 예측에 필요한 정보를 제공받을 수 있다.

이코노미스트들이 산업 생산과 명목성장이 개선될 것이라고 예상한다면, 연금 구성을 이 책에서 설명한 대로 '가치주, 소형주, 로우 퀄리티 주식, 하이 베타 주식' 쪽으로 조정해야 한다. 반면에 경제 예상이 비관적이라면 '성장주, 대형주, 하이 퀄리티 주식, 로우 베타 주식' 쪽으로 전환해야 마땅하다. 기본적으로 기업 전체의 전략 계획이 기본적인 경기 예상과 이에 파생되는 미래 위험에 기초해 수립된다면, 그런 정보들은 연금운용관리자들이 스타일 로테이션 전략을 수행하는 데 필요한 적합성을 갖추고 있을 것이다.

## : 합리적인 가격에서의 성장 전략

어떤 특정 스타일을 선택한 데 따른 성과의 변동을 줄이기 원하는 연금운용관리자들을 위한 새로운 대안으로 '합리적인 가격에서의 성장(Growth At a Reeasonable Price ; GARP[*])' 전략을 따르는 펀드매니저를 고용하는 방법이 있다. GARP는 성장주 및 가치주 펀드매니저들이 투자 스타일 성과의 주기를 완화하기 위해 만들어낸 최근의 대응책으로, 애덤(Adam, 1994년) 등에 의해 이름 붙여졌다. GARP는 저평가된 것으로 보이는 성장주나 가격에 반영되지 않은 성장 잠재력을 가진 저평가된 주식을 찾아 성장주와 가치주의 경계를 허물려고 시도한다. GARP 운용을 추종하는 주식자산의 성장률이 1980년대에 상위권을 차지했는데, 이는 1990년대 초반까지 대형성장주가 상당히 부진한 성과를 보였음을 의미한다.

이익예상 라이프사이클의 원리에서 본다면 성공적인 GARP 투자 전략

---

[*] 한국에서는 1990년대 말 안정성장주 투자 전략이란 이름으로 한때 유행을 탔다. 하지만 1998~1999년의 성장주 열풍과 그 이후의 가치주 부각으로 인해 큰 인기를 끌지는 못했다.

은 대략 9시 지점, 즉 가치주가 성장주와 만나는 지점에 위치해 있다. 물론 사람들은 6시 지점, 즉 명목이익 성장이 저렴한 가격에 거래될 때 주식을 매수하고 싶을 것이다. GARP에서 '합리적인(reasonable)'이란 말은 이익 성장이 가시화되며 주식시장의 참여자들이 이를 인식하기 시작했음을 의미한다. 전통적인 성장주 펀드매니저들은 성장 잠재력이 가장 높은 주식을 단순하게 찾고 있었지만, GARP 전략을 따르는 펀드매니저는 성장 잠재력은 조금 취약하더라도 상대적으로 가격이 싼 주식을 매수한다. GARP 전략을 사용하는 펀드매니저는 잘 알려진 기업의 성장성이 유지될 수 있는지, 그리고 그런 성장의 지속성 수준에 비해 가격은 적정한지 여부를 밝히려고 한다.

혹자는 모든 성장주 펀드매니저가 GARP 펀드매니저이어야 한다고 주장한다(좋은 성장주 투자자는 이익예상 라이프사이클의 9시부터 12시까지 머물러 있는 사람이었음을 기억하라). 하지만 GARP란 용어가 탄생하고, GARP 운용회사가 최근 성공을 거둔 것은 연금운용관리자가 전통적인 성장주 펀드매니저들이 기업의 가치에 무심한 채 이익예상 라이프사이클의 12시 부근에 위치한 고평가 주식을 매수하는 경향이 있다고 생각했기 때문이다. 즉, 모든 성장주 펀드매니저가 GARP를 추종해야 할 필요는 없으며, 이익예상 라이프사이클의 바닥에서 성장주를 찾는다면 GARP 이상의 성과를 거둘 수 있을 것이다.

전통적인 GARP 성향의 투자 전략으로 PEG(Price Earnings to Growth Ratio, 주가성장률배수로 'PER/추정이익 성장률'이다)를 들 수 있는데, PEG 전략은 이름에서 의미하듯이 추정이익 성장률에 비해 PER이 상대적으로 낮은 주식을 고르는 전략이다. PEG 전략의 매수 대상이 되는 종목은 예상되는 이익 성장 잠재력에 비해 상대적으로 저평가된 기업들이다.

예를 들어 PER이 10배지만 향후 5년 동안 매년 10%씩 성장할 것으로 예상되는 한 회사와, PER이 15배로 더 높지만 향후 5년간의 추정이익 성장률이 매년 10%인 다른 회사가 있다고 가정해보자. 두 회사의 다른 모든 변수들이 동일하다면 전자의 회사가 GARP 펀드매니저에게 더 매력적으로 느껴질 것이다. 왜냐하면 첫 번째 회사의 PEG가 1.0(PER 10을 추정이익 성장률 10%로 나눠 계산)인 데 반해, 두 번째 회사는 1.5(PER 15를 추정이익 성장률 10%로 나눠 계산)여서 투자자들은 예상이익 성장이 동일한 경우 첫 번째 기업을 더 싼 값에 살 수 있기 때문이다.

피터스(Peters, 1991·1993년)는 로우 PEG 주식에 투자하는 전략이 성장주 투자 유니버스보다 지속적으로 나은 성과를 낸다는 것을 방대한 실증분석을 통해 입증했다. 피터스는 로우 PEG 기업에 대한 투자를 '성장주 투자에 대한 역발상 투자'라고 불렀는데, 로우 PEG 기업에 투자하는 사람들이 성장주 투자 유니버스에서 크게 선호되지 않는 주식을 찾는 모습을 보였기 때문이다. 이와 비슷하게 듀란드(Durand, 1992년)는 주식의 성장잠재력에 얼마의 가격을 매겨야 하는지 결정할 필요가 있으며, 더 나아가 주식의 성장잠재력만 검토하면 얼마나 큰 손실을 입게 되는지 보여줬다.

현재 GARP 성향의 펀드매니저에는 두 그룹이 있는데, 연금운용관리자는 이 중 두 번째 부류에 대해 경계할 필요가 있다.

우선 첫 번째 그룹은 정량적인 기준을 사용해 신중하게 주식을 선택하고 순수한 가치주 및 성장주 사이에서 상대적으로 중립을 지키는 사람이다.

이런 펀드매니저들은 기업의 가치가 이익예상 라이프사이클의 왼쪽에 있는 것으로 판단되면 어떤 주식이라도 보유하려고 하지만, 전체 포트폴리오는 평균적으로 9시 부근에 있다.

두 번째 그룹은 지금까지 성과가 좋지 못했던 성장주 또는 가치주 성향의 펀드매니저로, 일반적인 투자 유니버스 안에는 속하지 않으면서 좋은 성과를 내는 주식을 찾아다닌다. 이들은 자신이 GARP 펀드매니저라고 주장하는데, 전통적인 투자 유니버스에서 매력적인 투자 아이디어를 찾을 수 없기 때문이다.

예를 들어 성과가 좋지 못한 성장주 펀드매니저는 좋은 성과를 내고 있는 가치주를 매수하기 시작하면서 그 주식이 실제로는 성장주라고 주장한다. 또는 가치주 펀드매니저가 좋은 성과를 내고 있는 성장주 주식을 사면서 수익성과 주식 성과가 없는 주식의 가치주는 무의미하다고 주장한다. 이런 종류의 GARP 펀드매니저에게는 성장주와 가치주의 구분보다 상대성과가 더 중요한 주식 선정의 기준이라고 볼 수 있다.

연금운용관리자들은 이런 후자의 펀드매니저에 대해 경계할 필요가 있다. 이익예상 라이프사이클 이론의 관점에서 볼 때, 어떤 펀드매니저가 자신의 원칙을 헌신짝처럼 버리고 인기 있는 스타일 전략으로 갈아타는 시점이 바로 그가 선택한 투자 스타일이 부진의 늪에 빠져드는 초기 국면일 가능성이 높기 때문이다. GARP로 가장한 채 성과만 좇는 것은 성장주·가치주 전략뿐만 아니라 GARP 전략 자체를 제대로 이해하지 못한다는 것을 의미한다.

## · 펀드의 위험이나 변동성도 관심 가져야

연금운용관리자들은 때때로 자신의 주식 펀드와 전체 연금운용에 포함된 자산의 수익률에 대해서만 우려한다. 하지만 펀드의 위험이나 변동성도 수익률 못지않게 관심을 기울여야 한다. 연금자산을 운용하는 목적은 은퇴한 근로자에게 연금을 지급하는 것이고, 이런 지급 의무는 곧 연금의 부채라 할 수 있다. 즉, 미래의 어느 시점에서 반드시 지불해야 할 부채에 연금의 자산을 적절하게 맞추는 것이 연금운용관리자의 책임이다. 따라서 연금에 가입한 근로자의 평균 나이가 상대적으로 적어 연금 지급이 먼 미래에 시작될 가능성이 높으면, 임직원의 평균 나이가 많은 연금의 펀드매니저보다 펀드 수익률의 단기 변동성에 관심을 덜 가져도 될 것이다.

연금 납입자의 나이가 적다면 전체 연금자산을 늘리기 위해 장기 전략을 세우고 또 추진하는 과정에서 단기적으로 부진한 성과가 출현하는 것은 연금운용관리자에게 큰 문제가 되지 않을 것이다. 왜냐하면 연금 납입자의 나이가 적어 앞으로 많은 시간 동안 현금이 빠져나가지 않을 것이므로, 연금 지급에 필요한 적정 수준의 자산을 보유하고 있지 않은(연금의 과소 적립) 데 따른 위험도 낮기 때문이다. 하지만 연금 납입자의 연령이 많은 경우, 연금이 과소 적립될 위험이 상당히 높기 때문에 단기 변동성을 감내하지 못할 수도 있다(연금 과소 적립과 관련해 법적·윤리적·회계적 및 주주의 관점에서 살펴본 발표가 많이 있지만 모두 이 책의 범위를 벗어나기에 생략한다).

투자자들은 위험과 수익 간의 관계에 대해 자주 배우곤 한다. 앞의 여러 장들에서 언급했듯이, 일반적으로 수익과 위험은 상충 관계여서 투자자들이 위험을 감수할수록 수익이 더 높아진다. 이러한 관계 때문에 모든 연금 운용관리자가 과소 적립 위험을 가능한 한 줄이기 위해 최고의 수익을 바라지만, 그들 모두 고수익을 달성하기 위해 필연적으로 변동성 확대에 따른 과소 적립 위험에 노출된다. 따라서 연금운용관리자들은 연금의 자금 유입량을 신중하게 살펴, 전체 운용자산에서 주식 부분이 견뎌낼 수 있는 위험의 허용 한계를 예측해두어야 한다. 고수익을 위해 불필요한 위험을 감수하거나 혹은 위험을 충분하게 부담하지 않는 경우 모두 연금의 자금이 급격하게 고갈될 수 있기 때문이다.

표 9-3은 번스타인과 프래드휴먼, 바스(1993년)의 연구에서 인용한 것으로, 몇 가지 주요 주가지수의 12개월 평균 수익과 2가지 위험 측정 지표를 보여준다.

위험을 측정하는 첫 번째 방법은 기존에 사용해왔던 방식으로 12개월 수익의 표준편차를 구하는 것이다. 표준편차는 변동성을 나타내므로 수익의 예측 가능성이라고도 볼 수 있다. 예측 가능성이 낮은 수익은 안정적으로

○ 표 9-3 주식의 위험·수익 관계(1971년~1993년 9월)

(단위 : %)

| 주가지수 | 연평균<br>총투자 수익 | 12개월 수익의<br>표준편차 | 마이너스를 기록한<br>기간의 비율 |
|---|---|---|---|
| S&P500지수 | 13.3 | 16.2 | 20.9 |
| 메릴린치 가치주 펀드지수 | 14.9 | 14.2 | 17.6 |
| 메릴린치 성장주 펀드지수 | 15.1 | 19.5 | 20.2 |
| MSCI-EAFE지수 | 16.3 | 24.2 | 25.6 |
| 이봇슨 소형주지수 | 17.5 | 24.4 | 23.8 |

• 자료 : 메릴린치 정량분석팀, 모건스탠리, S&P, 이봇슨 어소시에이트

예측할 수 있는 수익보다 위험이 더 큰 것으로 간주된다.

위험을 측정하는 두 번째 방법은 12개월 투자 수익이 마이너스를 기록한 기간의 비율(%)이다. 다시 말해 전체 기간에서 투자자가 돈을 잃은 비율을 %로 나타낸 것이다.

번스타인 등은 S&P500지수와 다른 4개 지수의 연간 총수익을 검토했는데, S&P500 이외의 지수는 다음과 같다.

- 메릴린치 가치주 펀드지수(MLQA value fund index) : 대형 가치주 성향 뮤추얼 펀드 9개의 총수익*을 기준으로 메릴린치 정량분석팀이 독자적으로 개발한 동일비중지수다. 이 책의 4장에 나왔던 가치주 펀드지수를 배당수익을 포함한 총수익 기준으로 변환했으며, **표 9-1**과 **표 9-2**에 사용되었다.

- 메릴린치 성장주 펀드지수(MLQA growth fund index) : 대형 성장주 뮤추얼 펀드 9개의 총수익을 기준으로 메릴린치 정량분석팀이 독자적으로 개발한 동일비중지수다. 4장에 나왔던 성장주 펀드지수를 총수익을 기준으로 변환한 것으로, **표 9-1**과 **표 9-2**에 사용되었다.

- 국제적인 주식(international stocks) : MSCI-EAFE지수의 미국 달러 기준 총수익이다.

- 소형주(small stocks) : 이봇슨 사가 고안한 이봇슨 소형주지수의 수익

---

* 총수익은 자본 차익과 배당금 등 부가적인 소득의 합계를 의미하는데, 메릴린치 가치주 펀드지수의 경우 배당을 재투자한 것으로 가정해 수익률을 계산했다.

으로, 뉴욕증권거래소와 아메리카증권거래소 및 장외주식을 기업 규모에 따라 10등분한 후 아홉 번째와 열 번째 등급에 속하는 주식을 소형주로 정의했다.

표 9-3에 표시된 2가지 위험 측정 방법의 차이를 잘 보여주는 사례가 있다. 투자의 수익과 위험을 이해하기 위해 흔히 이용되는 질문은 '주식 뮤추얼 펀드에 투자된 100달러와 100달러어치 복권 가운데 어느 것이 더 위험한 자산인가?'라는 것이다. 만일 위험 여부를 표준편차로 측정하면 복권이 더 안전한 자산일 것이다. 주식시장은 변화무쌍하게 오르내리기 때문에 뮤추얼 펀드의 투자수익이 얼마가 될지 모르는 반면, 복권에 투자했을 때의 기대수익은 −100달러로 상대적으로 확실하게 알 수 있기 때문이다. 하지만 가능한 수익의 범위와 수익의 확실성을 혼동해서는 안 된다.

시간이 경과하면 뮤추얼 펀드가 플러스의 수익을 기록할 것이라고 기대하지만, 실제로 플러스 수익을 올릴지는 확실하지 않다. 반면에 복권의 수익은 확실하기 때문에(내가 아닌 다른 사람이 당첨될 것이다), 표준편차로 위험을 정의하면 복권이 더 안전한 투자자산이 된다.

그런데 수익이 마이너스였던 기간의 비율로 위험을 측정하면, 복권은 곧바로 더 위험한 투자자산으로 바뀐다. 이것은 수익이 상대적으로 확실하다고 해도 그 수익이 거의 항상 마이너스이기 때문이다(투자한 모든 금액을 잃어 수익률이 −100%다). 아주 가끔은 운 좋게 복권에 당첨되기도 하지만, 수익률이 마이너스일 확률은 뮤추얼 펀드에 비해 상대적으로 아주 높다.

이 사례에서 위험을 측정하는 방법은 손실 확률을 구하는 것이지만, 연금운용관리자들의 경우에는 이를 어떤 자산의 수익률이 어떤 벤치마크나 역사적인 또는 예측되는 연금지급률 아래로 떨어지는 기간에 대한 비율로 변경한다면 더 의미 있을 것이다. 프랭크(Frank, 1992년)와 할로(Harlow, 1991년), 레보위츠(1992년) 등은 연금운용관리자에게 현실적으로 도움되는 위험 측정 기준을 정의하고 각각의 정의에 따른 영향에 대해 조사했다. 그렇지만 이 책에서는 분량과 단순화의 이점 등을 고려해 손실 확률(%)로 위험을 측정했다.

표 9-3을 다시 살펴보면 위험이 클수록 수익도 커진다는 사실을 쉽게 알 수 있을 것이다. S&P500지수의 경우 연평균수익이 가장 낮고 표준편차와 손실 확률이 상대적으로 낮다. 반면에 소형주는 수익률이 높은 대신 표준편차와 손실 확률도 높다. 하지만 이 자료를 자세히 보면 '고위험-고수익'의 관계가 맞지 않는 경우도 있다. 즉, 가치주펀드는 S&P500지수보다 수익이 높지만, 표준편차와 손실 확률은 S&P500지수보다 낮았다. 마찬가지로 소형주는 해외 주식보다 수익률이 높지만, 손실 확률은 더 낮았다.

그림 9-1은 표 9-3의 둘째와 넷째 줄의 자료를 이용해 역사적인 위험·수익의 관계를 그린 것이다. 세로축은 지난 23년 동안의 각 자산의 12개월 평균 수익을 나타내고, 가로축은 손실을 기록한 비율을 나타낸 것이다. 이런 자료를 작성하는 것은 다른 자산보다 좌측 상단에 위치하는 포트폴리오에 투자하기 위해서다. 좌측 상단의 포트폴리오는 높은 수익을 갖지만 위험은 적은 우월한 자산이기 때문이다.

이상의 그림과 표는 가치주 및 성장주 펀드매니저 모두 S&P500지수보다 절대적인 기준과 위험조정수익률 모두에서 월등한 수익을 제공할 수 있다

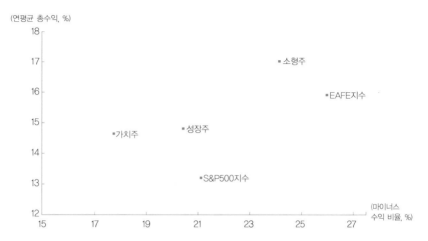

● 그림 9-1 주식자산의 위험 · 수익 관계

(연평균 총수익, %)

■소형주

■EAFE지수

■성장주

■가치주

■S&P500지수

(마이너스 수익 비율, %)

• 자료 : 메릴린치 정량분석팀, MSCI, S&P, 이봇슨 어소시에이트(1971년부터 1993년 9월까지 조사한 자료)

는 사실을 보여준다. 프랭크와 할로, 레보위츠는 성장주와 가치주 펀드매니저들의 역사적 성과가 모두 S&P500지수보다 좌측 상단에 있다며, 장기적으로 S&P500지수 추종 전략*에 의문을 제기한다(물론 그들은 자신들의 펀드 유니버스가 살아남은 성공적인 펀드매니저들 쪽에 치우쳐 있다고 인정했다).

이들은 또 일반적인 믿음과는 반대로, 가치주 투자 전략이 위험을 피하고 싶어 하는 장기 투자자에게 더 적절하다고 제안했다. 성장주 펀드매니저가 가치주 펀드매니저에 비해 수익률을 연간 0.2%밖에 앞서지 못했지

---

* 인덱스 펀드 혹은 상장지수 펀드(ETF)처럼 특정 주가지수를 추적하는 주식 포트폴리오에 투자하는 전략을 의미한다.

320

만, 가치주 펀드매니저의 손실 확률은 17.6%에 그친 데 반해 성장주 펀드매니저는 20.2%로 더 높았기 때문이다. 따라서 성공적인 가치주 펀드매니저에게 장기간 자금운용을 맡기는 것이 S&P500지수 인덱스 펀드에 투자하는 것보다 더 안전하다고 할 수 있다.

## ⋮분산 투자에 따른 이점

연금운용관리자들은 연금 펀드의 전체 주식 투자분을 단일 주식에 맡기지 않는다. 따라서 개별 자산보다는 주식자산 간의 조합에 대해 검토하는 것이 연금운용관리자에게는 더 중요한 문제로 부각될 것이다. 특히 다른 종류의 주식 전략 간의 상호 관계가 연금의 전체 주식 투자분의 위험을 잠재적으로 감소시킬 수 있음을 감안하면 더욱 그러하다.

소형주와 국제 주식은 높은 수익 때문에 투자자들의 관심을 끌고 있다. 표 9-3에서 나타났듯이, 이봇슨 소형주지수로 계산된 소형주 수익은 23년의 기간 동안 연간 약 17.5%였던 반면, MSCI-EAFE지수의 수익은 연간 16.3%였다. 분명한 것은 이들의 수익이 S&P500지수의 연간 수익인 13.3%보다 훨씬 높다는 것이다.

이런 두 그룹에 투자하는 더 근본적인 이유는 아마 과거의 수익보다는 분산 투자에 따른 이점일 것이다. 분산 투자는 고수익의 관점에서 종종 강조되지만, 사실 분산 투자 전략은 위험관리에 대한 것이다. 분산 투자의 목적은 한 특정 종류의 자산에 영향을 미치는 충격을 다른 자산의 수익을 통해 완전히 상쇄하거나 완화하는 것이다.

분산 투자는 선택된 자산의 상관계수가 낮을수록 더 좋은 효과를 발휘한다. 같은 시장에 속한 주식은 산업이나 섹터별 분산 효과를 발휘하나, 이들이 속해 있는 전체 시장의 움직임에 함께 영향을 받는 일이 잦다. 이와는 달리 완전히 다른 시장에 속해 있는 주식은 앞의 경우처럼 모두 위험할지 모르는 가능성을 제거할 수 있기 때문에 분산화가 더 잘되어 있다고 할 수 있다.

국제 주식이 미국 경제의 영향을 덜 받기 때문에 상당한 분산 투자의 혜택을 미국 투자자에게 제공한다는 사실은 잘 알려져 있지만, 외국의 투자자들도 미국 소형주에 투자함으로써 비슷한 분산 투자의 혜택을 누릴 수 있다는 점은 잘 알려져 있지 않다. 외국 투자자들은 유명세 때문에 S&P500 종목과 같은 대형 우량주를 매수하는 경향이 있지만, 만일 이들이 미국의 소형주로 관심을 돌리면 절대 수익은 물론 탁월한 위험조정수익을 올릴 수 있을 것이다.

그림 9-2는 S&P500지수, 소형주 그리고 국제 주식 사이의 위험과 수익의 결합(주식 투자의 위험은 수익의 표준편차 대신 손실 확률로 측정)을 보여준다. 다양한 포트폴리오 조합에 의해 포트폴리오 결합선이 나타나며, 자산 간 분산 투자 효과 때문에 포트폴리오 결합선은 일직선이 아니라 조개가 입을 벌리고 있는 것처럼 'C'자형의 모습을 보인다. 자산 간의 상관관계가 밀접하지 않으면 포트폴리오 결합선의 위와 아래 사이는 더 좁아진다. 반대로 완전한 상관관계(상관계수가 1 또는 −1이면)인 경우, 포트폴리오 결합선이 일직선의 형태를 띨 것이다.

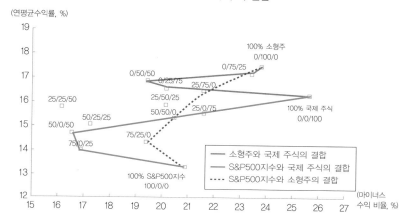

○ 그림 9-2 선택된 주식자산 그룹 간의 위험과 수익 결합

• 1971년부터 1993년 9월까지의 S&P500지수·소형주·EAFE지수를 기준으로 추정한 결과임
• 자료 : 메릴린치 정량분석팀

**그림 9-2**의 S&P500지수와 국제 주식의 결합을 나타내는 붉은색 선은 S&P500지수와 소형주의 결합(점선)보다 위와 아래 사이가 더 좁은 것을 알 수 있다. 즉, 대형주 지향적인 미국 연기금은 미국 내보다 외국에 분산 투자하는 것이 더 이득이다.

소형주와 국제 주식 간의 포트폴리오 결합선은 S&P500지수와 국제 주식 결합선보다 사이가 더 좁은데, 외국의 연기금 투자자들이 자신의 전체 주식 포트폴리오에 미국 소형주를 늘려갈 때마다 수익은 올리고 위험을 줄일 수 있음을 알 수 있다. 예를 들어 국제 주식 75%와 소형주 25%를 나타내는 포트폴리오 결합선의 한 지점(0/25/75)이 국제 주식 75%와 S&P500지수 25%로 구성된 포트폴리오(25/0/75)보다 더 좌측 상단에 위치한다.

이런 종류의 위험·수익 분석을 할 때는 보통 기간을 1년으로 한정한다.

하지만 연기금의 연금 지급이 먼 미래에 시작되며, 지급 규모가 일정 기간 비교적 작은 경우(즉, 연금 납입자가 상대적으로 더 젊은 경우), 더 긴 기간을 대상으로 위험·수익 관계를 분석할 필요가 있다. 최근 괴츠만과 에드워즈(Goetzmann & Edwards, 1994년)는 장기 운용 계획에 1년 동안의 위험·수익 통계를 사용하는 문제를 지적하고, 1년 대신 더 긴 기간 동안의 자료를 통계분석 시 사용할 때 역사적인 효율적 투자기회선* 변화가 나타난다는 것을 밝혔다. 연금의 경우 투자 기간의 수익률이 일부 벤치마크 혹은 연금 납입 수준 아래로 내려가는 기간에 대한 비율을 '위험'으로 정의해 이상의 분석을 수행하는 것도 의미 있는 일이다.

번스타인과 프래드휴먼, 바스(1993년)의 논문에서 인용한 **그림 9-3**은 S&P500지수와 **표 9-3**에서 정의된 성장주, 가치주, 국제 주식 및 소형주 벤치마크의 위험·수익 특성이 분석 대상을 5년 누적 수익률로 바꿀 때 어떤 모습을 보이는지 검토했다. 이들은 손실 확률로 위험을 정의했는데, **그림 9-3**의 위험은 1975년부터 1993년 9월까지 매 5년의 총수익이 손실을 기록한 기간의 비율(%)을 의미한다.

다음의 4가지 이유에서 **그림 9-3**의 결과는 상당히 인상적이다.

첫째, 모든 주식자산이 S&P500지수보다 높은 수익률을 보이므로 장기적인 연금 펀드 운용 시 S&P500지수에 투자할 가치가 있는지 의문을 갖게 된다. 또한 가치주, 국제 주식, 소형주 모두 S&P500지수보다 좌측 상단에

---

* 효율적 투자기회선(efficient frontier)은 각각의 위험 수준에서 최대의 기대수익을 실현해주는 점들을 연결한 것으로, 많은 위험 부담을 통해 고수익을 실현하기를 원한다면 효율선상의 우상부를 택하면 된다. 이처럼 효율선상의 어떤 포트폴리오를 선택하느냐에 따라 위험 감수 정도가 달라진다.

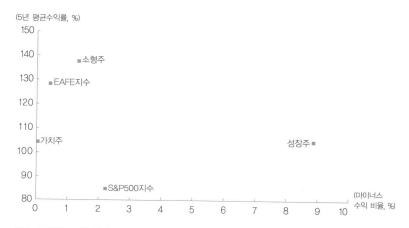

**○ 그림 9-3 5년 보유 시 위험과 수익의 관계**

(5년 평균수익률, %)

- 자료 : 메릴린치 정량분석팀(1975년부터 1993년 9월까지 조사)

위치해 위험조정수익도 월등한 것으로 나타났다.

둘째, 1975년부터 1993년 9월까지의 18년 동안 가치주의 5년 보유 수익률이 마이너스였던 경우가 없었던 것으로 나타났다.

셋째, 누군가가 성장주와 가치주 사이에서 선택해야 하는 경우, 아마도 가치주가 더 좋은 선택이 될 것이다. 물론 성장주가 가치주보다 약간 더 높은 수익률을 기록했다. 하지만 5년 누적 총수익률이 마이너스를 기록한 비율이 9%에 이르렀던 반면, 가치주는 5년간 수익률이 마이너스였던 적이 한 번도 없었다.

넷째, 이들은 10년 누적 수익률을 검토했는데, 주식의 보유 기간을 연장하면 손실을 기록할 위험이 크게 감소한다는 사실을 금방 알 수 있다. **그림 9-4**를 보면 조사 기간 동안 누적수익률이 한 번이라도 마이너스였던 주식

○ 그림 9-4 10년 보유 시 위험과 수익의 관계

(10년 평균수익률, %)

550

500 ■소형주

450

400 ■EAFE지수

350 ■성장주
■가치주

300

250 ■S&P500지수

200 ————————————————————————————
(마이너스
수익 비율, %)

• 자료 : 메릴린치 정량분석팀(1980년부터 1993년 9월까지 조사)

자산 그룹이 없었기 때문에, 자산배분은 순전히 장기 투자수익률의 함수임을 알 수 있다[*].

따라서 장기 투자자 또는 먼 훗날 연금 지급이 발생하는 연기금의 경우, 역사적으로 가장 높은 수익률을 기록한 소형주와 국제 주식에 투자하는 것이 가장 의미 있다는 것을 알 수 있다.

[*] 이런 현상이 나타난 것은 1975~1993년이라는 미국의 증시 호황 국면을 대상으로 연구했기 때문이다. 투자 대상 기간을 그 이후로 넓힌다면 결과는 달라질 수도 있다.

# ⫶주식과 채권 포트폴리오의 듀레이션 전략

연금관리운용자들은 주식 포트폴리오의 듀레이션을 점검할 때, 주식 포트폴리오의 듀레이션 전략이 채권 포트폴리오 및 전체 연금운용의 목적에 부합하는지도 고려해야 한다. 채권 펀드매니저들이 금리 변화의 가능성에 대비하지만, 주식 펀드매니저들은 이전의 금리 변화로 인해 부각된 인기 주식들을 뒤늦게 추종함으로써 주식과 채권 포트폴리오의 듀레이션 전략이 반대 방향으로 가는 것을 종종 발견할 수 있다.

　주식 포트폴리오의 듀레이션은 연금 지급의 흐름, 즉 연금의 예상 현금흐름 지출에 연금의 주식 부분이 적절하게 기여하고 있는지도 고려해 결정되어야 한다. 반면에 할인율과 채권 쿠폰이자 사이에 서로 큰 연관이 없기 때문에, 채권 포트폴리오의 듀레이션을 연금의 지급 계획에 일치시켜 이자율 변동의 위험을 막아주는 이른바 '면역 전략'을 구사할 수 있다. 다시 말해 채권 포트폴리오는 채권 듀레이션을 부채 듀레이션에 쉽게 맞출 수 있으며, 금리 변화에 상관없도록 듀레이션과 볼록성*을 고려해 포트폴리오를 구성할 수 있다. 하지만 주식 듀레이션은 주식의 현금흐름과 할인율 사이의 상호 관계가 있어 정확성이 떨어진다. 따라서 주식 포트폴리오는 연금의 지급에 정확하게 맞추기 어렵다.

　주식 포트폴리오는 채권의 듀레이션 매칭 전략을 확장하는 방향으로 구

---

* 볼록성(convexity)이란 이자율 변화에 따른 듀레이션의 변화를 측정한 것으로, 채권 이자율이 증가할수록 채권 볼록성은 감소하는 모습을 보인다.

성할 수 있다. 예를 들어 과소 적립 문제가 대단히 심각하고 채권 수익만으로는 장기적인 연금 지급 수요에 대응할 수 없는 연금이 있다고 가정해보자. 이런 경우 단기 자금 요구를 채권 투자로 정확히 맞춘 후, 장기적인 연금 지급 수요에 대비해 주식의 장기 투자수익을 통해 연기금 규모가 늘어나기를 기대하는 전략을 구사하는 것이 바람직하다.

금리가 하락하면 미래에 지급해야 할 연금의 현재 가치가 증가하기 때문에, 금리가 떨어질 때 주식이 좋은 성과를 내는 것은 연금의 입장에서 큰 행운이라고 할 수 있다. 미래에 지급해야 할 연금의 현재 가치는 미래의 부채를 할인하는 데 이용되는 금리가 떨어질수록 커진다. 따라서 어떤 기업의 감사실이 부채의 현재 가치를 계산하는 데 공식적으로 사용한 할인율이 너무 높다고 판단해 할인율을 낮추도록 하면, 회사는 즉시 과소 적립 상태가 된다.

1993년에 30년 만기 재무성 증권의 수익률이 6% 아래로 떨어졌음에도 불구하고, 많은 기업들이 예상 부채를 낮추고 자금 준비 상태가 좋아 보이도록 만들기 위해 8~9%의 할인율을 적용한 것은 흥미로운 일이라 할 수 있다. 따라서 이런 금리(할인율) 하락을 감안할 때, 국채 등 하이 퀄리티 채권에 대부분 투자하는 포트폴리오는 잠재적인 과소 적립 위험을 상쇄하는 데 적절한 수익을 내지 못할 수도 있다.

- 주식시장에서 여러 스타일의 투자 전략의 인기가 높아졌다 꺼지는 과정을 거치면서, 연금운용 관리자들은 전략적으로 또는 전술적으로 펀드매니저들 사이에서 자금을 분배하거나 혹은 전체 주식자산을 특정 주식 스타일 쪽으로 '경도'하는 전략을 사용하게 되었다.

- 스타일 경도 전략은 비용이 많이 들고 또 스타일 전략 변화의 시기를 놓치고 뒤늦게 추종하는 경우가 많은 전통적인 펀드매니저의 해고 · 고용 과정보다 더 선호되고 있다.

- 연금자산이 기업의 경영 위기 속에 확실하게 살아남고, 과소 적립 상태가 되지 않도록 하기 위해서는 전체 기업자산이 상대적으로 분산되어야 한다. 또한 공적연금 펀드의 경우 연고 지역 기업에 대한 투자에 신중해야 한다.

- 연금운용관리자들은 펀드매니저의 성과를 대표성을 갖는 대상과 비교해서 정말 '좋은' 펀드매니저인지를 판단해야 한다. 한 스타일이 전체 주식시장에 대해 좋은 성과를 낼 때, '나쁜' 펀드매니저들도 S&P500지수와 같은 시장의 벤치마크보다 좋은 성과를 낼 수 있다. 하지만 펀드매니저의 투자 특성이 다르다는 점을 고려해 비교 대상 집단 평가에 신중을 기할 필요가 있다.

- 대부분의 기업 내 전략기획부서는 스타일 로테이션을 예측하는 데 필요한 전망 자료의 대부분을 제공한다. 기업 경영에 사용되는 전망치들이 연금운용에도 사용될 수 있다.

- 합리적인 가격에서의 성장주(GARP) 전략이 성장주와 가치주 투자 순환의 변동을 완화하기 위해 이용되면서 인기 있는 주식 운용 스타일로 부각되었다. PEG는 전통적인 GARP 전략의 하나로 볼 수 있다.

- 연금운용관리자는 주식 포트폴리오에 내재되어 있는 위험을 알아야 한다. 예상하지 못한 변동성이 연금의 과소 적립을 일으킨다.

- 연금운용관리자들은 포트폴리오의 위험을 측정하기 위해 여러 가지 방법을 사용해야 한다. 수익률이 벤치마크 아래로 떨어지는 비율(%)이 설득력 있는 위험 측정 수단이 될 수 있을 것이다.

- 연금의 투자 기간은 주식 전략의 위험을 평가하는 데 유용하다.

- 연금운용관리자들은 채권 및 주식 포트폴리오의 듀레이션을 확실하게 조정해야 한다. 채권 포트폴리오의 듀레이션이 한 방향으로 움직이고 있는 동안, 주식 포트폴리오의 듀레이션이 반대 방향으로 조정되는 일이 생각보다 잦다.

## : 어떤 스타일에 자산을 배분하는 게 효과적일까?

　　한국은 선진국보다 경기 변동이 아주 격렬하고 경기순환의 주기가 짧다는 특성을 지니고 있다. 따라서 스타일 투자 전략에서도 세심한 주의가 필요하다. 예를 들어 경기의 확장 국면이 지속될 것을 믿고 가치주에 투자했다가 장단기 금리 차가 급격히 좁아지고 심지어 역전되는 상황이 출현한다면 포트폴리오의 성과는 시장에 비해 상당히 부진할 수도 있다.

　그렇다면 어떻게 해야 할까? 이 문제에 대처하기 위해 경기의 국면을 크게 (1) 경기 확장 (2) 경기 정점 (3) 경기 수축 (4) 경기 저점의 네 가지 국면으로 나누어 주요 투자 스타일의 성과를 측정해보았다.

　먼저 경기 확장을 전후한 각 투자 스타일의 성과는 다음 그래프와 같다. 6개월 수익률의 평균인데, 시장 대비 가치주와 경기민감주가 높은 성과를 기록한 것을 발견할 수 있다. 경기 확장 국면은 '경기의 바닥은 경과했지만 경기의 정점에는 이르지 않은', 주식 투자 성과가 가장 좋은 시기를 의미한다. 따라서 경기방어주와 중소형주의 성과가 상대적으로 부진한 것을 발견할 수 있다.

　다음으로 경기 정점을 전후한 각 투자 스타일의 성과를 살펴보자. 경기 정점은 '경기의 확장이 멈추었지만 아직 본격적인 하강이 시작되지 않은

## ◯ 확장

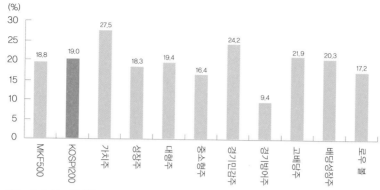

• 자료 : FnGuide, 통계청

시기'를 의미한다. 이때는 시장의 낙관론이 꺾이면서 주식시장이 서서히
약세 국면으로 접어든다.

경기 정점에는 배당성장주와 로우 볼 주식이 시장 대비 가장 성과가 뛰

## ◯ 정점

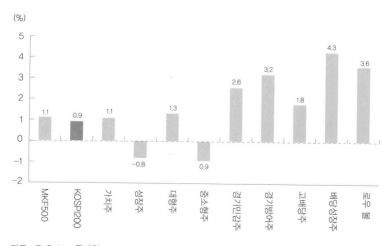

• 자료 : FnGuide, 통계청

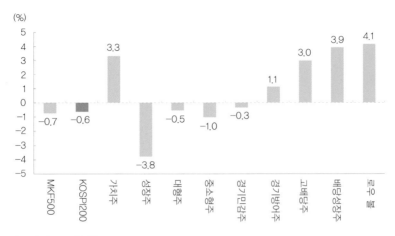

○ 수축

(%)

• 자료 : FnGuide, 통계청

어난 것을 알 수 있다. 특기할 만한 사실은 경기 확장 국면에 강세를 보였던 가치주와 경기민감주도 여전히 나쁘지 않은 성과를 보였다는 사실이다.

이는 경기가 확장 국면에 있을 때는 가치주와 경기민감주에 대한 투자를 확대할 필요가 있음을 시사한다. 경기가 정점에 도달해 하강 국면으로 접어들기 전까지는 여전히 주도주의 강세가 이어지는 셈이다.

한편 경기가 본격적으로 하강하는 수축 국면에 접어들 때는 대부분의 투자 스타일이 부진한 성과를 기록한다. 그러나 여전히 배당성장주와 로우 볼, 그리고 고배당주(high yield) 주식이 상대적으로 강세를 보이는 것을 발견할 수 있다.

즉, 경기의 '정점' 논쟁이 시작될 때는 배당성장주와 로우 볼 투자 스타일에 집중하는 게 유망하다. 경기가 급격히 나빠지지 않고 일정 수준을 유지

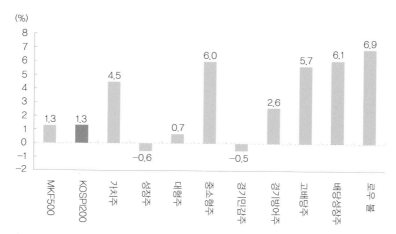

**○ 저점**

(%)

- 자료 : FnGuide, 통계청

하는 이른바 '고원 경기'를 만들더라도 이들 스타일의 성과가 유지될 뿐만 아니라, 경기가 본격적인 수축 국면에 접어들더라도 시장보다 탁월한 성과를 기록하기 때문이다.

마지막으로 경기의 '저점'에는 배당성장주와 로우 볼뿐만 아니라 가치주와 중소형주 유형이 강세를 보인다. 이는 어떻게 보면 당연한 일로, 경기의 수축이 마무리 국면에 접어들며 투자 심리가 조금씩 회복될 때는 가치주에 대한 선호가 강화될 가능성이 높기 때문이다. 더 나아가 수축 국면부터 경기 바닥까지 지속적으로 시장의 성과를 이겼던 배당성장주와 로우 볼 유형에 대한 투자자들의 신뢰도 꽤 높았을 것으로 짐작된다.

이상의 내용을 정리해보면 다음과 같다.

(1) 경기가 확장 국면일 때는 가치와 경기민감주에 대한 관심을 높일 필요가 있다. 이 유형은 경기 확장 국면에 시장 대비 높은 성과를 기록할 뿐만 아니라, 경기가 정점에 도달해도 수익률이 급격히 악화되지 않기 때문이다.

(2) 경기가 정점에 도달할 때는 배당성장주와 로우 볼 스타일에 대한 투자 비중을 점차 늘려나갈 필요가 있다. 이 유형은 경기 정점뿐만 아니라 수축 국면에도 상대적으로 호조세를 보이기 때문이다.

(3) 경기가 나빠지는 수축 국면에는 로우 볼과 고배당주가 상대적으로 강세를 보이는 데 주목할 필요가 있다. 참고로 이들 스타일은 경기의 저점에도 상대적인 강세가 유지된다.

(4) 경기가 바닥을 찍을 때는 로우 볼과 고배당주 등 기존의 주도주가 호조세를 보이지만, 경기 확장 국면의 주도주인 가치주와 경기민감주에 대해서도 비중을 확대하는 전략이 유망하다.

# 준비된 장기 투자자를
# 위한 중요 사항

이 책의 많은 부분은 시장 세그먼트의 사이클, 그리고 이런 사이클이 스타일 투자에 미친 영향에 집중되어 있다. 주식시장에서 매매되는 상품은 명목이익 성장이며, 그 명목이익 성장이 충분한지 혹은 희소한지에 대한 예상이 스타일 성과의 사이클을 결정한다.

  투자자의 예상이 낙관적일 때, 다시 말해 명목이익 성장이 점점 더 풍부해질 때, 투자자들은 보다 위험한 시장 세그먼트 주식의 가격을 올리곤 한다. 명목이익 성장에 대한 예상이 바뀌면 투자자들은 주식시장의 위험 수준이 높은 세그먼트를 멀리하고 '안전한 천국'에 속하는 세그먼트에 투자한다. 어떤 것이 안전하며 혹은 위험한지에 대한 판단이 맞고 틀림에 따라 역발상 투자의 기회가 제공된다.

## ∙시장 컨센서스의 변화

이 책에서 소개된 많은 시장 세그먼트들은 사람들이 세그먼트를 어떻게 정의하는지와는 상관없이, 이익 전망에 대한 투자자들의 인식 변화로 나타난 성과의 유사성에 따라 분류된다. 미래의 명목성장에 대한 기대가 낙관적으로 변화해갈 때 소형주는 대형주에 비해 성과가 좋고, 로우 퀄리티 주식은 하이 퀄리티 주식에 비해 좋은 성과를 낸다. 이들은 모두 위험한 시장 세그먼트들이다. 반면에 대형주, 하이 퀄리티 주식, 로우 베타 주식, 성장주 등은 안전한 시장 세그먼트로 비관론이 힘을 얻을 때 좋은 성과를 낸다.

결과적으로 '위험한 세그먼트가 생각보다 그렇게 위험하지는 않다'는 시장 컨센서스가 새롭게 형성될 때, 투자자들은 수익 전망이 상대적으로 떨어지고 성과마저 부진하다며 안전한 세그먼트를 멀리하게 된다. 일반적으로 이렇게 형성된 시장 컨센서스는 이익사이클의 정점을 전후해 만장일치에 도달한다.

예를 들어 배당성장률은 시장 컨센서스의 변화를 설명하는 가장 좋은 사례로, 배당성장률은 모든 것이 좋을 때 정점에 도달하지만 환경이 최악의 상황에 도달한 다음에야 하향 조정되기 때문이다. 다시 말해 기업들은 불황이 끝난 후 섣불리 배당금을 인상했다가 곧 삭감할 경우 시장 참여자들에게, 자신의 이익 전망이 나쁘고 또 경영진이 무엇을 해야 할지 모르고 있음을 인정하게 되는 꼴이 될지 모른다고 우려하는 것이다. 이런 까닭에 배당성장률은 경기 정점을 전후해 가장 높은 수준에 종종 도달한다.

상대적으로 안전한 시장 세그먼트에도 비슷한 예가 있다. 성장주를 멀리하고 포트폴리오의 경기민감도를 높여야 하는 본격적인 경기 회복 국면일 때 오히려 투자자들은 성장주에 대한 사랑에 빠져들기도 한다.

어떤 독자들은 이 책에서 논의된 주제들이 한두 가지 이유로 인해 자신에게는 적용되지 않을 것이라고 생각할 수 있다.

첫째, 자신이 잘 통제된 스타일 투자 전략을 따르고 있기에, 이 책에 있는 사이클에 따라 스타일을 전환하는 것은 자신의 투자 원칙을 때로는 어기는 것으로 느껴질 수 있다.

둘째, 자신이 마켓타이머(market timer*)나 투자 섹터를 자주 바꾸는 투자자가 아니라 장기 투자자라고 생각하는데, 이 책이 시장의 단기 사이클에 초점을 맞추고 있다고 느낄 수 있다.

이 장에서는 이 2가지 의문에 대해 보다 자세하게 논의할 것이다. 이 책에서 자주 이야기한 바와 같이 특정 투자 스타일의 원칙을 따르는 것도 건실한 투자 전략일 수 있지만, 투자자들의 명목이익예상이 바뀌는 경우에는 그 원칙으로 인해 상당 기간 어려움을 겪을 수 있음을 알아야 한다. 또한 장기 투자자는 자신의 장기 투자 전략이 실제로 장기에 걸쳐 시장의 성과를 뛰어넘었는지 확인해야 한다(이 부분에 대해서는 이 장의 마지막 부분에 있는 다양한 투자 스타일의 장기 성과 그래프가 도움이 될 것이다).

---

* 단기적인 시장의 변화 방향을 예측해 주식을 매매하는 투자자를 지칭한다.

## •다양한 포트폴리오의 상대 성과와 장기 추세

번스타인과 프래드휴먼(1994년)은 약 30가지의 서로 다른 주식 선정 방법으로 선정된 동일비중 포트폴리오를 동일비중 S&P500지수의 성과와 비교했다. 이들은 주식 선정 방법에 따라 상대 성과의 추세가 크게 달라지며, 동일한 투자 스타일에 기반한 주식 선택 방법 사이에도 상대 성과의 추세에 상당한 차이가 난다는 사실을 발견했다. 이들은 다음의 간단한 회귀방정식에 따라 각각의 주식 선정 방법으로 구성된 포트폴리오 상대 성과의 로그 추세선*을 계산했다.

$$\text{Log}(\text{RELPERF}) = a+b(\text{TIME})$$

- RELPERF = 특정 종목 선정 방법을 이용해 구성된 동일비중 포트폴리오의 S&P500지수에 대한 상대 성과를 의미함
- TIME = 매달 1.0씩 늘어나는 시간의 일련 번호로 시간 추세를 의미함

위 식을 통해 작성된 추세선은 각 포트폴리오의 상대 성과가 어떤 방향으로 움직였는지를 이해하는 데 도움을 준다. 이 추세선을 이해하는 좋은 방법은 어떤 투자자가 하나의 일관된 투자 스타일을 유지하는 경우에 기록

---

* 로그 추세선이란 각 주식 혹은 포트폴리오의 값에 자연대수를 취해 구한 추세선으로, 로그값으로 계산하면 자릿수의 변화에 따른 그래프의 급변동 현상을 완화할 수 있다.

한 장기적인 상대 성과로 해석하는 것이다. 그림 10-1은 높은 주식수익률을 기록한 기업으로 구성된 포트폴리오의 S&P500지수 대비 상대 성과와 추세선을 나타낸 것이다.

어떤 투자자는 비슷한 스타일에 속하는 종목 선택 방법으로 구성된 포트폴리오의 상대 성과 추세선들은 매우 비슷할 것이라고 생각할지도 모른다. 하지만 이것은 사실이 아니다. 그림 10-2는 높은 주식수익률, 낮은 PBR, 낮은 PCR, 낮은 PSR 등 모두 4가지 가치주의 특성을 기준으로 작성된 포트폴리오의 장기 성과 추세다. 이를 보면 높은 주식수익률과 낮은 PCR 종목으로 구성된 포트폴리오의 추세선의 기울기가 양을 기록해, 연구한 9년간 전체 주식시장보다 뛰어난 성과를 거둔 것으로 나타났다.

○ 그림 10-1 높은 주식수익률(저PER) 포트폴리오의 상대 성과와 장기 추세선

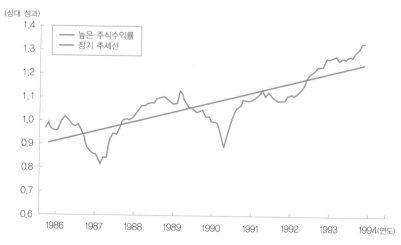

• 자료 : 메릴린치 정량분석팀

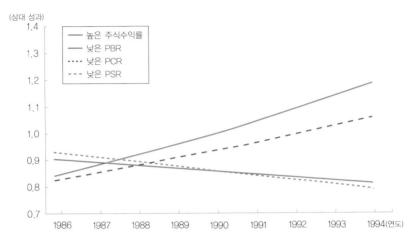

◯ 그림 10-2 가치주 특성별로 구성된 포트폴리오의 상대 성과와 장기 추세선

• 자료 : 메릴린치 정량분석팀

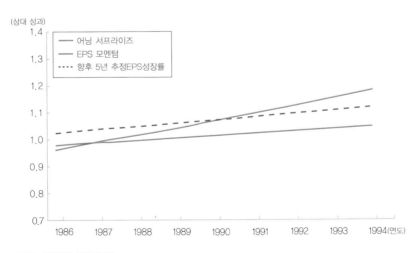

◯ 그림 10-3 성장주 특성별로 구성된 포트폴리오의 상대 성과와 장기 추세선

• 자료 : 메릴린치 정량분석팀

반면에 낮은 PBR과 낮은 PSR로 구성된 포트폴리오의 추세선은 하락한 것으로 나타났다. 따라서 '장기간에 걸쳐 가치주가 뛰어난 상대 성과를 기록했다'는 말은 가치주를 어떻게 정의하느냐에 따라 달라질 수 있다.

그림 10-3은 몇 가지 성장주의 특성을 이용해 구성된 포트폴리오의 장기 상대 성과 추세를 나타낸 것이다. 성장주의 특성을 이용해 구성된 어닝 서프라이즈와 EPS 모멘텀, 그리고 향후 5년간 추정이익 성장률 상위 등 3개 포트폴리오의 상대 성과 추세선은 모두 우상향한 것으로 나타났으며, 특히 어닝 서프라이즈는 기울기가 다른 둘보다 훨씬 컸다.

이익 컨센서스 상향 조정도 성장주 스타일의 종목 선정 방법에 포함되지만, 메릴린치에서는 1989년부터 EPS 추정치 상향 조정 데이터를 집계하고 있으므로 그림 10-3에서 제외했다. 다른 포트폴리오는 모두 1986년부터의 데이터를 이용해 추세선을 그려, 직접 비교가 곤란하기 때문이다.

그림 10-4와 그림 10-5는 하이 퀄리티 기업과 로우 퀄리티 기업의 장기 상대 성과와 추세선을 나타낸 것이다. 먼저 그림 10-4는 C·D등급 기업 (S&P 보통주 등급을 이용)의 상대 성과와 그 추세선을 나타낸 것이다. 우상향하는 추세선은 로우 퀄리티 기업에 투자하는 것이 아주 성공적인 장기 투자 전략임을 보여준다.

그림 10-5는 A+등급 주식의 상대 성과와 그 추세선이다. A+등급 주식의 상대 성과 추세선은 거의 평평하게 움직이는데, 이는 하이 퀄리티 기업이 전체 주식시장과 비슷한 수익을 기록한 것을 의미하며, 하이 퀄리티 주식에 중점을 둔 펀드매니저들이 또 다른 주식을 선택할 경우 더 나은 성과를 거둘 수 있음을 시사한다.

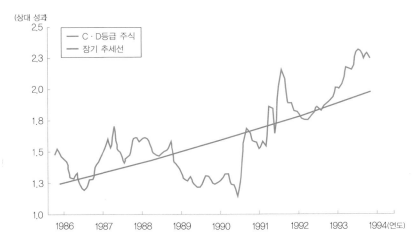

◉ 그림 10-4 C · D등급 주식의 상대 성과와 장기 추세선

(상대 성과)

```
C · D등급 주식
장기 추세선
```

• 자료 : 메릴린치 정량분석팀

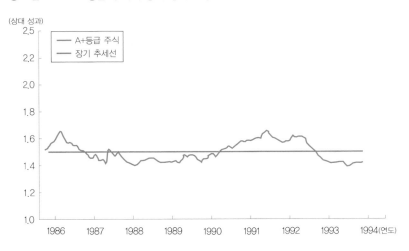

◉ 그림 10-5 A+등급 주식의 상대 성과와 장기 추세선

(상대 성과)

```
A+등급 주식
장기 추세선
```

• 자료 : 메릴린치 정량분석팀

# 다양한 투자 스타일의 장기 성과 그래프

그림 10-6부터 그림 10-21까지는 여러 가지 방법으로 선정한 주식 포트폴리오의 상대 성과와 그 추세선을 나타낸 것이다. 투자 원칙을 고수하거나 장기 투자를 고집하는 투자자들은 이 그림들을 통해 자신의 주장을 검증할 기회를 가질 수 있을 것이다. 투자 원칙을 고수하는 것은 투자와 운용을 하는 데 건전한 접근 방법일 수 있지만(원칙 없는 혹은 즉흥적인 종목 선택에 반대되는 의미에서), 그 원칙이 장기간 좋은 성과를 내고 있더라도 상당 기간에 걸쳐 심각한 성과 부진이 나타날 가능성에 늘 대비해야 할 것이다.

가장 우수한 성장주 및 가치주 스타일 투자 전략(높은 EPS 서프라이즈 및 높은 주식수익률)들의 경우에도 상대 성과가 심하게 나빴던 기간이 꽤 있었다. 주식수익률 포트폴리오의 상대 성과 추세선은 매우 가팔랐지만, 1989~1990년에는 상대 성과가 극히 부진했다. 전통적으로 낮은 PER 혹은 높은 주식수익률 기업을 선호하는 펀드매니저들은 1990년 말에 자신의 원칙을 고수하는 게 맞는 행동인지 분명히 의문을 제기했을 것이다.

다음 페이지부터 나오는 스타일 전략 대부분은 사이클에 따라 등락하며, 장기에 걸쳐 부진한 성과를 기록했기 때문에 투자자들은 장기적으로 투자할 스타일 전략을 고르는 데 신중해야 한다. 예를 들어 기업의 퀄리티별 그룹의 대부분은 상대 성과의 장기 추세선이 하락했다. 즉, 상당수의 퀄리티 전략이 좋지 못한 성과를 냈던 것으로 볼 수 있다.

따라서 어떤 스타일 투자의 원칙을 고수하거나, 혹은 장기 투자 원칙을 신봉하는 투자자라 할지라도 투자 스타일 및 시장 세그먼트의 성과에 많은 관심을 가지는 게 바람직할 것이다. 모든 사람들이 "○○주식을 매수해서 장기간 동안 보유해야 한다"라고 제안한다면, 그렇게 하는 것이 좋은 생각이 아닐 수 있다고 의심해봐야 한다. 예를 들어 이 책을 읽은 모든 독자들이 "주식수익률로 기업을 고르는 게 가장 좋은 장기 투자 전략"이라고 결정한다면, 당신은 이제 새로운 장기 투자 전략을 찾을 때가 되었다고 생각해야 할 것이다.

**○ 그림 10-6 낮은 PBR 포트폴리오의 상대 성과와 장기 추세선**

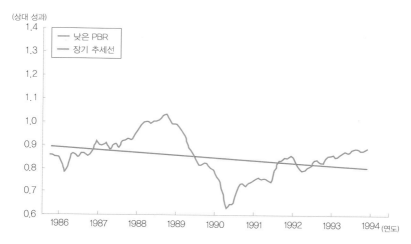

• 자료 : 메릴린치 정량분석팀

**○ 그림 10-7 낮은 PCR 포트폴리오의 상대 성과와 장기 추세선**

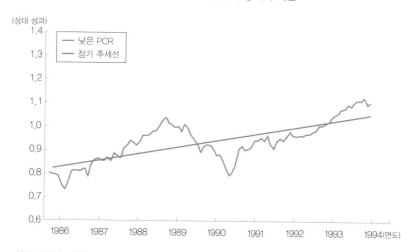

• 자료 : 메릴린치 정량분석팀

◎ 그림 10-8 낮은 PSR 포트폴리오의 상대 성과와 장기 추세선

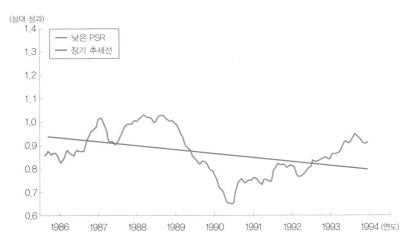

• 자료 : 메릴린치 정량분석팀


◎ 그림 10-9 저가주 포트폴리오의 상대 성과와 장기 추세선

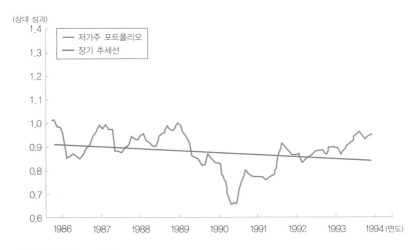

• 자료 : 메릴린치 정량분석팀

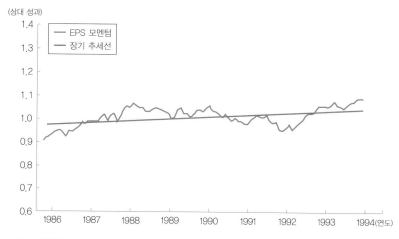

○ 그림 10-10 EPS 모멘텀 상위 포트폴리오의 상대 성과와 장기 추세선

• 자료 : 메릴린치 정량분석팀

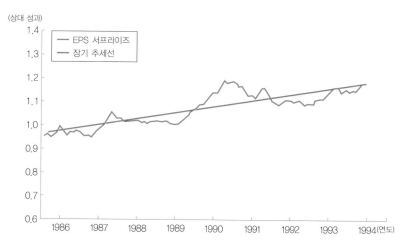

○ 그림 10-11 긍정적인 EPS 서프라이즈 포트폴리오의 상대 성과와 장기 추세선

• 자료 : 메릴린치 정량분석팀

○ 그림 10-12 향후 5년간 추정이익성장률 상위 포트폴리오의 상대 성과와 장기 추세선

• 자료 : 메릴린치 정량분석팀

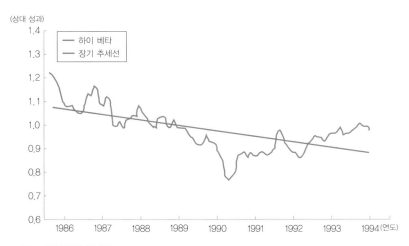

○ 그림 10-13 하이 베타 포트폴리오의 상대 성과와 장기 추세선

• 자료 : 메릴린치 정량분석팀

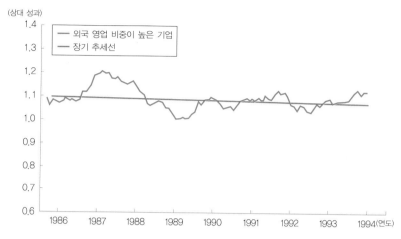

◑ 그림 10-14 외국 영업 비중이 높은 기업 포트폴리오의 상대 성과와 장기 추세선

• 자료 : 메릴린치 정량분석팀

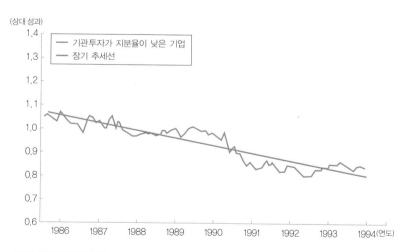

◑ 그림 10-15 기관투자가 지분율이 낮은 기업 포트폴리오의 상대 성과와 장기 추세선

• 자료 : 메릴린치 정량분석팀

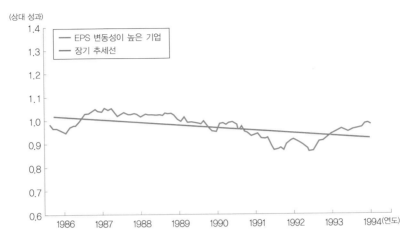

● 그림 10-16 EPS 변동성이 높은 기업 포트폴리오의 상대 성과와 장기 추세선

• 자료 : 메릴린치 정량분석팀

● 그림 10-17 A등급 주식의 상대 성과와 장기 추세선

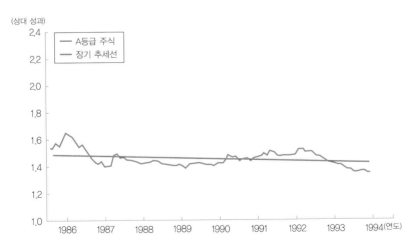

• 자료 : 메릴린치 정량분석팀

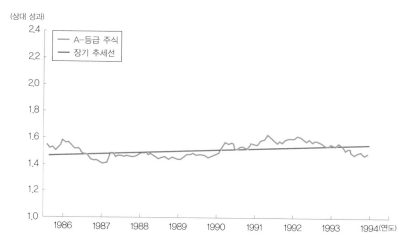

**○ 그림 10-18 A-등급 주식의 상대 성과와 장기 추세선**

(상대 성과)

凡례:
— A-등급 주식
— 장기 추세선

• 자료 : 메릴린치 정량분석팀

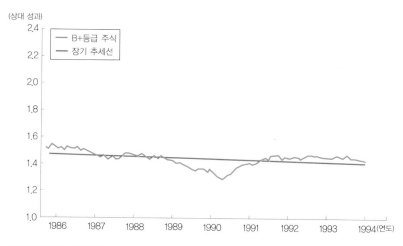

**○ 그림 10-19 B+ 등급 주식의 상대 성과와 장기 추세선**

(상대 성과)

凡례:
— B+등급 주식
— 장기 추세선

• 자료 : 메릴린치 정량분석팀

## ◑ 그림 10-20 B등급 주식의 상대 성과와 장기 추세선

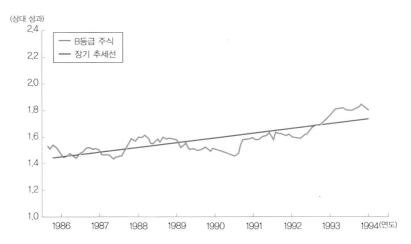

• 자료 : 메릴린치 정량분석팀

## ◑ 그림 10-21 B-등급 주식의 상대 성과와 장기 추세선

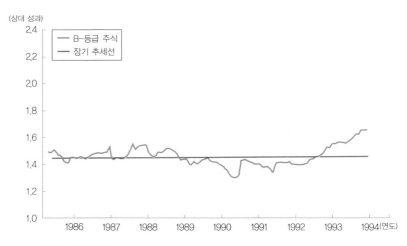

• 자료 : 메릴린치 정량분석팀

# 순환 장세의 주도주에 베팅하라

투자 철학을 구성하는 가장 기본적인 원칙은 장기적으로 내재가치에 주가가 수렴한다는 것입니다. 그렇지만 단기적으로는 특정 요소로 특성화된 집단적인 주가 움직임이 나타나기도 합니다. 예를 들면 저PBR주, 고ROE주, 고배당주, 대형주, 중소형주 등이 각각 활발하게 움직이는 시기가 있습니다. 리처드 번스타인은 이렇게 특성화된 종목 집단을 세분화된 시장의 형태인 세그먼트로 분류하고, 이런 세그먼트에 전략적으로 접근하는 소위 '스타일 투자 전략'을 제시하고 있습니다.

　한국 주식시장에서도 2007년에 발생한 글로벌 금융위기를 극복하는 초기에 자동차, 화학, 정유에 국한된 소위 '차화정(車化精)' 장세, 또는 전자, 자동차에 국한된 '전차(電車)' 장세가 나타난 적이 있었지요. 또 실적이 호전되는 중소형 가치주 중심의 장세가 이어지기도 했습니다. 이런 순환 장세가 화려하게 지나가고 나면, 누가 대박을 터뜨렸네 하면서 부러움의 대상이 되기도 합니다. 순환 장세의 주도주에 제대로 베팅하는 방법은 없을까요? 《순환 장세의 주도주를 잡아라》는 이런 질문에 답을 제시하는 책입니다.

사실 스타일이 순환되는 장세는 얼핏 보면 테마 장세와 유사합니다. 하지만 테마 장세가 불확실한 투자 스토리에 기반을 두는 반면, 스타일 순환 장세는 나름대로 그럴듯한 펀더멘털 근거를 찾을 수 있습니다. 리처드 번스타인은 이를 이익예상 라이프사이클로 정리해 제시하고 있는데요. 추정이익의 증감에 따라 투자자의 반응이 달라지면서 성장주에서 가치주로, 역으로 가치주에서 성장주로 시장 주도주가 순환된다는 겁니다.

하지만 개인 투자자가 이익예상 라이프사이클을 직접 분석하기 어렵기 때문에 이코노미스트나 애널리스트 등 전문가의 도움을 받는 것이 최선입니다. 전문가의 도움을 받기 어려운 개인 투자자에게는 방법이 없는 걸까요? 개인 투자자도 쉽게 구사할 수 있는 간단한 방법을 제시해보겠습니다.

앞에서도 살펴보았듯이 스타일별로 세분화된 주식 집단이 앞서거니 뒤서거니 하면서 순환된다는 리처드 번스타인의 주장은 한국 시장에서도 확인되는 현상입니다. 그러므로 우리는 그런 특성을 활용하는 방안을 고심할 필요가 있습니다. 논의를 단순화해보지요. 투자자는 내심 고ROE이고 저

PBR이면서 배당도 많이 주는 종목을 보유하고 싶을 것입니다. 그런데 이 조건을 만족하는 종목은 거의 찾아보기 힘들지요. 혹시 발견한다면 최대한 적극적으로 매수하기 바랍니다. 대체로 ROE가 높으면 인기가 높아 저PBR 상태가 아니며, 마침 PBR이 낮다면 ROE가 시원치 않아 기업에 문제가 있을 가능성이 높습니다. 또 배당을 많이 준다면 성장성이 정체되는 기업일 가능성이 높습니다. 이 점이 투자자의 딜레마라고 할 수 있습니다.

이럴 때는 차라리 요소별 우량주에 골고루 분산 투자하는 것도 괜찮은 방법입니다. 실례를 들어보지요. 고ROE주로 삼성전자, 저PBR주로 KCC, 고배당주로 S-Oil을 선택했습니다. 개인 투자자라서 내재가치 평가를 하기 힘들다고 가정합니다. 그래서 단순하게 주가만 고려하겠습니다.

1996년 1월 말의 코스피지수는 878.82포인트, 삼성전자의 수정주가는 122,508원, KCC의 수정주가는 51,504원, S-Oil의 수정주가는 7,485원입니다. 2018년 3월 말 코스피지수는 2445.85포인트, 삼성전자 주가는 2,461,000원, KCC 주가는 345,500원, S-Oil 주가는 120,000원입니다. 22년 2개월 동안 코스피지수는 178.31%, 삼성전자는 1908.85%, KCC는 570.82%, S-Oil은 1503.21% 상승했군요. 코스피지수를 포함해 모든 종목이 대단한 상승세를 보였네요. 3종목을 비교하기 쉽게 테스트 시작점인 1996년 1월 말의 코스피지수인 878.82포인트로 환산한 기준가로 주가 그래프를 그려보면 아래와 같습니다.

우선 3종목의 그래프를 감상해보지요. 장기적으로 보면 모두 우상향하고 있어 다행이지만, 상승하거나 하락한 국면이 조금씩 다릅니다. 삼성전자는 2012년과 최근에 강세를 보이고 있네요. KCC는 2007년과 2014년에 강세를 보였지만 그 이후로 약세를 보이고 있고요. 또 S-Oil은 2004년과 2011년에 강세를 보였습니다. 이렇게 상승과 하락 국면이 엇갈리면 종목별 상관관계가 비교적 낮기 때문에 분산 투자의 효과를 기대할 만합니다.

● 종목별 기준가 추이(1996.01.~2018.03.)

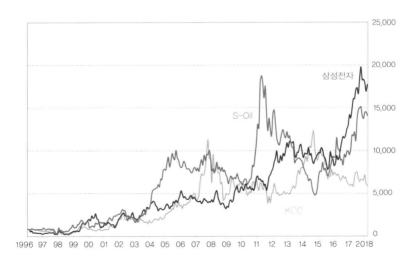

강세를 보이는 종목은 상대적으로 비중을 축소하고, 반대로 약세를 보이는 종목은 상대적으로 비중을 확대해서 순환에 대비하려고 합니다. 테스트 기간 동안 소정의 매매 수수료와 거래세는 지불하고, 배당은 계산하지 않겠습니다. 그래서 종목별 비중은 다음과 같이 결정하겠습니다.

- 삼성전자의 비중 = 2/3 − (삼성전자 기준가/기준가 합계)
- KCC의 비중 = 2/3 − (KCC 기준가/기준가 합계)
- S-Oil의 비중 = 2/3 − (S-Oil 기준가/기준가 합계)
- 기준가 합계 = 삼성전자 기준가 + KCC 기준가 + S-Oil 기준가

1996년 1월 말에 3종목에 정확하게 3분의 1씩 나누어 시작한 포트폴리오는 2018년 3월 말에 삼성전자 19.75%, KCC 51.01%, S−Oil 29.24%를 투자하고 있군요. 이렇게 계산된 종목별 비중에 따라 월 1회 리밸런싱한 포트폴리오의 기준가는 61867.73포인트로서 22년 2개월 동안 6939.86%의 수익률을 보였습니다. 놀랍지 않습니까? 3종목 중 가장 높은 수익률을 보였던 삼성전자의 1908.85%보다 월등하게 높은 수익률을 거두었네요. 이들 종목과 포트폴리오의 기준가와 종목별 비중을 동시에 그래프로 그려보면 다음과 같습니다.

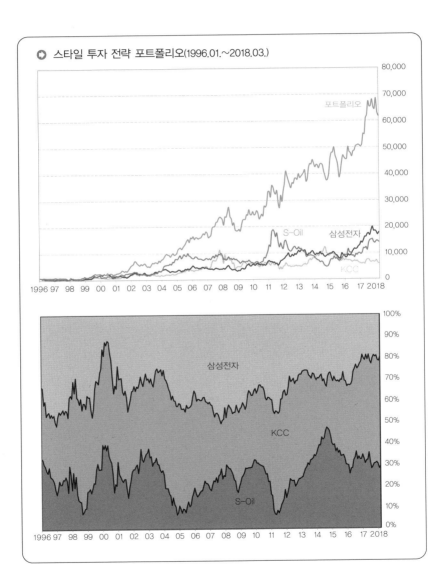

스타일 투자 전략 포트폴리오(1996.01.~2018.03.)

물론 아무 종목이나 포트폴리오에 편입해서 리밸런싱한다고 해서 좋은 결과를 장담할 수는 없겠지요. 다행히 3종목이 각각 고ROE, 저PBR, 고배당이라는 특성을 뚜렷하게 보이면서 등락하는 시기가 매우 달라서 상관관계가 낮았기 때문입니다. 우리는 투자하면서 고ROE가 유리할지, 저PBR이 유리할지, 고배당이 유리할지 택일해야 하는 딜레마에 처하고는 하는데요. 각각의 특성을 뚜렷하게 보이는 3종목을 골고루 일정한 기준에 따라 리밸런싱했더니 어느 종목보다도 유리한 결과를 가져올 수 있었습니다. 마치 고ROE이면서 저PBR이면서 배당도 많이 주는 절대 우량주에 투자한 것처럼 말입니다. 다시 말해서 포트폴리오 리밸런싱을 통해 현실 세계에 거의 존재하지 않는 절대 우량주를 인공적으로 합성해낼 수 있었다는 의미입니다.

특정 주식이 아니라, 스타일이 뚜렷한 펀드나 ETF를 대상으로 포트폴리오를 구성해도 좋을 것 같습니다. 하지만 여기서는 특정 자산운용사의 상품을 논의하기가 적절치 않은 듯해 다루지 않았습니다. 실제 투자에 어떻게 활용할지는 오롯이 투자자의 몫으로 남겠지만, 살펴보았듯이 리처드 번스타인의 조언대로 시의적절하게 스타일 투자 전략을 구사하는 것은 상당히 유용하다고 생각됩니다. 이처럼 유용한 명저를 발굴하고 번역하느라 노고를 아끼지 않은 홍춘욱 박사와, 번역서가 절판되어 안타까워하는 독자를 배려해 어렵사리 되살려낸 에프엔미디어 김기호 대표께 감사드립니다. 독자 여러분의 성공 투자를 기원하며 감수 후기를 마치겠습니다.

2018년 4월

신진오 밸류리더스 회장

참고문헌
찾아보기

# 참고문헌

## 1장

Banz, Rolf W., "The Relationship Between Return and Market Value of Common Stocks," *Journal of Financial Economics*, 1981, vol. 9, no. 1, pp.3~18.

Bernstein, Richard and Pradhuman, Satya, Introducing the MLQA Quality Indices, *Merrill Lynch Quantitative Viewpoint*, March 23, 1993.

Ibbotson, Roger G. and Sinquefield, Rex A., "Stocks, Bonds, Bills, and inflation : Year-by-Year Historical Returns(1926~1974)," *Journal of Business*, 1976, vol. 49, no. 1, pp.11~47.

Markowitz, Harry M., "Portfolio Selection," *Journal of Finance*, 1952, vol. 7, no. 1, pp.77~91.

Markowitz, Harry M., *Portfolio Selection : Efficient Diversification of Investment* (New Haven : Yale University Press, 1959).

Roll, Richard and Ross, Stephen A., "An Empirical Investigation of the Arbitrage Pricing Theory," *Journal of Finance*, 1980, vol. 35, no. 5, pp.1,073~1,103.

Sharpe, William F., "Capital Asset Price: A Theory of Market Equilibrium Under Condition of Risk," *Journal of Finance*, 1964, vol. 19, no. 3, pp.425~442.

Sharpe, William F., *Portfolio Theory and Capital Markets* (New York : McGraw-Hill Book Company, 1970).

Solt, Michael and Statman, Meir, "Good Companies, Bad Stocks," *Journal of Portfolio Management*, 1989, vol. 15, no. 4, pp.39~44.

## 2장

Bernstein, Richard, "Growth & Value-Part III," *Merrill Lynch Quantitative Viewpoint*, October 23, 1990.

Bernstein Richard, and Pradhuman, Satya D., "Special Report : Writeoffs & Restructuring," *Merrill Lynch Quantitative Viewpoint*, May 19, 1992.

Shiller, Robert J., *Market Volatility* (Cambridge, Massachusetts : The MIT Press, 1989).

## 3장

Bernstein, Richard, "Revisiting the Earnings Expectations Life Cycle," *Merrill Lynch Quantitative Viewpoint*, August 13, 1991.

Bernstein, Richard, "Avoid Valuation Mirages," *Merrill Lynch Quantitative Viewpoint*, July 14, 1992.

Bernstein, Richard, "The Earnings Expectations Life Cycle," *Financial Analysts Journal*, March/April 1993, pp.90~93.

Elton, Edwin J., Gruber, Martin J., and Gultekin, Mustafa N., "Capital Market Efficiency and Expectations Data," *I/B/E/S Working Paper*, 1979; "Expectations and Share Prices," *Management Science*, vol. 27, no. 9, September 1991.

Shefrin, Hersh, and Statman, Meir, "A Behavioral Framework for Expected Stock Return," Presented at the Institute for Quantitative Research in Finance, October 1993.

## 4장

Bernstein, Richard, "A Bond Investor's Guide to Equity and Duration," *Merrill Lynch Quantitative Viewpoint*, February 25, 1992.

Bernstein, Richard, "The Black Widow of Valuation," *Merrill Lynch Quantitative Viewpoint*, February 28, 1989.

Bernstein, Richard, "The Earnings Surprise Model," *Merrill Lynch Quantitative Viewpoint*, May 22, 1990.

Bernstein, Richard, "Growth & Value," *Merrill Lynch Quantitative Viewpoint*, July 17, 1990.

Bernstein, Richard, "Growth & Value-Part II ," *Merrill Lynch Quantitative Viewpoint*, September 25, 1990

Bernstein, Richard, "Growth & Value-Part III ," *Merrill Lynch Quantitative Viewpoint*, October 23, 1991.

Bernstein, Richard, "Growth & Value-ParIV," *Merrill Lynch Quantitative Viewpoint*, June 4, 1991.

Bernstein, Richard, "Yield," *Merrill Lynch Quantitative Viewpoint*, April 7, 1992.

Bernstein, Richard, "Managing Equities Like Bonds, Well Sort of···," Presentation to the Institute for International Research Quantitative Investment Management Seminar, October 1992.

Harvey, Campbell R., "Forecasting Economic Growth with the Bond and Stock Market," *Financial Analysts Journal*, September/October 1989.

Harvey, Campbell R., "Term Structure forecasts Economic Growth," *Financial Analysts Journal*, May/June 1993.

Hagin, Robert L., "The Subtle Risk of High Expected Growth-The Torpedo Effect," Presentation to the Institute for Quantitative Research in Finance, Fall 1991 Seminar.

Jacques, William E. and Wood, Arnold S., "Behavioral Justification for the Permanence of the P/E Phenomena," Presentation to the Institute for Quantitative Research in Finance, Fall 1993 Seminar.

Peters, Donald J., *A Contrarian Strategy for Growth Stock Investing:*

*Theoretical Foundations & Empirical Evidence* (Westport, CT : Quorum Books, 1993).

Sharpe, William F., "Asset Allocation: Management Style and Performance Measurement," *Journal of Portfolio Management*, Winter 1992, vol. 18, no. 2, pp.7~19.

## 5장

Altman, Edward I., *Corporate Financial Distress* (New York : John Wiley & Sons, Inc., 1983).

Altman, Edward I., and Duen Li Kao, "Corporate Bond Rating Drift : An Examination of Rating Agency Credit Quality Changes" (Charlottesville, VA: Association for Investment Management Research), 1991.

Altman, Edward I., and Duen Li Kao, "Rating Drift in High Yield Bonds," *The Journal of Fixed Income*, March 1992.

Arbel, Avner and Strebel, Paul, 'The Neglected and Small Firm Effects', 〈Financial Review〉, 1982년, vol. 17, no. 4, pp.201~218.

Arbel, Avner, Carvell, Steven, and Strebel, Paul, "Giraffes, Institutions and Neglected Firms," *Financial Analysts Journal*, 1983, vol. 39, no. 3, pp.57~63.

Bernstein, Richard, "The Decaying Financial Infrastructure," *Merrill Lynch Quantitative Viewpoint*, July 6, 1989.

Bernstein, Richard and Pradhuman, Satya, "A 'Low Quality' Market," *Merrill Lynch Quantitative Viewpoint*, January 12, 1993.

Bernstein, Richard and Pradhuman, Satya, "Introducing the MLQA 'Quality' Indices," *Merrill Lynch Quantitative Viewpoint*, March 23, 1993.

Bernstein, Richard and Pradhuman, Satya, 'It's Not Small, It's Not Cyclical, It's Low Quality," *Merrill Lynch Quantitative Viewpoint*, August 24, 1993.

Bernstein, Richard and Pradhuman, Satya, "Quality Review & Preview," *Merrill Lynch Quantitative Viewpoint*, January 11, 1994.

Bernstein, Richard and Pradhuman, Satya, "Value Managers : It May Be Too Early To Invest For Recession," *Merrill Lynch Quantitative Viewpoint,* February 22, 1994.

Chopra, Navin, Lakonishok, Josef, and Ritter, Jay R., "Measuring Abnormal Performance: Do Stocks Overreact?" *Journal of Financial Economics,* 1992, vol. 31, pp.235~268.

DeBondt, Werner F.M. and Thaler, Richard H., "Does the Stock Market Overreact?" *Journal of Finance,* June 1986, vol. XL, no. 3, pp.793~807.

Healy, C. Ross and Sgromo, Enrico, "How to Beat the S&P500 Index Using Credit Analysis Alone," *Journal of Portfolio Management,* Winter 1993, pp.25~31.

Muller, Frederick L. and Fielitz, Bruce D., "Standard & Poor's Quality Rankings Revisited," *Journal of Portfolio Management,* Spring 1987, pp.64~68.

Muller, Frederick L., Fielitz, Bruce D., and Greene, Myron T., "S&P Quality Group Rankings: Risk and Return," *Journal of Portfolio Management,* Summer 1983, pp.39~42.

Muller, Frederick L., Fielitz, Bruce D., and Greene, Myron T., "Portfolio Performance in Relation to Quality, Earnings, Dividends, Firm Size, Leverage, and Return on Equity," *Journal of Financial Research,* 1984, vol. 7, no. 1, pp.17~26.

Shefrin, Hersh and Statman, Meir, "A Behavioral Framework for Expected Stock Returns," Santa Clara University working paper, October 1993.

Strebel, Paul J. and Arbel, Avner, "Pay Attention to Neglected Firms!" *Journal of Portfolio Management,* 1983, vol. 9, no. 2, pp.37~42.

Thaler, Richard H., *Advances in Behavioral Finance* (New York : Russell Sage Foundation, 1993).

## 6장

Baskin, Jonathan, "Dividend Policy and the Volatility of Common Stocks," *Journal of Portfolio Management*, Spring 1989, pp.19~25.

Bernstein, Richard and Pradhuman, Satya, "Risk & Return," *Merrill Lynch Quantitative Viewpoint*, June 27, 1993.

Bernstein, Richard and Pradhuman, Satya, "Are Defensive Stocks Defensive?" *Merrill Lynch Quantitative Analysis Update*, March 10, 1994.

Blume, Marshall, "Betas and Their Regression Tendencies," *Journal of Finance*, July 1975, vol. X, no. 3, pp.785~795.

Chan, Louis K.C. and Lakonishok, Josef, "Are the Reports of Beta's Death Premature?" *Journal of Portfolio Management*, Summer 1993, pp.51~62.

Elton, Edwin J. and Gruber, Martin J., *Portfolio Theory and Investment Analysis* (New York : John Wiley & Sons, 1984).

Fama, Eugene F. and French, Kenneth R., "Cross-Sectional Variation in Expected Stock Returns," *Journal of Finance*, vol. XLVII, 1992.

Gordon, M.J., "Optimal Investment and Financing Policy," *Journal of Finance*, May 1963, pp.264~272.

Grinold, Richard, "Is Beta Dead Again?" *Financial Analysts Journal*, July/August 1993, pp.28~34

Miller, M. and Modigliani, F., "Dividend Policy, Growth, and the Valuation of Shares," *Journal of Business*, October 1961, pp.411~433.

Sharpe, William F., *Portfolio Theory and Capital Markets* (New York : McGraw-Hill, 1970).

Vasicek, Oldrich, "A Note on Using Cross-Sectional Information in Bayesian Estimation of Security Betas," *Journal of Finance*, December 1973, vol. VIII, no. 5, pp.1,233~1,239.

Asikoglu, Yaman and Ercan, Metin R., "Inflation Flow-Through and Stock Prices," *Journal of Portfolio Management*, Spring 1992, pp.63~68.

Baskin, Jonathan, "Dividend Policy and the Volatility of Common Stocks," *Journal of Portfolio Management*, Spring 1989, pp.19~25.

Bernstein, Richard, "The Growth/Duration Matrix : Opportunities for Tilting and Arbitrage," *Merrill Lynch Quantitative Viewpoint*, February 27, 1990.

Bernstein, Richard, "A Bond Investor's Guide to Equities and Duration," *Merrill Lynch Quantitative Viewpoint*, February 25, 1992.

Bernstein, Richard, "Managing Equities Like Bonds, Well Sort of⋯," Presentation to the Institute for International Research Quantitative Investment Management Seminar, October 1992.

Bernstein, Richard, "What's Going On? It's Earnings vs. Interest Rates," *Merrill Lynch Quantitative Viewpoint*, April 5, 1994.

Bernstein, Richard and Tew, Bernard, "The Equity Yield Curve," *Journal of Portfolio Management*, Fall 1991.

Fabozzi, Frank J. and Pollack, Irving M., *The Handbook of Fixed Income Securities* (Homewood, IL : Dow Jones-Irwin, 1983).

Leibowitz, Martin L., "Bond Equivalents of Stock Returns," *Journal of Portfolio Management*, Spring 1978, vol. 4, no. 3, pp.25~30.

Leibowitz, Martin L., "Total Portfolio Duration: A New Perspective on Asset Allocation," *Financial Analysts Journal*, September/October 1986, vol. 42, no. 5, pp.18~29, 77.

Leibowitz, Martin L., Sorenson, Eric, Arnott, Robert D., and Hanson, Nicholas, "A Total Differential Approach to Equity Duration," *Financial Analysts Journal*, September/October 1989, vol. 45, no. 5, pp.30~37.

Leibowitz, Martin L. and Kogelman, Stanley, "Resolving the Equity Duration Paradox," *Financial Analysts Journal*, January/February 1993, pp.51~64.

Ma, Christopher and Ellis, M.E., "Selecting Industries as Inflation Hedges," *Journal of Portfolio Management*, Summer 1989, pp.45~48.

Macaulay, Frederick, *Some Theoretical Problems Suggested by the Movement of Interest Rates, Bond Yields, and Stock Prices in the United States since 1865* (New York : National Bureau of Economic Research, 1938).

Shiller, Robert J., *Market Volatility* (Cambridge, MA : The MIT Press, 1989).

Spiro, Peter S., "The Impact of Interest Rate Changes on Stock Price Volatility," *Journal of Portfolio Management*, Winter 1990, pp.63~68.

## 8장

Banz, Rolf W. "The Relationship Between Return and Market Value of Common Stocks," *Journal of Financial Economics*, 1981, vol. 9, no. 1, pp.3~18.

Barth, Markus., "New Liquidity Analysis Method: Days to Trade a Million," Merrill Lunch Quantitative & Convertible Research internal memo, January 1994.

Bernstein Richard and Clough, Jr., Charles I., "The Capital Gains Tax Rate," *Merrill Lynch Quantitative Viewpoint*, August 1, 1989.

Bernstein, Richard, "Small Stock Performance and Investor Risk Perception," Second Annual Symposium on Small Firm Financial Research, April 1990.

Bernstein, Richard, "Taxes Transform An Ugly Duckling," *Institutional Investor Middle Markets Forum*, vol. XXIV, no. 14, October 1990.

Bernstein, Richard, "U.S. Small Stocks for Non-U.S. Investors," *Merrill Lynch Equity Derivatives Update*, October 27, 1993.

Bernstein, Richard, and Clough, Jr., Charles I., "Interregional Equity Portfolio Deversification," *Merrill Lynch Quantitative Viewpoint*, March 13, 1990.

Bernstein, Richard and Pradhuman, Satya D., "The Small Stock Effect : It May Be Value Not Growth," *Merrill Lynch Quantitative Viewpoint*, November 3, 1992.

Bernstein, Richard and Pradhuman, Satya D., "Emerging Growth and Interest Rates," *Merrill Lynch Quantitative Viewpoint*, January 1, 1994.

Fouse, William., "The Small Stock Hoax," *Financial Analysts Journal*, July/August 1989, pp.12~15.

Ibbotson, Roger G. and Sinquefield, Rex A., "Stocks, Bonds, Bills, and Inflation : Year-by-Year Historical Returns(1926~1974)," *Journal of Business*, 1976, vol. 49, no. 1, pp.11~47.

Perold, Andre. "The Implementation Shortfall: Paper Versus Reality," *Journal of Portfolio Management*, Spring 1988.

Perold, Andre and Sirri, Erik H., "The Costs of International Trading," Working paper, Harvard Business School, April 1994.

Pradhuman, Satya D. and Bernstein, Richard, *Merrill Lynch Small Cap Perspective*, January 5, 1994.

Pradhuman, Satya D. and Bernstein, Richard, *Merrill Lynch Small Cap Perspective*, March 4, 1994.

Pradhuman, Satya D. and Bernstein, Richard, *Merrill Lynch Small Cap Perspective*, May 5, 1994.

9장

Bailey, Jeffrey V., "Are Manager Universes Acceptable Performance Benchmarks?" *Journal of Portfolio Management*, Spring 1992, pp.9~13.

Bernstein, Richard., "Thematic Tilting of Funds Among Equity Managers," *Merrill Lynch Pension Executive Review*, October 1990, pp.7~12.

Bernstein, Richard, Pradhuman, Satya D., and Barth, Markus E., "Equity Asset Allocation-Part I : Risk, Return & Diversification," *Merrill Lynch Quantitative Viewpoint*, October 19, 1993.

Bernstein, Richard, Pradhuman, Satya D., and Barth, Markus E., "Equity Asset Allocation-Part II: Time Horizons," *Merrill Lynch Quantitative Viewpoint*,

November 2, 1993.

Durand, David., "What Price Growth?" *Journal of Portfolio Management*, Fall 1992, pp.84~91.

Franks, Edward Carr., "Targeting Excess-of-Benchmark Returns," *Journal of Portfolio Management*, Summer 1992, pp.6~12.

Goetzmann, William N., and Edwards, Franklin R., "Short-Horizon Inputs and Long-Horizon Portfolio Choice," *Journal of Portfolio Management*, Summer 1994, pp.76~81.

Harlow, W.V., "Asset Allocation in a Downside-Risk Framework," *Financial Analysts Journal*, September/October 1991, pp.29~40.

Leibowitz, Martin L., Kogelman, Stanley, and Bader, Lawrence N., "Asset Performance and Surplus Control: A Dual-Shortfall Approach," *Journal of Portfolio Management*, Winter 1992, pp.28~37.

Nigel, Adam., "Asset Allocation : Why Not Both?" *Plan Sponsor*, May 1994, pp.42~43.

Peters, Donald., "Valuing a Growth Stock," *Journal of Portfolio Management*, Spring 1991, pp.49~51.

Peters, Donald., *A Contrarian Strategy for Growth Stock Inverting* (Westport, CT : Quorum Books, 1993).

10장

Bernstein, Richard and Pradhuman, Satya D., "Long-Term Performance Trends," *Merrill Lynch Quantitative Viewpoint*, July 12, 1994.

Speidell, Lawrence S., "Embarrassment and Riches : The Discomfort of Alternative Investment Strategies," *Journal of Portfolio Management*, Fall 1990, pp.6~11.

# 찾아보기

MSCI-EAFE지수　288, 316 317, 321, 323

S&P 보통주 등급　46, 157~167, 169, 170, 172, 173, 177, 178, 180, 182, 183, 206, 271, 272, 274~276, 343

S&P/바라(Barra)　118, 119

Z-스코어　173~175, 182

가치주지수　111, 115, 116, 118, 122

가치평가의 착시 현상　95, 123, 124

거래 유동성　40, 177, 179, 180, 182, 264, 267, 269, 273, 289

걸테킨, 무스타파　84

경기민감주　37~39, 111, 137, 138, 162, 163, 217, 234, 236, 274, 330, 332, 334

경기방어주　137, 138, 202, 236, 330

고든, M.J.　201

괴츠만, 윌리엄　324

그루버, 마틴　84, 213

그리놀드, 리처드　191

그린, 마이런　158

금리민감도　48, 134~136, 204, 225~227, 237, 242, 244, 246, 252

긍정적인 어닝 서프라이즈　84~86, 125, 127, 129, 206, 247, 248, 284, 350

기본적 분석　84, 99, 204

기업 고유의 위험　195~197

듀란드, 데이비드　313

듀레이션　48, 134~140, 204, 205, 226~238, 241, 242, 244~252, 260, 281~284, 327, 329

드봉, 베르너　179

래코니쇼크, 조셉　179

레버리지　199

레보위츠 듀레이션 공식　244~246, 252

레보위츠, 마틴　237, 244, 246, 247, 252, 319, 320

로스, 스티븐　31

롤, 리처드　31

리터, 제이　179

마, 크리스토퍼　243

마코위츠, 해리　29

만기수익률 공식　230, 233, 234

맥컬리, 프레더릭　230

멀러, 프레더릭　158

메릴린치 가치주 펀드지수　316, 317

메릴린치 성장주 펀드지수　316, 317

모닝스타　43, 270

모딜리아니, 프랑코　85, 201

무시된 주식 효과　284

무이표채　122, 140

밀러, 머튼　201

바스, 마커스　267, 316, 324

바시세크, 올드리치　213

바텀업 분석　37

반즈, 롤프　41, 261

배당 성향　73, 140, 145~148, 156, 235

배당할인모형(DDM)　122~125, 136~139, 209, 233~239, 244~248, 252

배스킨, 조너선　201

번스타인, 리처드　33, 46, 51, 58, 66, 85, 95,
　　　102, 149, 150, 152, 173, 175, 221, 246, 247,
　　　　　249, 250, 268, 274, 278, 282, 284, 286,
　　　　　　　287, 316, 317, 324, 340, 355, 356
베이지안 조정　　　　　　　　　　213
베일리, 제프리　　　　　　　　　　306
볼록성　　　　　　　　　　　229, 327
부정적 어닝 서프라이즈 84, 87, 206, 284, 285
분산 불가능한 위험　195, 196, 199, 202, 218
블룸, 마셜　　　　　　　207, 212, 213
산업 대표성　　　　　　　　　　273
상각　　　　　　　　　　　　65~71
샤프, 윌리엄　　　29, 31, 32, 43, 111, 189
샤프비율　　　　　　　　　　　268
셰프린, 허시　　　　　　　　155, 180
소형주 효과 40, 41, 259, 260, 262, 269~271,
　　　　　　276, 277, 284, 289, 291
솔트, 마이클　　　　　　　　　46, 118
수익률 곡선　　31, 33, 34, 73, 134, 140~144,
　　　　　　31, 33, 34, 73, 134, 140~144,
　　　148, 150, 152, 250~252, 281~283, 289
쉴러, 로버트　　　　　　　　72, 225
스그로모, 엔리코　　　　　　　　158
스탯먼, 메이어　　46, 97, 118, 155, 180
스트레벨, 폴　　　　　　　　　177
스피로, 피터　　　　　　　　　225
시리, 에릭　　　　　　　　　　266
시장 충격　　　　　　　　266, 267

시장 컨센서스　　　83, 84, 87, 96, 99, 113,
　　　　　　　　　　　133, 338
시장의 비정상성　　　　　32, 36, 50
신용 스프레드　　　　　　　278~280
싱크필드, 렉스　　　　　41, 261, 276
아벨, 애브너　　　　　　　　　177
아시코글루, 야만　　　　　　　243
알트먼, 에드　　　162, 173, 174, 182
애덤, 나이젤　　　　　　　　　311
에드워즈, 프랭클린　　　　　　324
에르칸, 메틴　　　　　　　　243
엘리스, M.E.　　　　　　　　243
엘트, 에드윈　　　　　　　84, 213
역발상 투자　　85, 87, 93~100, 313, 337,
연금지급보증공사(PBGC)　　　　304
영구 채권　　　　　　122, 232, 234
우드, 아널드　　　　　　　　114
위험 프리미엄　　　　245, 246, 289
위험 · 수익 관계　31, 175, 191, 214, 216, 218,
　　　　281~283, 286, 316, 320, 324
위험조정수익　　41, 42, 300, 302, 303,
　　　　　　319, 322, 325
이봇슨 소형주지수　261, 262, 268, 270,
　　　276, 277, 282, 316, 317, 321
이봇슨, 로저　　　　　　　41, 261
이익 모멘텀　63, 64, 71, 74, 87, 125, 127,
　　　　128, 131~133, 148

이익예상 라이프사이클　85, 86, 88~91, 93,
　94, 97, 99, 100, 102, 112, 144, 168, 179,
　216, 262, 269, 300, 309, 311, 312, 314, 356
인플레이션 전가도　243~245, 247
일반적으로 인정된 회계 원칙(GAAP)　65, 66
자본 차익　135, 250, 282, 317
자본이득세율　282, 283, 289
자본자산 가격결정 모형(CAPM)　196, 249
자크, 윌리엄　114
재무 건전성　48, 117, 156
재무회계기준위원회(FASB)　65, 231
재정가격 결정 이론　31
정보 비대칭　7, 8, 10, 177
정크본드　139, 140
주가이익 성장률(PEG) 전략　312, 313, 329
증권시장선　198, 199, 207~210, 213~215, 217
챈, 루이스　209
초프라, 내빈　179
카벨, 스티븐　177
카오, 듀엔 리　162
쿠폰이자　122, 140, 227~231, 233,
　234, 239, 327
클로, 찰스　282, 286
탈러, 리처드　179
탑다운 분석　37
튜, 버나드　249, 250, 282
파마, 유진　191, 276
파우스, 윌리엄　260, 269
페롤드, 앙드레　266

프래드휴먼, 사티야　46, 66, 268, 274, 278,
　284, 316, 324, 340
프랭크, 파보비치　319, 320
프렌치, 케네스　276
피터스, 도널드　313
필리츠, 브루스　158
하긴, 로버트　118
하비, 캠벨　140
할로, W.V.　319, 320
합리적인 가격에서의 성장(GARP)　311~314,
　329
효율적 시장 가설　29, 30, 32, 41, 43, 44, 48,
　50, 82, 111, 177, 189, 191, 192, 195, 210
힐리, C. 로스　158